Advertising & Society

复旦大学本科课程教材建设项目特别支持
本书获得金旗奖组委会特别支持

Innovation-Case Analysis in Digital Business Communication

数字商业传播创新案例解析

张殿元 银小冬 编著

内容提要

本书以案例复盘、案例分析和案例访谈为体例框架，立体呈现了近年来数字商业传播的八大创新案例，既不同于业界案例图书单纯汇编＋简单点评的轻操作模式，也不同于学界强调理论解读，而忽略案例丰富性的学院做法。案例复盘以对操盘团队的深度访谈为基础，全面、完整地再现了品牌数字营销的前线场景，为课程教学提供了最具真实感和现场感的鲜活案例。案例分析中的理论选择并非以商业传播思想史中的经典与否为标准，而是从对数字商业传播现象的解释力出发，确保理论解析的时、度、效。案例访谈揭示了品牌数字商业传播台前幕后的精彩故事。这是一部集实践性、知识性和可读性于一体的案例文本，希望可以为高校数字商业传播的案例教学提供一种支援的新范式。

图书在版编目(CIP)数据

数字商业传播创新案例解析／张殿元，银小冬编著．—上海：上海交通大学出版社，2023.1
ISBN 978-7-313-25966-0

Ⅰ.①数… Ⅱ.①张… ②银… Ⅲ.①网络传播—案例 Ⅳ.①G206.2

中国国家版本馆CIP数据核字(2023)第035496号

数字商业传播创新案例解析
SHUZI SHANGYE CHUANBO CHUANGXIN ANLI JIEXI

编　　著：张殿元　银小冬
出版发行：上海交通大学出版社
地　　址：上海市番禺路951号
邮政编码：200030
电　　话：021-64071208
印　　制：上海颛辉印刷厂有限公司
经　　销：全国新华书店
开　　本：710 mm×1000 mm　1/16
印　　张：17
字　　数：284千字
版　　次：2023年1月第1版
印　　次：2023年1月第1次印刷
书　　号：ISBN 978-7-313-25966-0
定　　价：78.00元

前　言
做有价值的商业传播

对于商业传播(business communication)的讨论起源于20世纪30年代的美国,最初指商业写作,后随着时代的发展,讨论内容扩展至商业活动与新媒体、大众媒体、跨文化等方面。作为涉及经济学、管理学和传播学的跨学科概念,“商业传播”这一概念随着我国传媒产业化和商业企业现代化的发展而引入,《商务大辞典》《新学科辞海》等工具书将其描述为“商业往来中的信息传播活动”,研究类文章以其研究目的为基准多将其定义为“针对企业经营管理而展开的活动”“向市场和社会所做的说服和沟通活动”等,但学界还未一个形成共识的明确的概念界定。今天,关于商业传播的讨论,更多地以广告、市场营销、公共关系活动为主体来展开,散见于各文献杂志中的文章中,因此尽管关于商业传播还只是一些概念化的表述,但这些观点以及类似于广告、营销的传播活动都不约而同地强调了商业传播能够为产品和品牌带来销售或价值等方面提升的内在本质。当然,在城市商业及其形态、业态迅猛发展,商业与传播不断互构和融合,消费活动愈发多元的背景下,我们不能再以单一的利益观来审视商业传播,商业本身的繁荣活跃、内在品质和外在体验构成了传播的内容、工具和形式,商业在满足需要和实现交易的同时,也在传递着企业和品牌所蕴含的文化、格调和生活价值观。本书使用“商业传播”这一概念也意在打破商业与广告、公关、市场营销等活动之间的界限,开拓认知商业传播的视野和疆域。

关于商业传播的研究与讨论,无非包括三种范式。一是基于西方的分解逻辑和公理系统构成的现代科学研究的理论研究范式。通过实证探索各种商业传播活动的特征、形式,演绎其概念、内涵。这是一种经典的现代品牌理论研究逻辑,在管理学和市场营销学领域,已经形成了完备、系统的理论体系,本书的讨论便结合了这方面的经典成果，对案例进行理论的解析。二是效果研究范式，多涉及数据以及产生的效应层面的分析，该商业传播研究经典范式同样来自西方，这不仅是由于西方社会首先进入了市场经济时代，更是由于西方学术研究的基本规范。三是从实践悟性和实战需要的角度展开研究的企业家范式。这种研究实践性强，同时可以发现商业传播过程中企业自身融入的价值系统和品味，以及具有独特内涵的品牌运作模式，这是本书讨论的基本视角和重点。需要注意的是，商业传播作为企业价值系统的市场表达以及经营性的知识系统，实际上是企业的内在经济逻辑和文化资源的外在表现。因此，如果不从理论视角进行讨论，将缺少系统性的战略框架，也不能对商业传播活动的内在价值进行有效把握，这也是本书各案例分析中辅以理论阐释的意义。

我们讨论商业传播，讨论对象主要是其传播过程。但是，商业传播过程又具体指什么？是一个由“计划”到“执行”再到“作用于消费者”的逻辑过程吗？如果仅仅是这样一种单线条的社会活动，商业传播也就失去了其更深层次的价值和效用。商业传播的研究不仅包含各个具体的传播过程，还要考察不同传播主体之间的相互联系、过程与过程之间的交叉作用，各式各样的商业传播活动与社会环境的相互作用如何构成了新的商业形态。在现阶段，商业传播的价值已经不仅仅体现于实际经济利益的获得，商业传播活动的对象是谁，如何连接这些商业主体，给予其什么样的感受、体验，需要我们将“人”的因素置于首位。比如消费者与消费者之间的关系、他们从属于的群体以及社会关系，需要关注的问题包括这些关系是如何建立的，又是如何相互影响的。将这些问题纳入商业传播战略进行考量，对目标人群有深入细致的了解，明白消费者的痛点、产生价值的痒点，将更为深刻的内在涵义形成价值阐述、传播给消费者，才能真正做有价值的商业传播。新媒体技术的迅速发展使商业传播置身于数字传播环境中，但从实质上来说，传播环境的数字化或者说数字传播时代的形成不是孤立的，而是内嵌于整个经济社会的形态变革之中的，经济社会的价值系统和数字时代的价值系统如何统一或者说是否存在着价值系统统一的节点是需要思考的问题。新媒体和新技术赋予了消费者将商业、自身以及两者关系进行扩散和重构的能力，丰富多彩的商业传播活动不断涌现，大规模的信息传播与共享已经是肉眼可见的传媒现实，消费者触点与传播路径多元化……新的赢利模式与商业模式已经得到拓展，产业环境快速更新迭代，并不断更新着商业传播的思维、观念以及价值理念。由此可见，数字商业传播具有多维度的价值系统，可以从众多方面进行有价值的商业传播。

本书辑录的八则数字商业传播案例都来自2020年金旗奖的获奖案例，分为八章，覆盖各类品牌及产品，涉及公关、技术、数据、内容、自媒体、消费者等多种商业传播要素。这恰恰印证了，传统的商业传播正在走向更加跨界、更加广阔的领域，并与数字化技术手段高度融合。为了方便读者的阅读和理解，每章均由“案例复盘”“案例分析”“案例访谈”三部分组成。编者在回顾这些案例执行过程的基础上，尝试从学理的角度分析这些案例成功背后的经验，更好地实现理论和实践、内容广度和深度的结合。同时，每章的第三部分是对该商业传播活动代理机构案例操盘人的访谈，提供了一次与传播公司管理层或商业机构传播部门人士“直接对话”的机会，让读者更加全面地了解这些案例背后的故事，增加其对数字商业传播的直接感知。作为一本案例教程，本书将给予读者诸多启示。

对于商业传播者而言：

第一，帮助商业传播者建立商业传播策略框架。本书的“案例分析”部分，在对案例执行过程进行高度提炼和总结的基础上，归纳了该类型品牌及产品商业运作模型的理论要点和逻辑思路。这有利于商业传播者直接掌握和研究具体的路径和方法，同时结合企业的实际情况，创新自身的商业传播理论框架及执行策略。

第二，提升建构知识系统解决实际问题的能力。商业传播是一个综合性的课题，凭借的不仅仅是广告、营销和公关的实践经验，它必须动用相关知识系统来解决问题。商业传播者往往只是实践领域的专家，商业传播的实践反思之所以长期停滞于微观的执行范畴，同这种知识结构的缺失有直接关系。本书可以帮助读者感悟相关理论成果，学习如何整合知识结构以解决实际问题。

第三，认清并跟随数字商业传播中的趋势。创新精神作为新的增长要素通过营销模式和营销思想的变化改变着行业的结构。这对从业者提出了挑战，必须要提高追踪和适应行业变化的能力。本书对案例的剖析和访谈可以部分地映射出行业的变化，“人”“技术”“数据”等要素更多地出现在优秀的案例中，成为商业传播者把握趋势、跟踪前沿的关键动能。

对于商业传播教育而言：

第一，唤醒学生专业知识的应用潜能。社会科学的知识是从实践中总结出来的，天然地具有一种应用潜能。对于高校学生而言，教育的长期惯性使得对专业知识的掌握并不难，但与实践的脱节往往造成知识长期处于沉睡状态，应用场景的缺失极易导致知识的“干涸”。该书提供了近年来中国数字商业传播一线经典案例的丰富素材，案例复盘和案例访谈可以将学生带到品牌创新的现场，数字时代商业传播理论工具的精心选择和细致分析，唤醒了学生所学专业知识的应用潜能。

第二，提供教师案例教学的创新文本。案例教学一直被视为管理学科的专属，由于高校（特别是研究型高校）非管理学科的商业传播教学点长期缺乏对企业和代理公司沉浸式的体验和观察，案例教学经常被看作是伪命题，所谓案例教学不过是对不同渠道得来的零碎材料的简单分析或理论教学的简单注脚。对于案例教学而言，一手、鲜活、完整的案例素材至关重要，本教程精选的每个案例都是由专门的案例研究小组通过对该案例操盘团队开展深度访谈，对案例中所涉及品牌丰富资料进行掌握，并运用数字时代商业传播经典理论、模型和工具对案例进行专业解读，所呈现出来的系统的案例教学文本。案例本身的强代表性、案例描述的细颗粒化和案例解读的高专业性都将为教学提供新的案例素材。

第三，强化数字商业传播专业的实践支撑。当下中国的数字商业传播专业多半涉及新闻传播学、设计学和工商管理等学科，特别是新闻传播学学科中的广告学和公共关系学专业与此密切相关。新闻传播学的学科属性让其中的广告和公共关系学专业更倾向于媒介规划和内容生产，而新技术和新媒体的冲击带来的媒介的碎片化和内容的“UGC”化，让数字商业传播的实践难以做到整全性和体系化。本案例教程可以从三个方面提供支撑。首先，通过专项研究整理出来的这些案例本身就带有强烈的实践基因，当这些案例进入课堂的时候，一直强调的理论和实践结合就有了落点；其次，师生可以从教程中按图索骥，联络代理公司开展课程实训；最后，也可以借鉴这种模式，结合本地的业界资源，开展案例研究。

在中国经济环境数字化转型的关键时期，需要大量具有实际指导意义的理论成果和操作案例。本书提供了一个有效的范式，编者深信本书所探讨的主题会使每位读者对“什么是有价值的商业传播”这个问题产生浓厚的兴趣。商业传播与人类生活有着密不可分的关系。我们不仅运用商业传播传递信息、游说消费者，我们也用它来连接社会、重塑商业世界的规则。最后，正如商业传播的连接作用，编者期待本书在学界与业界之间建立联结，每一个精选的案例、每一位受访的从业者都是一个节点，这些节点构成的知识网络能够使读者认知到数字商业传播的生态和魅力。

目 录

第一章

奥妙果蔬餐具净×海绵宝宝：跨界联合，用 IP 搭建品牌与年轻群体沟通之桥

奥妙——联合利华旗下的第一大家庭护理品牌，自 1993 年进入中国市场至今已有 30 年的时间。2013 年，奥妙被英国广播公司(BBC)选入“中国最具影响力的外资品牌”榜单，名列第 8 位。作为中国市场上第一个国际洗衣品牌，奥妙始终在中国洗衣产品的高端市场保持领导地位。

2018 年，奥妙产品线向厨房清洁类拓展，推出以“洗碗洗蔬果、去油去残留”为口号的奥妙果蔬餐具净系列产品。但这款产品在上市后并未快速打开市场。2020 年，Genudite 淳博传播公司为联合利华策划了一场营销活动——奥妙果蔬餐具净与海绵宝宝的跨界联手，成功引爆了年轻消费市场。

第一节 案例复盘

联合“海绵宝宝”IP，向年轻群体传递“乐”洗产品理念

一、市场分析

从整体规模看，根据弗若斯特沙利文（Frost & Sullivan）的报告，2019 年中国家庭清洁护理行业的市场规模为 1 108 亿元，年复合增长率为 5.3%，占全球家庭清洁护理的份额为 11.8%。随着中国消费者的健康卫生意识不断增强以及生活水平的提高，预计 2024 年其规模将达到 1 677 亿元，在全球的占比也将提升至 15.2%。

从销售渠道看，鉴于电子商务的快速发展，线上零售渠道已成为中国家居清洁护理行业增长最快的销售渠道，2015～2019 年的线上市场规模复合年增长率为 10.6%，且预计于 2019～2024 年将继续以 16.2%的复合年增长率增长。

从市场份额看，家清龙头市场份额差异不大，市占率仍有一定提升空间。截至 2019 年，市场占有率排第一的广州立白集团市场份额为 17.6%，排第二的纳爱斯集团为 13.4%，行业 CR4 为 45.6%；而美国市占率排第一的宝洁公司市场份额为 36.6%，排第二的庄臣公司市场份额为 7.3%，行业 CR4 为 58.2%。可见我国家护行业集中度尚有一定提升空间。①

从潜在市场来看，90 后，特别是 95 后年轻消费者对家清品类的认知程度还比较低。但对健康饮食的追求和家庭情感维护的重视使得厨房成为越来越多年轻人演绎健康生活方式的场所，成为家清品牌未来的主要客群。同时，新冠疫情暴发后对洗涤消毒产品呈现更加旺盛的消费欲。就整体而言，家清各品类的市场情况从长期看来都比较乐观。

---

① 包装经理人.【数据说】蓝月亮上市在即，家清赛道竞争愈加激烈，包装如何提升产品竞争力[EB/OL].[2022-07-29]. https://www.sohu.com/a/437170467_813594.

图 1-1　厨房成为年轻群体演绎健康生活方式的场所

从消费趋势来看，在家清消费规模不断扩大的背景下，消费升级的态势也越来越明显，多样化、个性化的消费需求不断增长，包装也亟待优化以提升消费体验。家清消费者的消费趋向"美"化、年轻化、细分化、健康化发展，消费者在近年来部分产品的质量危机影响下，更趋向于健康、高端的品牌，而货品的发展趋势也逐渐与消费者阵营相契合，以个性、健康和高端为主，消费者大多选择具有超级 IP 的品牌产品，同时也更乐意于选择新的高端产品品类。①

二、产品分析

(一) 产品介绍

作为中国市场上第一个国际洗衣品牌，奥妙始终在中国洗衣产品中的高端市场保持领导地位。2018 年，奥妙的产品线开始向厨房清洁类拓展，奥妙果蔬餐具净是其推出的一款餐具、果蔬类清洁类产品。符合国家 A 类标准的食品用洗洁精，含源自椰子的绿色洁净力，能够快速瓦解顽固油渍，弱酸性温和配方不伤手，无磷无色素一冲无残留，含天然柠檬精粹，帮助洗去餐盘油渍，散发柠檬香气是奥妙果蔬餐具净的主要卖点。

---

① 中国青年网. 天猫家清行业总经理成化：消费新趋势，高端品类成市场主要驱动力[EB/OL]. [2022-07-29]. https://www.163.com/news/article/EFVAN17B000189DG.html.

（二）前期宣传

自产品上市到此次营销活动执行，奥妙果蔬餐具净通过电视广告、综艺植入广告和短视频活动策划进行产品宣传。2018 年，奥妙选择与产品性质相符、传递价值相近的综艺“中餐厅 2”进行广告植入合作，并与“中餐厅 2”冠名商美拍合作发起“全民挑战洗盘舞”，试图通过参与式互动促进与消费者的沟通，达到宣传奥妙果蔬餐具净的效果。2019 年，奥妙发布了由赵丽颖代言的果蔬餐具净 15 秒的 TVC 广告，在央视上投放。

图 1－2　奥妙果蔬餐具净前期宣传画面

（三）竞争优势分析

由市场分析可知，消费者近年来更趋向于健康、高端的品牌，而货品的发展趋势也逐渐与消费者相契合，以个性、健康和高端为主，消费者大多选择具有超级 IP 的品牌产品。奥妙在进入中国市场的二十余年中，创造了许多经典广告，如在央视播出的奥妙全自动洗衣液的广告词“没什么大不了，我有我奥妙”深入人心，奥妙“去除 99 种污渍”的品牌定位已然成为一代人的成长记忆。奥妙果蔬餐具净作为联合利华中国旗下的第一大家庭护理品牌奥妙推出的产品，在消费者品牌记忆上具有天生的优势。

图 1-3 奥妙央视广告《没什么大不了篇》

三、目标消费人群

(一) 95 后、90 后年轻群体

当下,下厨房成为年轻人走向精致生活不可或缺的一部分,厨房也成为越来越多年轻家庭演绎新生活方式的场所,年轻人成为家庭清洁用品的主要消费者。为适应消费者的层级迭代,抢占年轻消费市场,奥妙果蔬餐具净将 90 后、95 后年轻人作为目标消费者。

(二) 年轻妈妈

奥妙果蔬餐具净的消费者中很大一部分是年轻人,这部分消费者在购买家庭

图 1-4 奥妙果蔬餐具净以年轻妈妈作为目标消费群体之一

清洁产品时，往往会将是否适合孩子作为重要的选择标准。奥妙果蔬餐具净强调绿色健康洁净，“宝宝、孕妇餐具皆可放心洗”，因此会受到年轻人的青睐。

（三）粉丝群体

IP 跨界背后其实是粉丝经济，而粉丝经济的关键是社群。美国喜剧动画《海绵宝宝》自 1999 年 7 月 17 日播出至今，曾在中央电视台少儿频道、爱奇艺、搜狐视频、乐视网、优酷、芒果 TV 等众多平台播放。截至 2019 年，《海绵宝宝》在全球拥有 700 多个品牌的授权合作伙伴。如果对年龄进行推算，“海绵宝宝”的粉丝人群与奥妙果蔬餐具净的目标消费者具有很高的契合度。

四、主要竞品分析

（一）立白洗洁精系列产品

立白旗下的洗洁精产品是其“绿色健康”战略中主要的创新升级产品之一。从 2014 年开始，立白积极响应国家关于《食品安全国家标准洗涤剂》的要求，全力投入资源进行研发攻关，以期实现洗洁精全线产品可以直接接触食品，并于 2015 年完成了集团主要洗洁精产品——食品香精的升级工作，成为国内首家完成洗洁精 A 类产品切换的企业。2016 年，立白旗下的一系列“绿色健康产品群”正式亮相，立白全线洗洁精升级为食品级上架。目前，立白旗下有立白浓缩餐具净、立白果醋洗洁精、立白盐洁洗洁精、立白茶洁洗洁精、立白青柠洗洁精、立白清醒柠檬洗洁精等洗洁精产品。

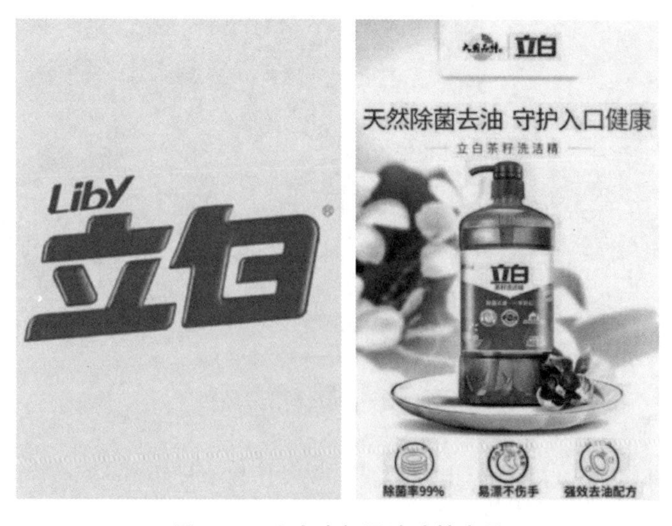

图 1-5　立白商标及洗洁精产品

近年来立白洗洁精拥有着极强的市场竞争力。国际权威的 AC 尼尔森数据显示，立白洗洁精连续多年占据全国销量第一的位置，全国市场份额占比为 40%。央视市场研究股份有限公司针对全国具有代表性的县级以上城市 4 万个样本户在 2014 年 10 月 11 日～2018 年 10 月 5 日购买快消品行为研究所得之凯度消费者指数显示，立白集团连续四年市场渗透率高于 72%。[①]

立白洗洁精的优势在于其有着很高的知名度以及很强的市场竞争力。同时，立白提出的“绿色健康”作为品牌理念首先洞察到了消费者的需求升级，即“不仅希望洗涤产品满足‘功能性’需求，还能够满足‘不破坏环境、不危害健康’的‘友好性’需求”，第一时间以“绿色健康”战略作为响应，进行了洗洁精产品的食品级转换，再加上及时有效、多样的品牌宣传，迅速在消费者中打造了其“重视绿色健康”的品牌调性与口碑。[②]

（二）白猫洗洁精系列产品

白猫（上海和黄白猫有限公司）是上海市著名商标，由和记黄埔有限公司控股之子公司与上海白猫（集团）有限公司于 2006 年 3 月共同组建。作为国内洗涤日化行业的著名生产企业，白猫旗下有白猫、佳美、威煌、凯玛仕等品牌的各类清洁制品及相关洗化用品。白猫作为中国家喻户晓的著名品牌，从创立至今已有近半个世纪的辉煌历史。

图 1-6　白猫商标及洗洁精产品

① 立白官网. 首页产品介绍[EB/OL]. [2022-07-29]. https://brand.liby.com.cn/.

② 凤凰网安徽频道. “友好性”成洗涤行业新需求　立白洗衣液主推绿色健康新品类[EB/OL]. [2022-07-29]. http://ah.ifeng.com/a/20160905/4941080_0.shtml.

除了传统的经典配方洗洁精，白猫于 2019 年又重磅推出了一款全新产品——天然苏打洗洁精，其使用自然弱碱性配方，严格按照欧洲标准剔除香精中 20 余种易致敏原料，除具有无毒、99%除菌、蔬果安心洗等一般功效外，还能有效地呵护肌肤，敏感肌也能使用。

在品牌宣传方面，白猫也在积极尝试新的策略。2020 年 10 月，白猫与有着 260 年历史的老品牌"寿全斋"旗下的子品牌——酷氏饮料"洗结连理"联名推出了一款"白猫酷氏苏打气泡水"。这种极具话题性的联名产品和充满趣味的产品特性，为"白猫"带来了一波话题和流量，让它再一次重新回到大众视野。

白猫洗洁精的优势在于其有着悠久的品牌历史，已经广泛地被国民熟知和认可，其不足之处在于营销与宣传的滞后。随着网络和通信技术的发展，广告显得更加重要，而白猫却没有及时地在品宣方面下功夫，直到 2020 年前后才做了一些品牌联名等的新尝试，虽然给它带来了一定的热度，但效果并不显著。

五、奥妙果蔬餐具净的营销诉求

自 2018 年上市以来，奥妙果蔬餐具净的产品知名度及影响力始终没有完全得到提升。近几年，奥妙的核心用户年龄层不断下移，用户群体的变化促使消费行为越来越电商化。在家清类产品本就不受年轻人市场青睐的情况下，如何吸引"Z 世代"用户的目光是各品牌一直在探索的核心课题。

在年轻人生活方式发生巨大变化的大背景下，奥妙希望借机与年轻用户展开沟通，提升产品在年轻人心目中的形象和感知度。同时，结合电商大促的营销契机为奥妙果蔬餐具净产品获取声量及销量双丰收，向年轻人传递用心、乐活的生活态度，以实现抢占年轻消费群体心智和市场的目标。

六、营销创意与核心战略

突破消费圈层尤其讲究策略，说什么、怎么说成为营销创意需要解决的两大核心问题。奥妙果蔬餐具净想要抢占年轻市场，需要在营销创意方面有针对性地解决两个问题：

第一，由于年轻人对清洁产品缺乏敏感度，品牌要利用与年轻人有共鸣的内容来养成未来客群。从整个家清品类市场来看，年轻消费者对家清品类的认知少之又少，根本分不清品牌，甚至哪个划算就买哪个的消费决策，也造成了家清产品尴尬的局面。因此,如果想要获得年轻人的关注,需要以更大的创新与吸引力,来养成未来客群。

第二,品牌要精准选择流量载体,让品牌快速走进消费者视野。对于家清品类来说,很难做年轻人喜欢的内容营销,它不像美妆、玩具这些品类自带话题性,可以轻易地在抖音等平台做营销。在这种情况下,为品牌寻找一定的流量载体,来帮助品牌更快速地走进消费者的视野是明智之举。

通过对目标群体进行分析发现,时下年轻人对于精致生活的要求不断上升,在家烹饪成为年轻走向精致生活不可或缺的一步,但他们往往愿意花一小时做饭,却不愿意花 10 分钟洗碗。洗碗成为当下年轻人最不喜欢的家务,甚至演变为家庭矛盾的导火线。针对这一痛点,奥妙决定借助年轻人热爱的文化,挖掘文化内容与产品的关联,来扭转年轻人对洗碗的固化情绪,同时也帮助奥妙果蔬餐具净在用户对厨房家清类产品认知度较低的情况下突围,缔造具有高辨识度的产品形象。

(一) IP 联合:奥妙果蔬餐具净:"海绵宝宝"

图 1-7 奥妙果蔬餐具净联合"海绵宝宝"IP

海绵宝宝是承载着 90 后、95 后童年回忆的卡通形象。它是蟹堡王里的头号厨师,外形是一块方形的黄色海绵,这些特征恰恰与厨房、洁净、海绵擦等有着极其强的关联性,与该品牌的联手能够产生很强的契合感及带入感。

同时,海绵宝宝积极乐观的态度是很多粉丝热爱它的原因,而作为不讨喜的洗碗这一家务劳动,正可以通过海绵宝宝来为其注入快乐基因,来改变用户在洗碗时的心情,进而拉近与用户的距离,提升品牌好感度,让"海绵宝宝萌出泡,洗碗有奥妙”的传播主张激发更多年轻人洗碗的热情。

（二）情感营销

图 1－8　奥妙果蔬餐具净海绵宝宝卡通形象礼盒

情感营销（emotional marketing）是指品牌主在洞察了当下年轻人的生活状态和心理需求后做出的一种新的营销尝试，是一种将消费者的个人情感和需求相结合作为企业品牌营销战略的营销方式，通过一系列策略全方位满足消费者的情感需求，提升消费者对品牌的认同，从而实现企业的经营目标。① 新冠疫情暴发之后，人们对于家庭清洁的观念发生了改变，对家庭清洁产品的功能要求也发生了变化。因此，产品除了满足外在的清洁需求外，还需要满足消费者内在的情感诉求。

一直以来，奥妙将“用心、乐活”作为品牌态度内核，本次果蔬餐具净营销活动一以贯之，在洞察了年轻人对于洗碗的负面印象后，通过与积极正面的品牌形象和价值理念高度契合的“海绵宝宝”形象进行联合，深挖产品与文化内容间的关联，重构产品精髓，赋予产品人性化的形象。将欢乐元素注入对年轻人来说无感的家清产品，用萌趣、欢快的传播调性来扭转年轻人对于洗碗的不良情绪，从而重塑年轻人对与洗碗行为相关的清洁产品的整体态度，使用户与果蔬餐具净间建立正向的情感联结以鼓励对于产品的消费行为。奥妙果蔬餐具净通过“没有洗不干净的碗、没有过不去的坎”“你真是个洗碗小天才等”话语，努力向年轻人传递品牌倡导的用心、乐活的生活态度，赋予产品“家居帮手”“贴心伙伴”等鲜明可爱、在家清品类中具有高辨识度的形象，极大地博得了用户好感。

① 李华君. 数字时代品牌传播概论[M]. 西安：西安交通大学出版社，2020：204.

（三）病毒营销

病毒营销（viral marketing）是指鼓励目标受众把想要推广的信息，像病毒一样传递给周围的人，让每一个受众都成为传播者，让推广的信息在曝光率和营销上产生几何增长速度的一种营销推广策略。①

奥妙让海绵宝宝携手它的朋友派大星的卡通形象登上联名礼盒，并借助卡通形象创造了两款富有萌趣的海绵擦和洗碗布。为了进一步激发粉丝关注热情，奥妙发起了一场妙趣横生的洗碗 PK 大战。为了让营销内容更多地触达年轻用户，奥妙在年轻人日常使用的微博、抖音、腾讯平台，联手二次元、美食、种草类博主进行社交曝光。奥妙为礼盒拍摄了开箱视频投放于社交平台，使网友的热情一触即发，纷纷呈现出对洗碗的热情，更有网友表示因为喜爱萌趣扎心的瓶身，确定集齐全套产品进行收藏。

此外，奥妙还结合备受年轻人青睐的盲盒文化，打造了七款萌言萌语瓶身，直击年轻人心灵。为了实现品效合一的传播效果，奥妙携手京东“618 超有饭 er”，开启粉丝解锁机制助力销售，“CP 欢乐菜单”“萌趣十足的卡通包”“年轻人最爱的联合名款球鞋”纷纷加入解锁行动，与海绵宝宝的联合使奥妙以较少的费用获得较好的营销效果，还达到了单独营销无法达到的吸引年轻人的目的。

七、渠道选择：线上线下共同发力

（一）线上渠道

奥妙果蔬餐具净精准选择流量载体，通过多维度 KOL 矩阵、社交平台提高声量，让产品品牌快速走进消费者视野。同时，奥妙借助外围声量置换电商站内的最优资源，助力销售转化，实现社交平台和电商平台的链路聚合。

1. 社交平台

“海绵宝宝×奥妙果蔬净”选择 IP 合作＋多样化/紧扣 IP 的内容投放的方式，以大 V 用户带动“自来水流量”，从浅到深触发消费者互动。例如，邀请微博粉丝量 289 万的大 V 黄块块为 IP 联名礼盒拍摄开箱视频，开设“厨房家清品类首个盲盒 IP 产品”、“海绵宝宝海绵擦”等多个话题，借助年轻用户乐于为情感买单的心理成功辐射社交平台，“出圈”抓取话题流量。

---

① 杜国清，陈怡. 品牌传播理论与实务[M]. 北京：中国传媒大学出版社，2018：153.

图1-9　@黄块块与项目合作的KOL矩阵

同时，将创意内容投放于微博、抖音、腾讯视频等多个平台，联合头部KOL、二次元KOL、美食KOL、种草KOL等以创意内容＋社交矩阵多维度触达用户，并把握粉丝及产品受众相同的兴趣点释出鬼畜视频、创意长图文。借助用户热衷的病毒化传播内容创造趣味话题，借助年轻热衷的社交平台、喜爱的意见领袖，成功使关注人群从二次元扩展到全网消费者、刷屏用户、导流电商，提升出圈声量。

2．电商平台

社交平台的爆发式传播助力产品获得了电商优质资源位及销量转化。"海绵宝宝×奥妙果蔬净"深度结合京东的"6·18超有饭er"玩法，发起电商平台粉圈应援，开启电商互动新模式——紧抓用户心理精准设计四大宠粉福利，通过解锁活动激励粉丝应援，在圈层中引发极大的关注和购买热潮，促成6·18期间的电商购买转化，令奥妙果蔬净在有限的预算下创造了可观的销售成绩，也让品牌的不同维度的产品线在此次6·18电商大战中大面积曝光。

（二）线下渠道

1．地铁广告

作为电商平台解锁活动的最后一阶段，奥妙在线下让海绵宝宝形象搭上粉丝们最常用的交通工具——地铁，将"海绵宝宝×奥妙果蔬净"广告投放至地铁，打造了首辆海绵宝宝卡通形象治愈地铁，提升产品与活动曝光度，令海绵宝宝动画片粉丝们回味无穷的同时圈粉无数线下用户。此外，奥妙还制作了海绵宝宝帮洗碗的宣传片，引发线下用户的购买热潮。

图 1-10　海绵宝宝×奥妙果蔬餐具净地铁广告

2. 活动赞助

图 1-11　奥妙果蔬餐具净×海绵宝宝积极拓展公益活动

除广告宣传外，“海绵宝宝×奥妙果蔬净”还积极拓展公益活动，助力由中国青少年发展基金会发起的希望厨房公益项目，携手京东超市为广西都安县的 28 所学校捐赠奥妙果蔬净。“好好吃饭，用上干净的餐具，这是奥妙想为孩子们实现的小美好”。该项目惠及 1.4 万名农村学生，在传递产品属性的同时提升了品牌公信力，多层面赋能了品牌产品。

八、效果评估

借助精准的跨界及具有创意性的传播内容，本次营销活动在助力奥妙果蔬餐具净拿下电商站内优质资源，带动销售转化的同时，也让品牌的不同维度的产品线在本次电商大战中大面积露出及曝光。与此同时，奥妙果蔬餐具净借助公益活动，助力希望厨房，在传递产品属性的同时提升品牌公信力，多层面赋能品牌产品形象。结合目标来看，本次营销在声量和销量上均创造了奥妙果蔬餐具净的历史最优战绩，与 2019 年的 6·18 同期相比，增长幅度达到 100%以上。

（一）活动传播效果

IP 合作＋多样化/紧扣 IP 的内容投放，获得全网消费者的高度认可，产品深入人心，获得了大量的“自来水流量”。与同期相比，奥妙果蔬餐具净在社交平台的声量远超预期，KPI 达成率高达 127%，使传播效果最大化，超越了奥妙经典品类的关注度。在 6·18 各大品牌纷纷争夺流量的情况下，奥妙果蔬餐具净与海绵宝宝 CP“萌趣”出圈，IP 合作在社交平台引发了用户的大量关注，#海绵宝宝萌出泡，洗碗有奥妙#这一话题的阅读量达 693 万，讨论量达 1.5 万，KOL＋官方发布内容阅读量为 2 693 万。

（二）电商销售效果

在无明星、预算较少的情况下，各大品牌纷纷争夺流量，奥妙果蔬餐具净×海绵宝宝 CP“萌趣”出圈。2020 年 6·18 电商节活动期间创下 500 万的销量战绩，相比较 2019 年 6·18 的 300 万销量增长 167%，同时也创下奥妙果蔬餐具净电商平台的历史最优成绩。

（三）案例获奖情况

奥妙通过奥妙果蔬餐具净开展的 2020 年 6·18 电商营销活动，荣获金旗奖，通过获得金旗奖，品牌的 6·18 电商营销活动被正式认可为成功的战略营销，而且奠定了奥妙走向全球的基础。

GOLDEN FLAG AWARD 金旗奖

图 1-12　金旗奖 logo

第二节　案例分析

话题参与吸引注意力，
口碑传播成就实效营销

一、5T营销模式简介

美国学者安迪·塞诺威茨(Andy Sernovitz)在《做口碑》(*Word of Mouth Marketing: How Smart Companies Get People Talking*)一书中提出口碑营销框架的5T模型，包括讨论者(talkers)、话题(topics)、工具(tools)、参与(taking part)和跟踪(tracking)。[①] 这五个环节是实施网络口碑营销必不可少的环节，对营销效果有着重要的影响。

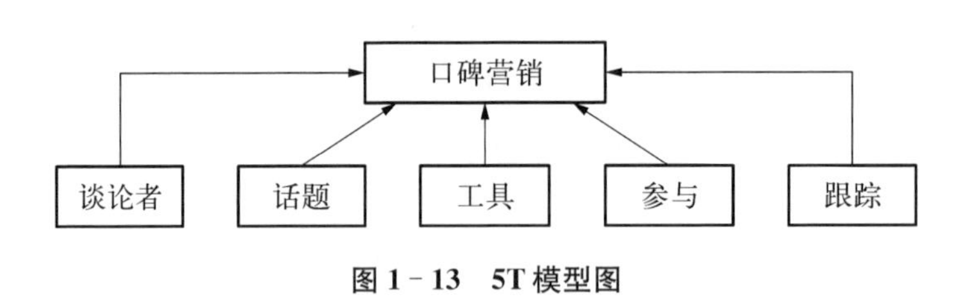

图1－13　5T模型图

(1) 谈论者(talkers)：发起话题、参与谈话的人。口碑营销要通过各种方式寻找到可能会讨论品牌的产品或服务的人。谈论者构成了品牌二次传播的重要载体。

(2) 话题(topics)：谈话的内容。话题的内容既要有“嚼头”，又要与品牌相关。通过话题吸引谈论者的兴趣，激发谈论者有关品牌产品或者服务的讨论，形成口碑传播。

(3) 工具(tools)：谈话借助的平台。要利用最方便、最有效的沟通工具，使营

---

① 周凯，徐理文.基于5T理论视角下的企业微博营销策略及应用分析——以欧莱雅的微博营销为个案研究[J].图书与情报，2012(05)：120－127.

销信息能够快速、广泛地传播出去。

(4) 参与(taking part)：对有吸引力的谈话的介入。除了吸引讨论者之外，品牌自身也要积极主动地参与到热点话题的讨论中去，制造并引导话题走向。通过与消费者直接的对话、沟通，与消费者建立起良好的互动关系，与用户拉近距离、培养品牌与消费者的关系，提升消费者的品牌黏性。

(5) 跟踪(tracking)：对营销活动的监测分析以及对消费者反馈的跟进。跟踪消费者的反馈、意见，才能保证消费者有良好的品牌体验。

二、基于 5T 模式分析奥妙果蔬餐具净 6·18 电商营销大战

(一) 讨论者(talkers)

基于奥妙方的诉求，项目组基于产品本身和与海绵宝宝的联名，确定了两大类可能的讨论者——追求精致生活的年轻人和海绵宝宝的粉丝群体。

1. 品牌产品的讨论者：追求精致健康生活的新锐白领

在下厨房成为追求精致生活的表现形式的背景下，项目组将 80 后、90 后的新锐白领作为此次营销活动的可能讨论者。这是基于果蔬餐具净产品定位做出的判断。年轻消费者们趋向于选择健康、高端的品牌产品，精致的厨房需要有精致的厨卫用具，健康的生活需要用健康的清洁产品。奥妙果蔬餐具净以“洗碗洗蔬果、去油去残留”为口号，符合国家 A 类标准的食品用洗洁精能够满足追求健康生活的年轻人的需求。同时，为产品打造的三款香型能够满足年轻人对精致体验的需求。

2. 合作 IP 的讨论者：“海绵宝宝”IP 庞大的粉丝群体

在粉丝经济成为主流的当下，粉丝群体更易为产品买单。奥妙果蔬餐具净通过与海绵宝宝的联名，迅速打入这一 IP 粉丝圈层。海绵宝宝的形象对于这一群体来说具有共同的符号象征，使他们主动发起讨论的可能性较大。同时他们的讨论有助于讨论范围的扩大，例如非海绵宝宝粉丝，但同样喜爱可爱卡通形象的人群也可能加入讨论。

(二) 话题(topics)

随着 90 后、95 后开始步入婚姻殿堂，抢占年轻心智需要借助一定的流量载体将产品带入消费者的视野。因此，项目组希望通过与年轻人有共鸣的内容来养成未来客群，传递产品背后用心、乐活的理念。基于奥妙果蔬餐具净的市场情况，项

目组为奥妙提供了与“海绵宝宝”IP进行联名的创意。在社交平台上，将“海绵宝宝萌出泡，洗碗有奥妙”这一趣味话题作为传播基础，并通过KOL矩阵和粉圈玩法提升话题声量，促成产品销量的转化。

1. 焦点话题生成：借势“海绵宝宝”IP

IP的英文全称是Intellectual Property，翻译成中文是知识产权，是一个指称“心智创造”的法律术语。随着互联网和新媒体的发展，IP逐渐演化为强调内容主题的宽泛概念，能够吸引住特定人群的注意力。①

奥妙果蔬餐具净联合海绵宝宝IP构成了此次营销活动的焦点话题。海绵宝宝的“蟹堡王里的头号厨师”“方块形的黄色海绵”的卡通形象，与奥妙“厨房、洁净、海绵”的品牌调性有很强的关联性。同时，海绵宝宝乐观的生活态度和它与派大星、章鱼哥等伙伴的友谊也常惹人羡慕。这与奥妙果蔬餐具净希望向年轻人传递的用心、乐活的生活态度相契合。通过注入海绵宝宝背后的快乐基因，赋予奥妙果蔬餐具净产品以外的温度，能够用情感联系扭转用户对洗碗的厌恶态度，实现IP营销的价值。

项目组还将盲盒元素融入营销活动，打造了厨房家清品类首个盲盒IP产品，增强了“海绵宝宝×果蔬餐具净”的话题性。

2. 趣味话题创造：策划发起讨论话题

顾客需要通过大量接触点逐渐认知和了解一个品牌，而营销者的产品或服务相关的市场的所有承载信息的体验是品牌接触中的重要部分。“主动发起营销活动，既可以创造话题，使更多人关注话题、参与话题，也可以利用事件本身提高用户对企业的关注度、好感度与黏合度”。② 仅有IP联名的整体考虑还不足以在消费者头脑中形成对产品的具体印象，而以企业的品牌、产品、服务为主体的话题才能够进一步扩大谈论者的范围，产生有利于树立企业形象的效果。

目前快消品市场销售主要依靠线上渠道，因此项目组选择将营销重点放在线上平台。在6·18各大品牌纷纷争夺流量的背景下，项目组在微博上发起了“海绵宝宝萌出泡，洗碗有奥妙”的讨论话题，通过押韵、易记、便于传播的词条强化与海绵宝宝联名的印象，无形中提升了讨论者对奥妙这一品牌的关注度。在话题设置

① 袁伟伟.“IP+商业”——内容营销的核心与突破解读[J].商业经济研究，2017(15)：48-50.

② 周凯，徐理文.基于5T理论视角下的企业微博营销策略及应用分析——以欧莱雅的微博营销为个案研究[J].图书与情报，2012(05)：120-127.

中直接提及“奥妙”，将营销活动由具体的产品营销上升至对整个品牌印象的强化。到项目结束时，“海绵宝宝萌出泡，洗碗有奥妙”的话题阅读量近700万，原创发文1万多条，成功使产品关注人群从二次元扩展到全网消费者。

（三）工具（tools）

项目组将线上线下相结合，进行营销活动，以线上为主，选择了有利于口碑传播的电商平台和社交平台。

1. 社交平台

奥妙本次6·18营销活动的目标消费群是青春、活力的一代，听音乐、观看影像、聊天、交友、游戏是他们上网的重要活动。品牌选择微博、抖音、腾讯平台，让视频结合创意长图文，联手二次元、美食、种草类博主进行社交曝光，成功引起了年轻人群的关注。这是结合社交平台特点和目标用户媒介接触习惯做出的正确选择。

2. 电商平台

借助活动社交媒体上的热烈反应，奥妙为了吸引线上的消费者，实现销售转化，展开了独特的电商营销活动。这就是“海绵宝宝×奥妙果蔬净”结合京东的“6·18超有饭er”玩法，发起电商平台粉圈应援，开启电商互动新模式。这样独特的模式抓住了用户心理，促成6·18期间的电商购买转化。

3. 线下渠道

为了抓住线下消费者，奥妙把“海绵宝宝×奥妙果蔬净”的广告投放到地铁上。公共交通是任何人都会使用的交通工具，具有接触率高、费用低的优势。地铁广告的话题性还会引发消费者的社交媒体讨论，形成与线上营销活动的闭环，提升活动的整体广告效果。

此外，“海绵宝宝×奥妙果蔬净”拓展公益活动，助力由中国青少年发展基金会发起的希望厨房公益项目，携手京东超市为广西都安县的28所学校捐赠奥妙果蔬净。在公益活动传递产品属性的同时，提升品牌公信力。

（四）参与（taking part）

随着“Z世代”的成长，近年来家清类产品的核心用户年龄层不断下移，但年轻人对这一领域的关注度仍然较低。对2018年上市的新品“奥妙果蔬餐具净”来说，吸引年轻用户目光是其探索的重要方向，参与年轻人关心的热点话题成为重要的突围机会。

奥妙果蔬餐具净通过积极参与同自身产品功能、品牌理念与营销手段相符合的美食、盲盒、6・18等热点话题，迎合年轻消费者的需求，与用户展开沟通从而实现社交平台的声量放大，达成抢占年轻心智、扩大产品关注度、强化品牌记忆、提升产品感知度等营销预期，在引起年轻人群讨论的同时勾起其消费欲望，促成销售转化。

1. 品牌参与：赋予品牌个性，提升用户黏性

品牌个性被定义为品牌与一系列人的个性特征联系一起后所拥有的特质，如百事可乐的品牌个性是“年轻的、活力的”。营销人员也经常通过广告诉求和品牌定位创造并加强品牌的某些特质，使品牌拥有特定的个性特征。① 奥妙果蔬餐具净的人性化形象塑造亦是情感营销的过程，有效输出了奥妙的品牌文化与价值观。营销系列活动的情感体验及娱乐互动培养用户将使用果蔬餐具净与“轻松愉快的清洁过程”联系起来，使产品成为年轻人精致生活的象征之一，令消费者对“乐观贴心、温暖得力、美观时尚”的奥妙果蔬餐具净心生喜爱。

“攻心”的成功进一步提升了奥妙果蔬餐具净的可识别度和用户黏性，也推动奥妙的产品、服务和品牌文化等深植于用户内心，有利于赢得消费者的长期信任与关注，塑造顾客忠诚，培养出超越买卖情感的高黏度关系。印象的建立和情感纽带的生成也为品牌继续占领用户心智空间、进行其他营销活动提供了空间与可能性。

2. 用户参与：名人动员＋粉圈互动

对声量低的产品而言，最直接的方式是利用“名人效应”。“由于名人本身就是话题，并且具有来自社会各方极高的关注度，利用名人效应可以提高话题的关注度，创造话题热烈讨论的氛围”。② 项目组在把握粉丝及产品受众兴趣交点的基础上，从众多KOL中选择了知名博主黄块块进行合作，为联名限定礼盒拍摄了一支开箱视频。通过KOL的影响力，激发网友参与话题的热情。

“对于精神需求重于实物需求的粉丝消费而言，相较于品牌给予的价格或产品上的实际回报，他们更重视品牌对粉丝群体在精力上的付出和精神上的回报”。③ “海绵宝宝×奥妙果蔬净”结合“6・18超有饭er”的玩法，发起电商平台粉圈应援。

---

① 商超余. 品牌营销新论[M]. 北京：经济日报出版社，2017：158.
② 周凯，徐理文. 基于5T理论视角下的企业微博营销策略及应用分析——以欧莱雅的微博营销为个案研究[J]. 图书与情报，2012(05)：120-127.
③ 武佳. 新媒体环境下粉丝经济在品牌营销中的新思路[J]. 北方传媒研究，2019(06)：16-18+25.

营销活动设计了CP欢乐彩蛋视频、海绵宝宝同款帆布包、限量版联名AJ潮鞋和海绵宝宝地铁专列四大粉丝福利，吸引粉丝为产品应援。互动与粉丝福利解锁形成了良性的回环，进一步扩大了活动的参与范围。

（五）跟踪（tracking）

在参与环节之后，传播过程基本结束，但对于企业而言，只有发现评论，寻找用户的声音，追踪消费者的体验，把握舆论的风向，才能保证消费者具有良好的消费体验。[①] 线上营销使得营销效果的数据获取与分析过程都变得电子化、智能化，并且每一个回馈、数据都有据可依，保证了很高的精准度。企业管理人员更是能听到来自各个方面的声音，了解消费者真实的想法与兴趣点，从而不断完善自身的产品、服务、行为。

1. 数据反馈：电商平台为追踪营销活动提供数据支持

奥妙果蔬餐具净本次的营销活动以京东6·18电商大促活动为契机展开，其销售的主阵地也集中在京东平台。一方面，在线上平台销售让企业很容易获得商品的浏览量、销售量、成交额等数据，以这些具体的数据为参照，可以及时且准确地对营销活动进行追踪和分析；另一方面，作为线上购物平台，用户的评论为企业提供了一个追踪消费者情况、获得消费者反馈的很好的平台。用户在购买商品之后，出于想要分享自己的产品使用体验、督促商家提升产品或服务质量、满足社交需求、获得平台积分的奖励等原因就会在平台发布评论。

截至目前，联合利华京东自营旗舰店的奥妙果蔬餐具净洗洁精这一产品购买页面下已经有超过46万条评论，其中带图、带视频的评论就多达8 900条，绝大多数都是“去污能力强”“性价比高”“大牌值得信赖”的好评，让浏览商品信息的潜在消费者们增加了对产品的了解和信任，提升了购买欲。而有一些消费者也在产品、服务方面遭遇了不愉快的体验，对于差评中反映出来的问题，官方旗舰店的客服都会及时回复，解释原因并提供一些可能的补偿措施，与消费者们形成了良性的互动。

2. 用户追踪：社交平台为追踪识别消费者需求提供参考

除电商平台上的评论外，微博、抖音、腾讯视频等社交平台也有评论功能，也有

---

① 周凯，徐理文. 基于5T理论视角下的企业微博营销策略及应用分析——以欧莱雅的微博营销为个案研究[J]. 图书与情报，2012(05)：120－127.

着实时互动性。比如在“黄块块”“爱吃的甜饼”等微博大V的推广微博下面，就有许多网友的评论，有些人关注性能，有些人关注赠品，还有些人关注价格，在博主的“安利”和网友们的互相分享过程中，调动起了很多潜在消费者的购买欲望。企业也能根据这些信息，及时识别、追踪消费者们的需求和关注点，为后续的营销活动提供参考。

第三节　案例访谈

“好的广告人应能帮助品牌向消费者传递更好的生活方式”

一、公司介绍

Genudite淳博传播2010年创立于上海，服务企业覆盖美妆类、快消零售类、奢侈品类、母婴类、食品饮料类、生活方式类等多个品类，创造了诸多在行业内有口皆碑的营销案例。曾先后荣获艾菲奖、金投赏、虎啸奖等多项大奖。2019年被《中国广告》评选为年度25家数字营销代理机构。

二、采访对象

李莹(Lissa)，Genudite淳博传播市场总监。从事广告行业超过15年，曾先后担任过客户部负责人、市场部负责人。服务客户包括爱茉莉集团、拜尔斯道夫、达能集团、联合利华等国际商业集团等。

三、访谈记录

(一) 合作背景

Q：请问当时奥妙方找到贵公司，对“果蔬餐具净6·18电商营销”项目提出了哪些要求？

A：奥妙找到我们，表示希望在6·18这一节点，快速地提升奥妙在洗洁精领域的知名度。之所以会有这一诉求，原因你们可能也了解一部分，奥妙这个品牌还是在衣护领域的口碑比较好，在不被年轻用户所关注的领域里，奥妙希望借助我们公司的营销经验和行业资源，更多吸引线上年轻用户的关注，从而在洗洁精领域有所拓展。

Q：您提到了公司的营销经验和资源优势，可以跟我们分享一些公司的项目经历吗？

A：我们公司较擅长于快消、食品等领域，多年来这一块也汲取了非常多的经验，包括对于消费者的洞察、触媒习惯，都有比较深入化的研究。目前来说，我们现在服务的客户均为世界五百强客户，包括联合利华集团、拜尔斯道夫集团，然后还会有一些美妆类的客户包括 LVMH 旗下的迪奥品牌、韩国爱茉莉集团下诸多的子品牌及医药类的客户等。在传播形式上，我们比较擅长整合营销、社会化营销、娱乐营销，我们拥有丰富的媒介资源，包括社交平台的 KOL、综艺、IP、明星等资源。你可以看到我们有很多案例都是一些跨界的合作，包括之前在一些奖项中获得佳绩，像清扬跨界《中国新说唱》，中华牙膏跨界《创造 101》，包括这次的海绵宝宝，还有之前我们多芬跨界 Papi 酱、力士跨界“闪耀暖暖”等作品。

Q：在营销经验丰富的情况下，这次奥妙的项目与以往的项目相比有什么特别之处？有否遇到一些问题和挑战？

A：首先，这个案例我们没有太多的预算，所以请不了明星，而且请明星的话，大家可能只会记住明星，对于产品的印象可能不是那么深刻。如何在预算有限的情况下创造出超乎预期的关注度，其实是我们的一个比较大的挑战。所以这次我们另辟蹊径，将海绵宝宝作为合作 IP，因为海绵宝宝从形象上和理念上其实和奥妙果蔬餐具净是非常吻合的。另外，家清类的产品在年轻人中的关注度其实不高，它不像美妆类、日化类以及食品类那么受关注，是一个比较冷门的类别，如何让更多的年轻人把目光去投放到这个类别上面去，其实也是一个很大的挑战。所以我们要做的就是从用户的整体感方面入手，帮助年轻人去更好地认识产品。

（二）市场洞察

Q：在接下这一项目之后，项目团队从哪里开始着手？是否进行过市场调研和产品分析？结果如何？

A：在每一个项目开展初期，市场分析是基础性的工作。针对果蔬餐具净这一项目，我们对家清品类市场进行了初步分析，为后面的营销策划提供了一些思路。比如我们发现 90 后的消费者对家清品牌的认知度不高，所以在营销当中应该去创造吸引力。市场分析离不开对消费者需求的洞察，后来我们对消费者行为进行了分析，发现越来越多的 90 后、95 后年轻人进入适婚年龄，慢慢接触并将成为家清市场的主要消费人群。通过调查，我们发现 90%的 90 后将洗碗列为最不愿意做的家务榜首。如何去扭转这个局面？我们就会要花很多心思去想这个问题。所以说我们的决策肯定离不开对于市场的洞察、对于用户的洞察，两者是不可剥离的。从结果可以看到，从销量上奥妙果蔬餐具净超越了它上市以来任何时候的销量，包括在同比 2019 年 6·18，它的整体销量提升了 167%。然后从社交平台的一些评论，以及我们因为这个案例在行业渠道内得到的很多认可都可以看出，这个案例还是非常成功的。

Q：从您的描述中我们发现项目核心目标群体是年轻人，但这是个宽泛的范围。您对消费者有哪些具体洞察？

A：奥妙果蔬餐具净项目的消费者画像是年轻群体，尤其是 80 后、90 后的新锐白领。结合自身经历和对时下生活的观察，我们发现，随着生活节奏的加快、对食品健康等要求的上升，这部分消费者越来越享受自制美食的过程和乐趣，但却对下厨后随之而来的清洁工作避之不及，洗碗成了最不讨喜的家务。我们觉得抓住消费者这一矛盾心理、化解他们对洗碗的抵触情绪就是餐具净产品的出圈机会，当然做到这一点还需要更多结合年轻人特点的营销方式。

（三）创意生成

Q：我们发现整个营销活动的亮点可以说是与海绵宝宝的联动，为什么选择通过 IP 联名的方式进行营销？选择海绵宝宝联名的原因是什么？

A：对家清品类来说，它不像美妆、玩具等自带话题性，做年轻人喜欢的内容营销是比较困难的。这是我们在这个案例里遇到的最大的一个挑战，就是家清类产品一直被年轻人所忽略。选择海绵宝宝的原因作为联名对象上面我已经谈到过。首先，它是很多人童年回忆中的经典卡通形象，在年轻一代中知名度比较高；其次，海绵宝宝在卡通片里就有厨师这一角色身份，本身形象也像产品洗洁精的好搭档洗碗擦一样，与厨房、洁净有着很强关联性，高度契合品牌，很适合做 GWP 的设计项目；最后，海绵宝宝积极乐观的态度是很多粉丝热爱它的原因，不讨喜好的洗碗场景正需要这样的快乐基因来扭转消费者对它的态度，激发大家的洗碗动力，进而提升对奥妙果蔬餐具净的好感度。我们选择海绵宝宝，其实也是想让大家把对于 IP 的注意力成功地转嫁到产品上面。

Q：您提到 GWP 的设计，我们也了解到果蔬餐具净当时的联名礼盒有多款瓶身图案，你们是怎样想到在产品营销中加入盲盒元素的？

A：现在年轻人包括我们自己都很喜欢抽盲盒。借助年轻人喜欢的潮流文化趋势，洗碗这件事可以变得趣味性更强，洗洁精盲盒创造了购买体验的附加价值和能在年轻人圈子中形成讨论的话题，也是能够通过这样一个元素，使时常被年轻人忽视的家清类产品，能够真正地引起年轻用户的关注。

(四) 落地执行

Q：我们看到产品主要通过线上销售，那么与之配合的宣传是怎样的？做了怎样的投放？

A：我们这次除了联名之外，还基于社交平台为大家喜好的内容做了一些物料，包括鬼畜视频、创意长图文等，然后我们选择在年轻人比较热衷的一些社交平台，像微博、抖音、腾讯视频去做一些投放。与此同时，为了刺激销量，我们在淘宝站内也做了一定的传播，通过一些激励解锁的机制来提升消费者的参与积极性，从而能够实现销售转化的目的。当然我们也把这波传播延续到线下，我们在线下年轻人经常使用的交通工具，地铁里面去张贴一些联名的海报，引导消费者来关注这一次的活动，导流更多用户去线上参与活动。

Q：在案例介绍中您提到这一项目结合了京东平台的6·18玩法，请问具体是怎样的玩法？

A：去年(2020年)京东推出了“6·18超有饭er”的电商平台粉圈应援活动，我们配合设计了彩蛋视频、帆布包、联名AJ、海绵宝宝地铁四大福利，依据消费者的互动热度依次解锁。

Q：为什么选择黄块块作为KOL进行产品宣传？

A：黄块块的名字可以让消费者很好地联想到我们的IP形象海绵宝宝——黄色的方块形海绵；她又是微博上人气很高的美食博主，分享美食后洗碗是一个自然的行为，也与我们的产品很搭配。

(五) 项目复盘

Q：请问这个项目操作周期有多长？能否介绍一下项目执行的时间线，具体谈谈您的团队在每个阶段做了哪些工作？

A：这个项目的整个操作周期大概持续了8个月。2019年我们就开始着手准备2020年的一些产品联名的事宜了，这个项目差不多是在10月左右开始推荐IP，团队的成员提出了很多想法。到了2020年的2月，就和海绵宝宝方确认了合作事宜；3月开始物料制作，设计送审IP，大约一个多月后产品上市；4月宣传宣传物料准备，准备推广；5月正式推出6·18电商方案，宣传物料确认逐步释出；6月就逐步开始做各方面的宣传和推广工作。

Q：您觉得这次销售转化的成功主要归功于什么？

A：这个案例最成功的一点就是它让年轻人能够真正地去关注到家清类产品。你应该知道，市场上的家清类产品会有很多品牌，但其实大家在选的时候可能没有太多地带着自己的喜好，或者是依据对于品牌的忠诚度去购买，很可能只是以价格作为一个参考维度，哪个便宜就买哪个，甚至还可能根据产品在货架上摆放的位置来作为参考维度。但是这次的营销通过盲盒、IP合作等形式，让家清类产品真正走到了年轻人的视线里面去。

Q：您认为这次的项目有没有很好地体现"5T"营销理论？

A：我认为用"5T"理论来阐释分析这个案例是可以的。首先，在讨论者方面，也就是要考察谁会对我们的产品感兴趣、想要了解或购买它。我们发现很多追求精致生活的年轻人其实是常常在家做饭的，特别是在新冠疫情背景下，越来越多的年轻人开始尝试做饭，厨房变成了年轻人生活中必要的构成场景，他们也就成为家庭清洁用品的主要消费者，所以我们将年轻人定为本项目的一个重要的目标群体；在话题方面，我们主要就是和"海绵宝宝"这个大IP进行合作，因为"海绵宝宝"本身就是一个具备影响力、口碑非常好的IP，同时它又和奥妙的品牌调性，也就是厨房、清洁、海绵有很强的关联性；在工具方面，我们通过线上和线下两种渠道，用KOL种草、粉丝互动、地铁广告等形式来宣传产品；在参与方面，我们将产品与美食、盲盒、6·18等热点话题相联系，又通过各种社交平台与粉丝交流，形成了与参与者的良性互动；在跟踪方面，我们除了一直在跟进电商平台和社交平台的各类数据，同时也关注着商品评论，及时发现评论、寻找消费者的声音，进行交流与反馈。从以上各方面来看，"5T"理论在本次项目中起到了一定的作用。

Q：项目过程中有没有让您印象深刻的事情？

A：一开始在想要和海绵宝宝进行联名合作的时候，其实海绵宝宝IP方本来是不答应的，因为他们认为洗洁精作为一款清洁用品，会对海洋生物造成破坏，不是特别环保，与海绵宝宝想要宣传的保护海洋生物理念不契合。但是后来在反复沟通的过程中，IP方也不断确认了产品的环保、无污染性，才愿意达成联名合作。

Q：作为一个优秀的广告人，您认为广告人应该具备哪些素质呢？

A：我觉得首先应该具备的是对世界、对生活更积极的热情，如果态度不够积极，是没办法传递出品牌想要向消费者传递的更好的生活方式；其次，需要熟悉各种全新的营销方法。当我们手上拥有不同的“武器”（IP、明星、网红……）时，我们应该知道如何切换角色，利用好这些“武器”才能够更好地产出高质量的传播内容。

（访谈人：吴蕾、陈希雯、朱文清、冷雨萱、姜昱荣）

第二章

蔚蓝营销×腾讯《三十而已》：顺势而为，巧借“势”打造年度爆款“她”剧集

随着女性的经济独立和商品经济市场化细分的不断发展，满足女性消费特点和需求的“她经济”已成为新的市场增长点。对于电视剧生产创作来说，锁定女性目标人群、寻求女性观众审美需求、符合女性主流价值趋向的“她剧集”成为市场热点，女性题材作品的创作生产也呈现井喷之势。

腾讯视频《三十而已》正是一部聚焦30岁都市女性的现实主义作品，以3位30岁女性的视角展开，讲述了都市女性在30岁这一重要年龄节点时，遭遇到多重压力的故事。该剧于2020年7月17日在东方卫视首播，并在腾讯视频同步播出。面临非流量、非IP以及播前低期待低认知等，蔚蓝营销通过以“她浪潮”为核心价值的人设营销、话题营销、事件营销和出圈梗玩法的整合传播方式，成功将其打造为2020年第一爆款剧集。

第一节　案例复盘

借势“她浪潮”打造“她”剧集，利用社交平台引爆传播声势

一、行业分析

（一）腾讯视频市场份额分析

中国视频市场正式进入“亿级”会员时代。据公开数据，2019 年 6 月 22 日爱奇艺会员数量最先突破 1 亿高点，而腾讯视频紧随其后，2019 年第三季度，腾讯视频付费会员突破 1 亿，腾讯视频订购账户数为 1.002 亿。截至 2019 年第四季度，腾讯视频会员收入处于行业第一。2019 年全年腾讯在收费增值服务账户数同比增长 12%，达 1.8 亿。受主要节目内容延迟播映影响，视频付费会员及收入增长较 2018 年有所放缓。但腾讯视频付费会员数依然实现了增长至 1.06 亿的成绩。腾讯表示，其视频业务全年营运亏损减少至人民币 30 亿元以下，远低于同业水平。① 在

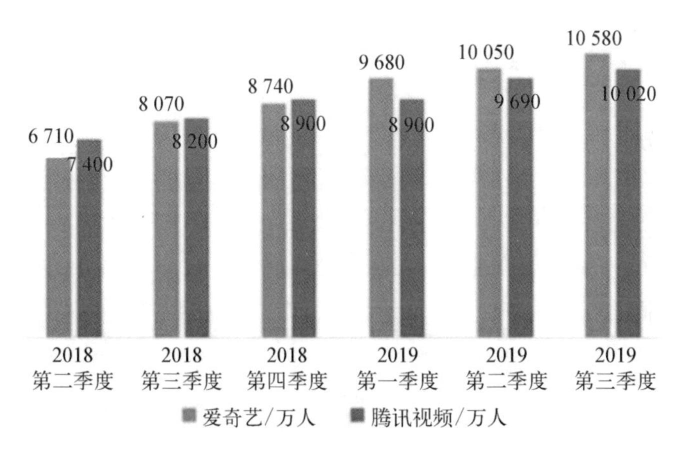

图 2－1　2018Q2～2019Q3 爱奇艺及腾讯视频订阅会员用户规模

---

① 新浪财经. 腾讯 Q4 财报超预期，网络游戏、云服务等业务成绩亮眼[EB/OL]. [2022－07－29]. https://baijiahao.baidu.com/s?id=1661498173870805400&wfr=spider&for=pc.

投资及生产自制内容方面逐渐纯熟,尤其是在电视剧、动画片及综艺节目等领域。

（二）现实女性题材电视剧市场规模

女性题材一直来都是影视剧集的创作焦点,不同时期有不同的创作和关注热点,也会产生不一样的爆款热播剧。比如,前几年市场上耳熟能详的《芈月传》《甄嬛传》《那年花开月正圆》《如懿传》《知否知否应是绿肥红瘦》等,都是古装年代剧集,制作大多比较精良,篇幅也较长。但古装大女主剧长期占据市场,难免导致观众出现审美疲劳。随着古装热潮逐渐退去,现当代的现实女性题材剧慢慢崛起,发展成为主流。[①] 从 2019 年腾讯视频剧集播放量 Top10 排行榜可以发现,主打都市、女性方向的有三部——《亲爱的,热爱的》《都挺好》《小欢喜》,受到市场的追捧,反响强烈。

腾讯视频			
排名	剧集	播放量/亿次	播放渠道
1	知否知否应是绿肥红瘦	118.5	网台联动
2	亲爱的，热爱的	73.2	网台联动
3	都挺好	69.5	网台联动
4	陈情令	69.0	腾讯视频独播
5	倚天屠龙记	64.4	腾讯视频独播
6	将夜	52.2	腾讯视频独播
7	小女花不弃	44.7	网台联动
8	小欢喜	39.6	网台联动
9	庆余年	35.3	爱奇艺、腾讯视频
10	怒海潜沙&秦岭神树	34	腾讯视频独播

统计截止日期：2019年12月17日

图 2-2　2019 年腾讯视频剧集播放量 Top10

从《正阳门下小女人》《欢乐颂》《都挺好》《我的前半生》,到 2020 年的《二十不惑》和《三十而已》,关注女性生活、婚恋和成长的影视剧作品越来越多,女性现实题材剧显露出巨大的发展潜力和市场价值。[②]

二、市场定位

《三十而已》没有流量的加成,也无自带 IP 造势,但它聚焦于女性观众市场,挖掘出了符合女性主流价值趋向的“她剧集”市场热点,是一部聚焦了 30 岁都市女性的现实主义作品。

相较于以往的《欢乐颂》等现实主义剧集,《三十而已》的特点在于其内容的多样性。片中的三位女性代表的三类人是可以折射到每一个个体上的：顾佳是理想

① 综艺报.数读 2020 年女性题材剧发展[EB/OL].[2022-07-29]. https://new.qq.com/omn/20201221/20201221A0JRO200.html.

② 综艺报.数读 2020 年女性题材剧发展[EB/OL].[2022-07-29]. https://new.qq.com/omn/20201221/20201221A0JRO200.html.

中的自己，独立而冷静；王曼妮是不愿意承认的自己，出生贫穷，有点小虚荣；钟晓芹是最真实的自己，过着平凡的、有时候可能甚至是有一点无聊的生活。《三十而已》的价值便在于，通过真实感、共鸣感兼备的内容来展现当代女性的真实困境，从而鼓舞女性勇于发声，让更多缄默于口的话题能够被广泛讨论。

三、目标受众

《三十而已》的直接受众为一、二线城市的白领女性以及即将从大学毕业步入职场的女性受众，但同时更加年轻的女生也是蔚蓝营销希望争取到的群体。剧集内容与年轻女生具有一定的互补性，一方面，“30＋”是这一群体的必经之路，《三十而已》能够让她们一窥“30＋”；另一方面，年轻女性是社交平台上富有生产力的群体，能够促进《三十而已》的出圈、破圈。

蔚蓝营销对《三十而已》目标受众的确定是一个数据加经验的结果。一方面，腾讯内部系统能够通过一些大数据工具测定受众群；另一方面，韦伯团队根据以往经验，包括对现实题材剧和其他的一些作品的受众情况进行分析，来得出这一部剧预估的受众群。

《三十而已》的核心受众非常明确，剧集内容聚焦的问题围绕在婚姻、职场、家长里短。这一类型的剧集会直接吸引到的是一、二线城市的白领女性，以及一些即将从大学毕业即将步入职场的女性受众。她们关注剧中的内容话题，易产生代入感，并乐于在社交网站讨论，是剧集热度与口碑发酵的核心受众。

但是，目标受众是动态的、随着剧集内容的传播而不断变化的。前调显示，《三十而已》的播前期待值、认知度在暑期档剧集中双双垫底，这便需要营销方想方设法来圈住剧集的核心受众、打开市场。在初期营销颇有成效时，蔚蓝营销便根据舆情不断微调其营销策略，旨在扩大其受众面，触达重度娱乐用户，以及关注时尚、职场、情感等相关垂类领域的机会受众。这批受众追踪主流社交网站热点，有明确关注的兴趣话题，易受意见领袖及 KOC 的影响产生追剧行为。观测舆情、精准营销，蔚蓝营销便是这样使《三十而已》从一个小众剧集到最后成为一个全民爆款项目。

四、同期竞品

《三十而已》在暑期档上映，暑期档受众的增量主要是年轻群体。显然年轻人并不喜欢那些家长里短、婆媳矛盾和办公室斗争，而更有可能被2019年来火爆的盗墓IP《盗墓笔记·重启》和鹿晗主演的电竞题材的电视剧《穿越火线》瓜分市场。因此，在蔚蓝营销看来，《三十而已》的主要竞争对手便是这些当红流量小生参与的电视剧。

图2-3 《穿越火线》《盗墓笔记·重启》宣传海报

令人意外的是，同是女性题材，同为暑期档的《二十不惑》虽然最开始也在竞品名单中，但并未被其列为主要竞争对手。比起竞争关系，蔚蓝营销更多地将其看作合力打开女性市场的友军。《二十不惑》聚焦的问题偏低龄，主要阵地是大学校园；《三十而已》更成熟，聚焦婚姻、事业、家庭，两者的受众面不同。

蔚蓝营销在进行策划时也并未刻意与《二十不惑》采取差异化措施，而是努力打出自己的特点、触达自己的人群，再慢慢实现扩圈。得益于出自一个出品方的缘故，在传播路径中，《三十而已》和《二十不惑》甚至做了联合营销，例如《三十而已》的三位主角在《二十不惑》里进行客串，以此形成共赢局面。

图 2-4 《三十而已》主角客串《二十不惑》画面

五、营销目标

此次《三十而已》的营销目标主要有两个，分别是“打造全民爆款剧”和“为腾讯视频站内引流，带动播放量增长与会员拉新”。

（一）打造全民爆款剧，声量口碑双丰收

从腾讯视频的角度来说，首先，最直接的要求就是声量，腾讯视频一开始就要求整个项目要具有一定数量的热搜；其次，是基础的口碑，整个社交媒体上的口碑需要是向好的。片方希望能够提高剧集社交声量，引发全网关注、实现“破圈”，掀起“人人聊三十，处处见三十”的社交热潮。

（二）为腾讯视频站内引流，带动播放量增长与会员拉新

将社交热度转化为站内流量，即会员拉新属于比较深入的一项需求。腾讯视频有一个专门的会员入口对会员的转化与拉新进行衡量，他们会用特定的手段去统计用户买会员卡之后观看的第一部作品是什么，或者说用户是在看什么作品的时候弹出了会员购买窗口等等。这些站内流量及会员拉新的数据也是蔚蓝营销需要关注的硬性 KPI。

六、创意概念：“她浪潮”

近两年，随着女性群体对整个社会的贡献度不断上升，女性的力量、女性在职

场上的贡献、女性的职场困境、婚姻困境等话题在最近几年越来越成为一个不可忽视的舆论风向。剧集中高现实性的内容话题与对“30+”女性困境深度展现为舆论引导带来了较大挑战，也提供了与受众情感产生共鸣的巨大的机会点。在《三十而已》上线之前，也正巧是综艺《乘风破浪的姐姐》最火的时候，这种情况下更适合在社交平台上对女性的相关议题进行讨论与分享。“她浪潮”这一核心概念的诞生可以说是顺势而为。此外，女性天然地比男性更习惯于在社交媒体上去表达，所以中青年女性也是蔚蓝营销此次营销的核心人群。

最后便是关于这个项目的初心。无论是制作方还是营销方，都想通过这样一个项目的呈现和传播，让更多的女性可以表达她们的困境，让这些话题能够被讨论，哪怕只能带来一点点的改变，但其价值也是不可估量的。

七、预算分配与落地执行

（一）预算分配

对于传播乙方蔚蓝营销来说，拿到甲方对这一项目的预算后，首先需要考虑的是怎样去进行预算划分。蔚蓝营销此次将主要的传播预算放在了微博和抖音等社交平台，其中微博端占据预算的60%、抖音占30%，其他端口只有10%。

基于平台的不同属性，蔚蓝营销根据不同营销内容进行不同的媒介选择，从而产出差异化的内容。微博本身就是一个话题导向平台，因而很适合进行造梗式病毒玩法的发酵，比如“顾佳顾学”“人间过绿器”等热词的传播；抖音则更为注重画面本身，因而更倾向于传播一些具有爽点的内容，比如“顾佳打耳光”这类画面冲击力很强的片段。在后期，为了实现扩圈破层传播，蔚蓝营销在知乎、小红书等其他平台也持续发力，比如在小红书上发布“顾佳职业穿搭”“顾佳包包”等相关的内容，在知乎上对育儿、择偶问题进行更深层次的讨论。

（二）项目执行

《三十而已》剧集在播出过程中的营销方式可以说是“霸榜型”营销，在策划前期就已经在大体上设定好热搜词和舆论走势，播放期间剧宣也会顺势而为，根据舆论反响及时调整传播扩散计划。整部剧集可以分为预热期、开播期和热播期三大阶段，不同的阶段采取不同的传播媒介、传播形式，形成了一个完整且精准的传播扩散链路。

1. 预热期：7月14～17日

预热期是电视剧推广全周期的第一阶段，这一阶段基于播前低认知低期待值的现状，深度联合艺人为开播造势。

(1) 话题看点前置：“三十说”开播特别企划。《三十而已》涉及两性关系、婚姻家庭、人际关系等具有争议性的内容，容易在社交平台上引发讨论。因此，蔚蓝营销着眼于剧集中的争议点，将其作为主要亮点。辩论赛是一种思想碰撞的绝佳形式，能够较好地呈现剧集内容，刺激观众感官。基于此，蔚蓝营销采取《三十说》辩论式发布会的形式，围绕“闺蜜老公出轨要不要告诉她”“应该选择浪漫型还是嘴笨务实型的男朋友”等话题进行辩论，输出剧集话题。

一方面，项目善于结合艺人本身的特点获得流量加成，如结合剧中钟晓芹扮演者毛晓彤遭遇男友出轨的经历进行营销——毛晓彤在辩论赛表达“出轨零容忍”的观点，引发了关注；另一方面，为了确保辩论的专业性，蔚蓝营销邀请对婚姻爱情观有独到见解的知名辩手傅首尔加入辩论，进一步提高热度。通过新颖恰当的辩论形式，再加上艺人、辩手自身的流量，《三十而已》在发布会期间在社交平台上成功造势。

图 2-5　《三十说》辩论式发布会画面

(2) 女团借势带热：30K 女团出道，打造《三十而已》版《无价之姐》。“女团”是与年轻女性受众进行交流与对话的符号，再加上《三十而已》的预热期正值“30＋”女团节目《乘风破浪的姐姐》备受追捧、《无价之姐》盛行的阶段，蔚蓝营销乘机借势女团，提出将三位艺人组成女团，跳《无价之姐》，视频片段在社交平台上广泛流传。三位艺人的女团名称为“30K 女团”，可以从多个角度进行理解，可以理解为“30”“K”，也可以称为“3”“OK”，总体而言，希望传递出“三十岁依然

图 2－6 30K 女团成团海报

OK”的信号，鼓励更多“30＋”女性积极勇敢地生活。

无论是《三十说》辩论赛还是“30K”女团，都需要深度联合艺人，这也增加了营销案落实施的难度。如《三十说》以艺人经历作为卖点，“30K”女团的成立需要艺人的参与，有的艺人最初的参与意愿并不高。因此，蔚蓝营销在沟通阶段向艺人明确其参与的利益。恰逢《乘风破浪的姐姐》节目具有高热度，艺人参与其中能够为其带来较好的曝光，在进行沟通后，最终女团方案能够落实。

此外，蔚蓝营销还提出让男艺人参与到《无价之姐》的舞蹈中，在发布会上让“姐夫”跳舞。虽然跳舞对于三位女艺人并非难事，但男艺人完全不擅长舞蹈，为此，蔚蓝营销提前安排老师进行舞蹈动作简化，并对艺人们进行舞蹈教学。在发布会后传播男艺人跳得不好的片段，以趣味的方式吸引流量。

2. 开播期：7 月 17～20 日

开播期指《三十而已》的开播初期，主要集中在开播后的前三日，这一阶段，蔚蓝营销以微博和抖音作为主要平台，与影视垂直类 KOL 展开合作，重打顾佳的爽感人设，蓄力打造“顾佳打人”的出圈名场面，多领域玩梗，开播即收获高热度高流量。

（1）重打“爽感”人设，调动受众情绪共鸣。在移动互联网的飞速发展以及碎片化传播方式盛行的大背景下，触动受众的“爽点”，调动其内心的酣畅情绪，成为吸引受众的一种方式。在“爽剧”中，现实生活难以实现的直接诉求，被转化为主人公的行为，使受众获得满足感。

整部剧的破圈正是从角色顾佳的“爽感”人设打造开始的。蔚蓝营销中将顾佳的处事方式称为“顾佳顾学”，由于顾佳对第三者具有准确的识别力，通过微博话题内容的发酵提高剧目关注度。而剧集中具有爽点的片段则通过抖音进行传播，比如“顾佳打耳光”这种画面冲击力很强的视频片段。对顾佳的人设打造与由顾佳引发初步破圈可以看作是开播期为后续热播期的全方位人设打造与破圈所做的铺垫。

图 2-7　“顾学”词条释义

(2) 多领域造梗、玩梗，激发病毒式传播。蔚蓝营销将节目中的经典片段与受众反应相结合，多领域造梗、玩梗，进行病毒式传播。如上文提到的“顾佳顾学”“人间过绿器”，利用“x学”，或谐音梗的方式打造趣味性、娱乐性传播。剧中角色顾佳背着奢侈品牌香奈儿皮包参加上流太太圈聚会，在合影时却被裁掉了，只因为她所背的包与其他太太相比太低端，直到背着爱马仕皮包后才出现在太太圈的合影中。由此，爱马仕、顾佳与太太圈的合影成为一个吸睛的传播素材，在微博、抖音以不同的形式呈现。爱马仕皮包这一话题也开始在小红书上传播，成为《三十而已》在小红书上破圈的第一步。

不过，顾佳买包和强调太太圈的奢侈品等级并非蔚蓝营销主动进行的传播，由于这一事件涉及消费主义和物质主义等，蔚蓝营销在传播时更加小心谨慎，避免传递消费主义或者奢侈品是踏入某个阶层的敲门砖等观念。但是这类话题本身就具备高传播度，在没有主动去推广的情况下已经具有了一定的传播规模。因此，蔚蓝营销此后在推动这一内容破圈时，更加注重正向引导，如让顾佳的扮演者艺人童瑶在自己的抖音号发布短视频，表达“你的铂金包可以是一个帆布包”的观点，由此鼓励女性认可自己的价值，而不必将奢侈品作为赋予自身价值的手段。

前期着重娱乐搞笑，将浮于表面的内容进行大规模扩散，以浅显直接的方式触达受众，从而也“收割”了一批规模庞大的受众，也为后续的宣传讨论深层次的社会议题做了铺垫。

3. 热播期：7月21日～8月3日

热播期是剧目进一步扩圈、出圈的阶段，蔚蓝营销采取更加全面的人设营销和话题营销方式，双线并行，促进营销更加全面地铺开，配合跨界玩法深化《三十而己》的出圈。

(1) 人设营销,打造热词。开播期打造了角色顾佳的“爽感”人设,而热播期更加注重对包括顾佳在内的角色人设的全方位塑造。

一方面,人设营销继续通过造梗、玩梗的方式进行病毒式的扩散营销,通过搞笑式的营销手段维持热度。如根据角色特点打造玩梗“陈养鱼”“许放炮”“梁海王”等,相关玩梗也在微博、抖音等平台上被改造、引用,形成二次或多次传播;另一方面,人设营销全面化、深度化发展。如“顾佳顾学”这一热词也印证了蔚蓝营销在策划时的前瞻性——在最初打造顾佳人设时,不希望将顾佳打造成为一个为维系婚姻而失去自我的女性角色,没有采用类似“顾佳智斗小三”这样的关键词,而是使用了“顾佳顾学”一词。所谓“学”,意味着这一概念可以不断扩充。随着剧集的发展,受众会发现顾佳的身上不仅具有“爽点”;同时,她也是一位努力地经营自己的婚姻

图 2-8 根据剧情角色玩梗

的妻子，为孩子计划教育的母亲，为丈夫公司操持的贤内助……由此，顾佳的人设也随着剧集的走向更加丰富和立体，而其他的主角人设也逐渐全面地呈现在受众面前。剧中的三位女性各有特点，各有差异，几乎囊括了现实生活中的三类人，这也投射到每一个体上。不同的人设给受众带来了真实感和共鸣感，营销逐渐沉淀下来，不断深入，反映深层的社会现象。

（2）话题营销，引发讨论。作为话题营销的主要阵地，蔚蓝营销也与微博开展了合作，如对于次日需要做的营销工作，会提前跟微博方面进行沟通，微博方面也会对蔚蓝营销提供建议，或者使用微博自己的账号进行推广。不过，在登上热搜榜的话题中，更多的是蔚蓝营销借助 KOL 的力量发声，热度到一定程度会自然登上热搜榜。

为了保持热度，热播期的日常就是让 KOL 配合剧集的内容做话题。对于 KOL 的选择，也会根据话题的性质有所侧重。娱乐博主往往会进行二次创作，在微博、抖音等平台开展病毒式传播；社会性话题则会选择社会向博主进行专业性的科普，此类内容常出现在微博话题或知乎话题中。

进入热播期后，蔚蓝营销更加注重挖掘剧集中社会性较强、带有痛点的、具有共鸣的话题，如“全职妈妈算不算独立女性”“父母为了孩子上学有多拼”，使之上升为社会话题，即便没有观看过剧集的群体也能参与到讨论中，扩大了舆论声势。一方面，让角色扮演者发声，如让剧中遭遇职场不良竞争的王曼妮的扮演者江疏影发声，呼吁良性职场竞争，通过艺人的流量加持推动对职场、对女性的关注，也间接地提高了剧集的声量；另一方面，蔚蓝营销倾向于选择本身就具备社会向话题讨论属性的博主，让他们开展一些具有关怀性的、指导性的话题讨论，如剧中角色陈屿和钟晓芹的沟通方式存在问题，营销中也开展了情感博主线上解读的创意直播。

图 2-9 《三十而已》联动硬糖少女 303

当前舆论环境对于涉及女性成长、女性社会困境的内容高度敏感，剧集中高现实性的内容话题与对 30+女性困境深度展现为舆论引导带来较大挑战，蔚蓝营销在话题营销中也十分谨慎，对涉及女性、家庭的话题进行了正面的引导，在传播时注重引导受众以正向、客观的方式来看待问题，确保整体舆论向好发展。

(3) 跨界联动，扩大圈层。除了常规的传播平台如微博、抖音、小红书和知乎等外，《三十而已》还登上了《今日说法》《中国法院报》，被权威解析，丁香医生、天眼查面向观众进行专业科普，女团硬糖少女 303 也与剧集实现了梦幻联动。

《中国法院报》《今日说法》等是腾讯视频端口获得的传播渠道，而微博传播主要负责和硬糖少女 303 的嘉宾联动。与硬糖少女 303 合作，也是希望将年轻女性囊括入内，通过年轻女团的号召，年轻女性也能看到相关话题并加入讨论之中。通过不同 KOL 的联动，实现了扩大圈层的目标。

八、营销效果

《三十而已》在腾讯视频站内播放量超过 69 亿，单日播放量超过 3.72 亿，打破纪录，平台剧集弹幕量创新高，获播放量、热度双料冠军，成为 2020 年现象级爆款。

全网登上热搜热榜超过 700 次，单日最高 48 个热词霸屏，微博热搜累计上榜 235 次，单日最高 24 个热搜霸榜，创 2020 电视剧单日最高热搜记录，剧集话题总阅读量超 260 亿，讨论量超 800 万，衍生子话题达 450 个，总阅读量超 500 亿。

抖音收割热点 164 次，上榜热词 116 个，连续 20 天登顶剧集榜单 TOP1，剧集话题总播放量超 961 亿，剧集相关话题播放量突破 315 亿，追踪热点话题播放量突破 10 亿；抖音站内点赞破百万视频 100 余个，总覆盖人群超 10 亿人；创剧集单次征稿播放总量最高纪录，累计参与达人超 530 人，产出作品超 800 个，累计播放量超 11 亿。

此外，《三十而已》大揽其他平台热搜共计 250 多次：知乎热搜热榜 90 多次，单日最高 5 个问题同时霸榜；头条热搜 50 多次，小红书、快手、百度热榜等各揽热搜热榜多达 20 余次；猫眼全网播放量及全网热度连续 21 天排名 TOP1，德塔文电视剧指数连续 19 天排名 TOP1，Vlinkage 指数连续 18 天排名 TOP1，艺恩连续 18 天排名 TOP1，骨朵热度连续 11 天排名 TOP1；微信指数峰值超 6 846 万，微信“自来水”多维度讨论，10 万＋阅读文章达 700 多篇，微指数、百度指数等多平台指数爆表。

第二节　案例分析

共鸣掀起参与热情，共享扩散品牌影响力

一、SIPS 模型介绍

2011 年日本著名广告公司电通株式会社发布了数字时代的消费者行为分析工具——SIPS 模型（Sympathize 共鸣，Identify 确认，Participate 参与，Share & Spread 共享与扩散）。该模型是对 2005 年提出的 AISAS 模型（Attention 注意，Interest 兴趣，Search 搜索，Action 购买，Share 反馈分享）的重塑和延伸，敏锐洞察和深入剖析了消费者行为“Search－Action－Share”三个环节形成口碑的内在规律。①

SIPS 模型的创新之处在于基于全生命周期视角动态描述了用户从产品信息识别、购买欲望激发到消费体验分享的消费心理波动路径，主张通过深挖营销价值、客户泛在连接与信息实时共享等手段建立个性化用户社区，为卖方提供可有效降低客户消费决策成本的营销服务解决方案。该模型包括四类核心变量，分别为共鸣、确认、参与、扩散，其中，“共鸣”是指以充分满足并引导消费者期望为基础，增强营销靶向性；“确认”是消费者对营销产品进行价值判断与价值选择过程；“参与”是卖方将用户画像融入营销方案的过程，旨在激发消费者购买意愿；“扩散”是用户在良好消费体验的刺激下主动进行口碑社交化推广的行为。②

SIPS 模型尽管在传播效果理论研究领域还未被广泛运用，但在数据时代已成为解释消费者行为过程较为全面的分析工具。本文尝试在 SIPS 模型理论的整体关照下，从学理角度剖析“她浪潮”整合营销传播策略。

---

① 黄燕萍，付筱茵.《摔跤吧！爸爸》的营销模式创新——基于 SIPS 模型的分析[J]. 中国电影市场，2018(03)：21－25.

② 张津玮. SIPS 模型视域下传媒机构文创产品营销路径探析[J]. 传媒，2020(23)：91－93.

二、基于SIPS模型的《三十而已》营销分析

（一）共鸣（sympathize）阶段

在社会媒体蓬勃发展的大背景下，影视剧作品的传播范围与其能够激活的观众节点数量在一定程度上呈正比关系。因此，想要观众接受某部作品并且自愿充当二次传播者，首先需要获得观众的认同，激发观众的共鸣。这里的认同主要包括两个方面，一是价值认同，即对作品本身的认同；二是情感认同，即对内容传播者或是生产者产生的情感需求。[①]

前期调研显示，《三十而已》的播前期待值、认知度在暑期档剧集中双双垫底，可见《三十而已》并不具备先发优势。但《三十而已》以女性现实问题为题材，传播机会与挑战并存。当前舆论环境对于涉及女性成长、女性社会困境的内容高度敏感，剧集中高现实性的内容话题对30岁女性困境的深度展现为舆论引导带来较大挑战，也提供了与观众产生情感共鸣的巨大的机会点，使观众"心动"，引发共鸣并捕捉这一瞬间是促成消费者采取进一步行动的重要切口。

在策划初期，"她浪潮"整合营销便将中青代女性观众作为自己的核心人群，这部分人群对30岁女性话题有天然的关注度，她们关注剧中的内容话题，易产生代入感，并乐于在社交网络中展开讨论，是剧集热度与口碑发酵的核心观众。基于播前低认知低期待值的现状，"她浪潮"整合营销深度联合艺人为开播造势。在微博推出"30K女团出道"、"三十而已版无价之姐"等话题，借势女团浪潮，引导核心观众进行话题讨论。与此同时，微博和抖音作为宣传的主要渠道也开始发力，前置剧集看点，更广泛地覆盖了核心观众池，以达到播放初期不错的热度。

（二）确认（identify）阶段

一般来说，通过认同唤起的消费者需求往往无法即刻得到满足，会形成"累计需求"。这个时候，观众需要运用更多手段、从更多角度了解作品各个层面的属性，用于确认自己的态度，增强共鸣感。同时也需要更多的广告投放以及更深层次的信息覆盖。要做到这些，就需要对目标观众市场进行准确的划分，在此基础上开展

---

① 周晓晗．基于SIPS模型的知识付费类APP营销策略研究——以"流利说·阅读"为例[J]．西部广播电视，2020，41(19)：7-9．

精准营销。①

暑期档电视剧的竞争尤为激烈，信息爆炸和时间的有限性使观众在选择上更加谨慎。即使接触到了感兴趣的宣传信息，他们也不一定会采取观看行为，而是纠结于“看与不看”。由情感共鸣而产生的观看期待更能够激发观看欲求，观众通常会有意识地利用便利的搜索手段和社交媒体深度确认影片的期望可靠性以及价值认同感。在观众进行信息检索的过程中，“意见领袖”在大众传播效果形成过程中起着至关重要的中介和过滤作用，有时也会对观众是否真正去观看起到决定性作用。

在确认阶段，“她浪潮”整合营销传播利用相关群体的影响力，同时与“意见领袖”合作产出话题，打造“顾佳顾学”“林有有高段位绿茶”“许放炮陈养鱼梁海王”等病毒人设，以及“三十而已糟心男团”群像人设，通过“意见领袖”的强大号召力来获得观众的信任和青睐，调动观众采取行动，进而促成观众与作品形成共振。

在这个阶段，触达的观众从核心观众延伸到了更广泛的群体，涵盖了部分重度娱乐用户，以及关注时尚、职场、情感等相关垂类领域的机会观众，他们追踪主流社交网站热点，有明确的兴趣话题，易受“意见领袖”及 KOC 的影响产生追剧行为。随着关注群体的扩大，《三十而已》打响了破圈第一枪。

（三）参与（participate）阶段

当影视剧观众的“累计需求”达到一定程度时，就会相应产生参与的意向或者行为。在这个时候，必要的广告宣传和外界的刺激会成为促使或鼓励观众参与的重要催化剂。通过观众与制作方的积极双向互动，能够更好地引导潜在观众的“累计积累”以及观众自发地分享推广行为。②

不同类型的电视剧观众参与的方式也不同，核心观众和粉丝会直接参与，潜在观众会选择参加相关活动或加入群体讨论而并非选择直接观看，而潜在观众为电视剧热度的提升提供了空间，不容忽视。只有那些能够激发观众情感共鸣的好作品才能提升核心观众的观看体验，从而触发潜在观众的兴趣和观看欲望。“观众为王”已经成为当今中国影视剧市场的风向标，只有深度挖掘现实与潜在观众的需

---

① 周晓晗．基于 SIPS 模型的知识付费类 APP 营销策略研究——以“流利说・阅读”为例[J]．西部广播电视，2020，41(19)：7－9．

② 周晓晗．基于 SIPS 模型的知识付费类 APP 营销策略研究——以“流利说・阅读”为例[J]．西部广播电视，2020，41(19)：7－9．

求，生产出符合观众期望的作品，才能获得青睐。

"富太圈包包"梗在微博、抖音、小红书的广泛传播是《三十而已》成功触达广大的泛娱乐群体的重要里程碑。与此同时，"她浪潮"整合营销也与影视垂类 KOL 进行合作，重打顾佳爽感人设，蓄力打造"顾佳打人"出圈名场面。在不断推动《三十而已》更扩圈的同时，"她浪潮"整合营销关注正向的价值观引导，例如让艺人童瑶在自己的抖音号上做铂金包的小视频。

正向的营销引导与走心的剧情相互呼应。剧情里女主角们面对着的生活很能引起当代都市人的共鸣：有心机的同事口头怼一怼，但还是要继续共事；住进高档小区，也要面对还贷、紧张的生活开支；安稳的咸鱼生活中也有沟通上的磕磕绊绊。但在这些大大小小的事件中，剧情的"爽感"都来自真正的努力和争取，使得慕名而来的潜在观众们也达到了观看前的预期，收获了广泛好评。

在触达泛娱乐大众的参与阶段，"她浪潮"整合营销传播将兴趣点与话题性逐渐分散，达到了高病毒性与高话题性内容多次触达，并塑造了良好的口碑，促进观众追剧，成为暑期档泛娱乐圈的焦点作品。

(四) 共享与扩散(share & spread)阶段

影视剧观众追剧行为的最终环节是"共享扩散"。这一阶段的传播、扩散主要依靠两个方面的力量。一方面，是基于作品传播机制所造成的被动传播，即观众在作品内容感染下所进行的无意识的或是消极的传播；另一方面，影视剧观众出于对作品的认同和共鸣自发进行的传播行为。这类传播虽然不一定都会见诸社交平台，但大概率会以人际传播等方式出现。①

参与追剧不是《三十而已》的观众活动的终结，而是分享和自觉扩散的开始。观众在自觉或不自觉的各种"联结"中分享和扩散信息，从而让更多人关注并"动心"，从而引发二次共鸣，口碑传播得以实现。在如今这个社交网络空前发达的时代，观众的主体性也获得了前所未有的彰显，观众主动检索信息，分享个人意见，形成个体间的直接对话或群体(社群)间的对话，意见相同者聚集并形成特定的网络社群，话题讨论也空前活跃。

在这个人人被赋话语权的时代，年轻人作为影视剧观众的主力军，寻求最大限

① 周晓晗. 基于 SIPS 模型的知识付费类 APP 营销策略研究——以"流利说·阅读"为例[J]. 西部广播电视，2020，41(19)：7-9.

度地彰显自己的主体地位。在“她浪潮”整合营销传播的引导下，网友们热情参与作品的讨论与推广。全网登上热搜热榜超过700次，单日最高48个热词霸屏；微博热搜累计上榜235次，单日最高24个热搜霸榜，创2020年电视剧单日最高热搜记录；豆瓣社区的讨论也空前活跃……观众在网络社群中的话语权被完全释放，被压抑的个体在活跃的社交媒体平台走向前台，观众们踊跃在各个平台发表自己的见解与看法，从过去单纯的“商品消费者”演变为自发推荐的“内容生产者”，作品与观众的宣传合力便如此形成。

据统计，《三十而已》各项指数称霸2020年电视剧、网络剧作品排行榜。作品的优秀质量配合整合营销组合拳，最终成就了2020年的现象级爆款。

三、小结

《三十而已》的观众在分享中发表对作品的看法，引起了潜在观众的关注与兴趣，共鸣者利用网络平台确认、评价和判断，进而触发行动和参与体验，最后通过再次分享和扩散来获得更多关注，进入“S－I－P－S”良性循环中。每完成一次“S－I－P－S”的循环往复，新的“S”，即共鸣（sympathize）会在观众中实现几何级数增长，产生发散的市场效应。“她浪潮”整合营销传播便由此完成。

第三节　案例访谈

“一个成功的整合营销方案能为对象添加更多意义和价值”

一、公司介绍

蔚蓝营销，专注于为影视泛娱乐行业提供整合营销传播服务。先后为腾讯视频、爱奇艺、优酷、芒果 TV、中影等影视娱乐行业头部平台与制片方提供全案营销服务。蔚蓝营销与平台、制作方携手打造过诸多爆款娱乐作品，其中包括《中国有嘻哈》《延禧攻略》《奇葩说》等，多次荣获中国国际公关协会、金旗奖、金河豚奖等娱乐行业营销传播案例大奖。

二、采访对象

曹瑾，蔚蓝营销客户总监。项目经历：腾讯视频《三十而已》全案营销、《2020 腾讯视频星光大赏》整合营销项目。

三、访谈记录

（一）合作背景

Q：是怎样的契机促成您的团队拿下《三十而已》的营销项目？是否经历了比稿？

A：这个项目是我们比稿拿到的。腾讯合作方和我们之前合作了很多的项目，之前的项目也是需要经过比稿的，一方面是要看营销团队对整个项目的理解；另一方面是甲方团队通过比稿听取各方声音，能让这个项目做得更好，我记得当时好像是有五六家参与了比稿。

Q：甲方对这个项目提出了哪些要求？

A：从他们的角度来说，首先最直接的是声量，其次就是口碑。声量上，他们一开始就要求整个项目要具有一定的热搜数量；其次是基础的口碑，整个社交媒体上的口碑是需要向好的。

还有一个比较深入的会员转化要求，他们有一个专门的会员入口能够进行衡量，比如说你买会员卡之后去看的第一部作品是什么，或者说是你在看什么作品的时候弹出了会员购买，然后你去买了。具体的我不太清楚，他们有自己的渠道进行衡量。

Q：当时你们为什么会想到要参与这个项目？

A：这个项目在开始之前，我对它是不太了解的，我们也是拿到竞标之后去看了它的官微，去了解整个项目的创作情况。我们对这个项目兴趣还蛮大的，不管是从我个人还是从团队来说，我们是非常乐意去做这种现实题材的项目的，整个项目的预告片的品质非常好，所以从一开始我们就非常想做这个项目，竞标的时候也是付出了很多的热情和心血。

Q：据我了解，蔚蓝营销之前也有过一份非常出色的营销案例，是关于《延禧攻略》，公司在进行项目选择时是否会偏向“新女性”类项目？

A：不是说我们选择项目的时候倾向于这个方向，我们公司做的项目其实非常多样，可能大家看到的是这两部比较火爆的作品，刚好也都是女性的方向，我觉得这可能也是目前市场上的一个趋势，这个方向的作品的确更容易能引起大家的共鸣，也更容易在社交上达到比较好的声量。

（二）创意生成

Q：在前期调研时是如何确定此次项目的市场定位及目标受众的？

A：腾讯有一个内部的系统去预测和衡量项目受众在哪里？他们会从平台出发，通过一些大数据工具测定目标受众，我们也会根据过往的经验，包括对现实题材剧、其他的一些作品的受众情况进行分析，来得出这一部剧预估的受众目标，所以目标受众的确定是一个数据加经验的结果。从一开始，我们的核心受众就非常明确，这种剧会直接吸引一、二线城市的观众，以及一些即将从大学毕业、即将步入职场的女性受众，市场定位其实是一个动态的过程，一开始我们也没有想到《三十而已》到最后会是一个全民爆款。

Q：此次项目的核心词是“她浪潮”，能具体阐释它的含义吗？这是如何构思而成的？

A：一方面我们可以看到，这两年随着女性群体对整个社会的贡献度的不断上升，女性的力量、女性在职场上的贡献、女性的职场困境、婚姻困境在近年来越来越成为一个舆论风向。我们在上线之前正巧也是《乘风破浪的姐姐》最火的时候，这在整体上是适合在社交平台上讨论分享的；另一方面，女性天然地比男性更习惯于在社交媒体上去表达，所以她们也是我们进行营销的核心人群。最后就是这个项目的初心，不管是制作方也好，我们营销方也好，其实是想通过这样一个项目的呈现和传播，让更多的女性可以表达她们的困境，让这些话题能够被讨论，哪怕带来一点点改变，我觉得这都是有价值的。

Q：我留意到同时期开播的《二十不惑》也是一部主打女性体裁的剧集，当初是如何设想来打出区分度的呢？是否会将《二十不惑》当作竞品？

A：《二十不惑》聚焦的问题偏低龄，《三十而已》聚焦的问题是婚姻、职场“社畜”，还有一些其他的家长里短的话题，它的定位会更偏高龄一些。我们一开始其实并没有把《二十不惑》当成一个直接的竞品，反而是想要去合力做一个能打开女性市场的产品。这两部作品其实是同一个片方出的，我们会做一些联合营销的东西，他们在制作的时候也会埋一些联动的梗，比如《三十而已》的三位主角也在《二十不惑》进行了客串。我觉得它是共赢的。

Q：最开始你们设想的暑期档竞品是哪些？

A：朱一龙主演的《盗墓笔记·重启》和鹿晗主演的《穿越火线》。

Q：但这两部作品的受众似乎和《三十而已》不同？

A：的确不同。但是因为暑期档的增量主要在于年轻受众，他们并不喜欢那些家长里短、婆媳矛盾和办公室斗争剧情。我们的优势其实就是在于内容的多样性上，有像顾佳那样斗小三的内容，也有像王曼妮那样的社畜共鸣……因为有多样性，不同的人能够在《三十而已》里面找到自己，对于其他的两部作品，一开始把它们当作竞品，纯粹是因为它们的流量是非常大的。《二十不惑》其实最开始也在我们的竞品名单中，但是没有那么看重。在后面的传播中，我们并没有针对它们采取一些差异化传播策略，而是把我们自己的特点打出去，触达我们自己的人群，慢慢实现扩圈。

Q：《欢乐颂》其实和《三十而已》也有相近性，与同样属于现实类又主要针对女性群体的题材相比，这次创意策划的最大的不同点在哪里？

A：我刚才提到它的内容是有多样性的，在做营销的时候也会有一些针对性。在分析这三位女性的时候，你会发现这三位女性可以代表三类人，同样也会投射到每一个个体。比如说顾佳，她是一个理想中的我自己；王曼妮就是一个不愿意承认自己的自己，出生贫穷，有点小虚荣；钟晓芹最像真实的自己，过着平凡的、有时候可能甚至是有一点无聊的生活。除了这些真实性和共鸣性之外，它还会有一些爽感，我们做的就是在前期去把这种爽感再加上共鸣性很好地结合在一起，吸引大家的关注。我记得像“手撕绿茶”这样的热搜的传播效果是非常好。前期主要就是靠着这样的爽感内容进行大规模传播，还是比较能吸引到一些受众。

（三）落地执行

Q：此次营销在预热期其实有很大的创新，是如何想到30K女团和“三十说”辩论赛这样比较新颖的形式？在执行时会遇到哪些难题？

A：首先在受众中，年轻女性是我们非常想都要争取到的一个群体，因为这个内容跟她们本身是有关性的；其次，她们在社交上是很有生产力的一群人，女团其实是跟这些年轻受众对话的一个很好的符号。再加上当时《浪姐》很火，所以我们就产生了三位女性能不能做一个类似于女团的一个营销点的想法。30K女团，可以理解为“30”“K”，也可以称为“3”“OK”，我们将它表达为“30K”这样的符号，不知道大家是怎么理解的，我们其实想传达的是“三十岁也依旧OK”这样的信号。

《三十而已》中会有一些非常有争议性的内容，这部分也是我们的一个亮点，所以我们很想去把这部分去做一个亮点的前置。我觉得辩论赛是一个比较好的形式，我们会讨论“闺蜜老公出轨要不要告诉她”“应该选择浪漫型还是嘴笨务实型的男朋友”这样的话题。辩论赛再加上艺人的流量加成，是有关注度的。普通的辩论赛可能不会获得那么大的关注度，但是如果是艺人结合自己的实际情况去辩论，能够获得很高的关注度。毛晓彤身上是有“男友出轨”的营销点的，我们也是做了一个结合。我们当时还把傅首尔请过来跟我们一起去做辩论，因为演员毕竟在辩论这块没有什么太高的专业度，而傅首尔相当于婚姻爱情观的辩论大师，在辩论这块是一个比较好的符号，所以我们一起搞了这场辩论赛。

Q：在女团和辩论赛的过程中，会遇到哪些难题？

A：从艺人的角度来说，做女团跳舞、参加辩论赛，对他们来说其实是非常大的工作量，我们前期也是做好了充足的准备，包括去把舞蹈的难度降低，把一些具有辩论性的话题计划好，同时也让艺人看到这样的内容可以给自己带来很好的热度，才促使这个事情能够最终落地下来。

中间确实是经历了一些困难，比如说有的艺人一开始是不愿意参与的，比如不想碰女团，不过《浪姐》当时也是比较火爆的，她们也会看到在这样的曝光效果是非常好的，所以最终我们才把这个事情落实下来。

Q：有没有一些比较具体的困难，你们又是怎么解决的？

A：三个女生在跳舞方面其实都还挺擅长的，但当时发布会上其实还有让“姐夫们”跳舞的设计。他们是真的不会跳，然后我们在发布会当天派了专门的人去教他们，去传播了一些他们跳得不好的片段，最后效果还挺好。所以在沟通的时候，还是要告诉艺人这是双方互利的，这样做有可能会达到更好的传播效果。

(四) 媒介传播策略

Q：在制定营销策略时是否会特意地筛选平台？主要投放渠道是什么？

A：我们的平台其实还是以微博和抖音为主，微博上就会偏向于话题和一些造梗病毒玩法，比如“顾佳顾学”“人间过绿器”，因为微博它本身就是一个大家会愿意在上面讨论话题的平台。抖音更倾向于去传播一些具有爽点的内容，比如“顾佳打耳光”这种画面冲击力很强的片段。抖音看的就是画面，可能不会再去讨论什么。基于这两个平台的不同属性，后期我们也会有一些扩圈的需求，所以也会在小红书上传播一些类似于顾佳职业装穿搭教程，在知乎上可能也会有一些更有深度的话题讨论，去做更加扩圈的内容。

Q：在小红书上，《三十而已》是通过爱马仕包开始整个破圈流程，加入爱马仕、香奈儿等品牌的贵妇圈包包的营销元素是一开始就想到的，还是由网友自己发掘，然后顺势推一推的？

A：其实这个点一开始是有一些争议性的，我们内部在做这个点的时候是比较小心的，我们不想给大家传达消费主义思想，或者说奢侈品是踏入某个阶层的敲门砖这样的观念，所以一开始我们没有主动去做这个话题。但是这类型的话题的确传力度很强，在我们没有助推的情况下，它都已经传播到了一定规模，所以我们后面在推动它的同时，也会做一些正向的引导，比如说我们会让艺人童瑶在自己抖音号上发布关于铂金包的小视频——你的“铂金包”可以是一个帆布包，其实它代表是对女性自己价值的认可，而不只是通过奢侈品去赋予自己价值。我们会做这样正向的引导，在做营销的时候还是心里有一杆秤的，就是要避开一些风险，坚持我们自己想要传达的那些价值导向。

Q：整部剧集在播出时期可以说是“霸榜型”营销，在线上平台的营销围绕着哪些关键词？热搜词(比如“顾佳顾学”“林有有高段位绿茶”)是根据舆论走向顺势而为的还是在最初就已经规划完成的？

A：大的方向从一开始就已经设定好了，从一开始我们就想向大众呈现困境，比如说顾佳智斗小三。不过直接去做“顾佳智斗小三”的词条，我觉得有点“薄”了，我们想呈现的其实是一个比较立体的人物，比如顾佳非常努力地去经营自己的婚姻、家庭，为自己丈夫的公司操持，为孩子计划教育，为家庭筹谋一些发展……

我们不想让大家看到的是一个为了维系她的婚姻而失去自我的女性角色，所以在确定热搜词的时候，我们叫“顾佳顾学”，我们想让传达的是它是一个立体的丰富的人生，并且随着整个剧情的深入，它是一个可以扩充的概念，就是“顾学”的概念。我们也会提炼一些话题，比如“妈妈是不是独立女性”这种社会话题，就是让那些没有看过这部剧但是看到这个话题的人都能参与进来讨论，这些热搜词其实有的我们能够预测到的，也有顺势而为的成分。我们其实在整个剧宣的过程中有一个计划，然后再根据舆论去修订计划，这是一个比较动态的过程。

Q：在整个剧播过程中，每天的一些方案都在不断地被推翻，然后改进吗？

A：没有达到推翻的程度，因为一开始我们会把整个内容琢磨得比较透，大的方向还是比较符合我们一开始的预设的，只不过会根据舆论，比如说对于我们之前没有预测到的哪个点，大家的反应非常好，我们就会顺着舆论的方向再去给它推一把。

Q：能说说您印象比较深的、没有预测到的，但是大家反应非常好的点吗？

A：印象比较深的那就是包包了，顾佳和几位富太太拿着包包拍照的照片的出圈，确实是一开始没有预测到会这么出圈的，各个平台都在转发。

Q：内容话题采用差异化打法，是如何针对不同的内容点进行铺开的？是否有明确的数量分配？

A：《三十而已》的剧情是有很多话题点的，但是这些话题点具有不同的性质。比如说我们在做前期的区分的时候，第一个我们想做的是有趣味的内容，针对这些内容，我们就会倾向于去做一些玩梗，比如“陈养鱼”“许放炮”“梁海王”这种；然后针对一些有痛点的、共鸣点的话题，我们更倾向于去做一些强化情感，做一些关怀的、治愈的话题讨论。比如，针对王曼妮这个角色，做江疏影呼吁良性职场竞争这种话题，针对一些比较有争议点和敏感的点，我们更倾向于让讨论带热，辅以合理引导，就像我刚才说的“包包”的点，我们会更倾向于通过艺人的发声去做一个引导，包括陈屿和钟晓芹的沟通方式，我们后期也会也做了一个情感博主线上解读的创意直播。对于这些不同的内容点的具体数量我们其实没有统计过。

Q：长时间霸榜的微博热搜是通过采买的形式还是通过和微博合作的形式实现的？

A：首先我觉得采买的定义可能是不太准确，因为做热搜的时候，更多的是去让KOL帮我们去做一些发声，热度到一定程度它就会自然上搜。像你说的采买的方式，应该是微博第三位、第六位那种品牌位会选择的。

我们确实跟微博是有合作的，包括对于我们第二天可能要打的一些点，提前会跟他们做一个沟通，他们会给我们一些建议，包括微博的一些自媒体号，会帮我们去发一些微博。采买的话，我印象中好像就是开播的时候有过一次购买，登上了第三位还是第六位的热搜，其他的更多是通过KOL的发声，再加上网友的自己的讨论上去的。

(五) 联动策略

Q：如何选择合作的KOL，他们需具备哪些特质？

A：我们让KOL每天做话题，这些KOL之间都会有一些差异，对于玩梗儿病毒营销的点，我们就会更希望去选择那种娱乐向的、搞笑向的KOL；对于社会话题，我们更倾向于去选择本身就是社会向话题讨论属性的这些博主，包括还会有一些二创剪辑类的。其实就是根据不同的内容去选择它对应端口的博主。

Q：是如何发掘出剧集跨界联动的可行性的？为什么会选择《今日说法》《中国法院报》等专业性媒体进行联动？

A：其实没有什么特别的，因为《三十而已》达到一定的关注度，这就是一个比较常规的操作了。《中国法院报》等媒体是怎么沟通的，或者说是他们自发的，还是我们去联系的，我不太能够给你一个准确的说法，因为这更多是片方那边去做的，我们做的是腾讯这边端口的传播，与《中国法院报》的联动不是我们做的。

Q：硬糖少女303参加了这样的合作，当时是怎么考虑的？

A：硬糖少女303所吸引的人，其实也是我们想触达的人群，如果我们想做的是一个大众爆款的话，必然要触达不同的人，所用的媒介、所用的内容点是不一样的，所以其实也是比较好解释的，我们通过硬糖少女就是想触达到那些年轻的女性，让她们看到《三十而已》的话题，让她们也去参与讨论。

(六) 营销时间轴选择

Q：整部剧的营销时间轴是会根据会员时间轴还是非会员时间轴进行？

A：我们是根据会员时间走的，因为营销其实很多时候是需要前置的，如果说根据非会员时间轴进行的话，很多营销点就会滞后了。一般的剧圈都会根据会员时间轴走，包括像《三十而已》最后获得了3亿元的会员收入，我觉得和我们营销的时间点也是有一定联系的。

Q：《三十而已》作为一部上星剧，如果我们以会员时间轴进行营销的话，会不会等于很大一部分非会员观众其实是没有办法参与到讨论中的，会有这样的顾虑吗？

A：这个问题其实有点敏感，因为它涉及视频平台、电视平台的合作问题，我只能回答说我们所服务的甲方是腾讯视频。其实你会看到，在卫视里面它的宣传也是非常显著的。营销和播出平台的关系其实并不是那么大，大家不管你在什么时候把这个亮点去释放出去，它的讨论性都会在，只是说我先看到了这个讨论点我去补剧集，或者我先在电视上看到这个点我再去参与讨论。

Q：腾讯视频包括现在非常多的视频平台都推出了超前点播的活动，《三十而已》也推出了提前购买全集的活动，那么怎么在超前点播的冲击下，继续维持营销的话题热度？

A：超前点播与否这个事情本身它是平台的选择，我就不过多地去评价它了。因为从传播角度上来说，我们需要提前去预测，当这些剧集全部放出来之后，我们有什么关键的节点是观众一定会去讨论的。

那我们要做的就是根据节点和观看规律来进行营销。其实对我们的整个传播的影响不会太大，因为大家看剧还是会有一定的规律，即便它提前已经播出来了，但观众不可能一下就把它看完。舆论的传播是有它的时间规律的，我们会根据这个规律做后期舆论爆发点的预测。

Q：在超前点播这样的模式下，最后这一段时间的营销时间轴和前面相比，是会特意把它拎出来做一个快节奏的打法，还是说和以前的节奏不会有很大差异？

A：其实我们在传播端，更多的发力会是在前一两周。到了中期、后期，我们更多的是做对于常规内容的传播，根据舆情的反馈去做热点的发酵。比如说像会员就是可以提前看八集，我们在提前看八集这样的节点，肯定是会把一些亮点的内容根据八集的分布去给它提前放出来。超前点播也是一样，会根据剧情释出进行相应的营销，只能说在超前点播后，营销时间轴是被缩短和加快了的。

（七）风险规避

Q：您之前提到在播出的时候会进行舆论监测，在进行舆论监测的时候一般会关注哪些方面呢？

A：对于这个剧来说，首先它比较聚焦于女性，然而我们在前期会有一些担心，它会不会有一些偏女权向的风险，然后会做一些规避；然后在像奢侈品这一块，我们也会做一些引导。

Q：具体的规避方式是指什么？

A：比如说像女权这个点，我们在宣传上就会特别地"故意"，故意将我们所有的营销点往正向、客观的方向来引，不会带有特别强烈的女权的色彩，或者说是特别强烈的男权的色彩。

然后像在奢侈品的引导上，我们不会去鼓吹消费主义或者鼓吹奢侈品，我们整体会遵循社会主义核心价值观。

Q：整套营销方案大概是从什么时候开始准备的？

A：我们是从 5 月之后就开始磨方案了，非常早，然后一直到执行的前一周还在打磨方案。

Q：从最初的计划到最后的执行，中间发生过哪些较大的变化？

A：其实做的每一次具体的宣传，都会有一些推出方案和执行上的变化，更多的像我之前说的，根据舆情去做一些微调。《三十而已》比较大的变化是，在后期它其实发生过一次特别大的片源泄漏事件，然后就把我们的传播节奏整个打乱了。虽然我们也做了很多的补救措施，但是片子的确是泄露出去了，而且有很多人都下载了。这一点是比较遗憾的，也是比较不可控的一个因素。所以后面我们的营销点有很多都是有一点浪费掉了。

Q：在最开始的时候有想到会有片源泄露这样的风险吗？做了哪些补救措施呢？

A：没有，因为我们从一开始到最后，整个保密工作做得都是特别好的。我们其实最终也没有查出来到底是哪一个环节出现了问题，才导致了泄漏。

补救措施的话，我们把一些非常有亮点的环节，比如片源泄漏出的"扇耳光"这类戏剧冲突的点，后面没有再去做更多发酵。因为大家其实都已经知道了，然后像后面比较经典的几个名场面，像"泡浴缸"之类的，我们也只做了一个简单的助推，没有再做更深入的营销。因为大家一旦看到了那个内容，你再去做像"顾家""顾学"这种包装的话，一来时间上有点来不及，再一个会有一点不够直接。

Q：除了片源泄露这一点之外，您在整套方案的落地方面还有没有别的遗憾？

A：对于整个方案和结果，我们还是比较满意的。因为一部剧能做到出圈到这个程度，说它是2020年最出圈的作品也不为过。

（八）项目总结

Q：和您以往做过的一些营销项目相比，您怎么评价这一次的项目呢？

A：它是一个现实题材剧，这一次可以说我们完成了一次不错的尝试，兼顾了整个的话题热度和口碑的攻防，在整个播出周期，我们在话题和口碑之间都保持着一个比较好的平衡。同时，我们也完成了做这个项目的初心。我们想通过这个项目让更多的女性能够勇敢地表达自己，然后也能让这个社会上更多的人看到女性在职场上、在婚姻中的一些困境，能给她们带来一点点的变化，我觉得这就是非常值得的。

Q：在您看来，您觉得整合营销策划对于一个影视娱乐项目来说，它的价值在哪里？

A：我觉得从我们做的这些项目来看，整合营销策划最直接的价值就在于，它能满足片方的需求，能让更多的人看到、讨论，然后把整个聚集的热度带起来。但我觉得更深层次的一个价值是，它能让更多的人看到娱乐作品背后的价值。不仅仅只是说我看完了一个剧，图一乐，然后就没了。如果说我看完了这个剧，我能有一些思考，然后能让自己的生活或者让自己周围的环境变得好一点，我觉得这就是我们营销的价值所在。可能说很多人不同的人看同一个作品，他们的视角不一样，通过我们的传播能让这些不同的视角互相碰撞，从而产生更大的影响力，我觉得这是非常好的。

Q：您认为什么样的整合营销项目可以被认为是成功的？

A：什么是成功的，我也不知道（笑），我也在探索。一定是在它固有的项目内容上，整套营销项目能做一个加成。用“顾佳”这个人设来说，如果我们没有去做“顾学”“顾佳人间过滤器”这样的点，那么大家可能记住的就是“顾佳”是一个很爽的人设，她抽了小三的耳光。但除此之外，她还是一个非常厉害、具有魅力的女性角色，当我们赋予了她一些营销上的意义，她会更容易被别人记住，然后通过人设，她身上所带有的话题能够被更多的人讨论。我觉得这是一个一环扣一环的、能够释放出更大的价值。一个能够让剧集添加更多意义点的整合营销方案，在我看来是比较有价值和成功的。

Q：您会关注哪些KPI的转化，或者说是这些比较数据化的东西吗？

A：KPI的转化是一个硬性要求。其实我们在做方案的时候，当然会首先考虑到客户的需求，比如说他要求这个项目的搜索量是多少、要求会员的转化率达到多少。我们能做的其实就是：让这个剧被更多的人看到。接下来的转化、拉新、促活是一个自然而然发生的事情，包括像我们一开始所定的人群可能就只有一、二线白领人群。其实一开始的受众是比较窄的，我们在后面会做一些扩圈的话题，包括社会话题、时尚话题，也包括奢侈品的话题。这些话题能够让更多的人看到，然后吸引他们来看这个剧，它的会员拉新需求就会自然而然地达成了。对于甲方的价值也在这里。

Q：怎么去衡量成本输出和最后收益的平衡点？

A：从平台出发，它对一个项目所划定的传播的成本有自己的一套计算的逻辑，这个我其实是不太清楚的。对于我们乙方来说，拿到一个项目的预算，需要考虑的是怎么去划分它。有多少放在有社交属性的微博端、有多少放在抖音端。这些我或许可以告诉你，我们可能会将60%放在微博，这个也是根据《三十而已》的性质来确定的，可能会将30%左右放在抖音端，然后可能会将10%放在一些其他的渠道。

Q：所以做娱乐营销这一块，其实是甲方定下了预算，不是你自己给他一个方案，然后告诉他预算，让他进行选择是吗？

A：我觉得这其实可能也是一个动态的过程，因为《三十而已》从一个S级的项目演变到一个S+级项目，我自己感觉是这样，我不知道平台是怎么划分的，它后面的预算投入是会有一些增加的。这是一个动态的过程。

Q：不知道您有没有听说过一个说法，叫"半五猪红"，大意是半年500个热搜，连猪都可以变红，对于这一说法您怎么看？

A：我觉得可能有一些内容本身确实没有那么大的传播价值，但是平台方或者是其他的片方，为了完成自己的KPI会去做一些买热搜等行为。我不能说他是对或者错，因为他都是出于自己的目的才有这样一个行为。但是真实的热度是不管你有多少个热搜，也不管你热搜上得多还是上得少，你对整个热度的衡量，自己会有真实的感知的。就像我举的一个例子，像当时《浪姐》在微博有一段时间是停掉了一周的热搜宣传。但是每个人都知道，如果说那一周热搜开着的话，它会登上非常多次的热搜榜。大家在能不能上热搜这件事上，自己心里是有一杆秤的，如果强推的话，我个人不是很能接受。我觉得我们作为传播人应有自己的底线和自己的价值追求。

（访谈人：卢洁、舒浩琪、张力菲、王晨璇、林森、吴奕楠）

第三章

长城炮×丈量珠峰：强强联合，用“世界新高度”赋能品牌营销广度与深度

2020年，自然资源部规划重测珠峰。为持续助力长城汽车品牌向上，长城汽车旗下长城炮皮卡与国家级IP——自然资源部“2020丈量珠峰”项目合作，以丈量珠峰唯一官方授权车企的身份为登顶珠峰提供车辆支持，将皮卡品牌长城炮同珠峰丈量这一社会焦点事件连接起来，通过“世界新高度”赋能品牌，强化中国皮卡新高度、中国首款全地形量产越野大皮卡品牌认知，为长城炮越野皮卡上市引爆顶级声量。

项目组高效整合全网优质资源，通过珠峰画面实时回传＋西藏日喀则发布会现场报道＋北京直播间嘉宾访谈＋线上全国数百家媒体参与的多维互动直播方式，实现了事件实时强传播、品牌利益强关联、核心信息强解读、全网信息强扩散，将国家珠峰测高事件强有力的与品牌绑定，实现了传播价值最大化。

第一节　案例复盘

借力“世界新高度”助益品牌营销传播广度与深度

一、项目背景

珠穆朗玛峰是世界第一高峰，素有“世界的第三极”之称。独特的自然地理条件、复杂的地质构造，决定了对珠穆朗玛峰（简称珠峰）的勘测是一项代表了人类社会最高科技水平的综合性探索工程，是人类拓展认知、检验科技水平、彰显民族自信心的重要途径。1975 年珠峰高程测量，我国第一次将测量觇标矗立在珠峰的顶点，精确测得珠峰海拔高度为 8 848.13 米；2005 年珠峰高度复测，我国首次在珠峰的峰顶测量中使用冰雪雷达探测仪测量冰雪厚度，经过严密的计算，测得珠峰峰顶岩石面海拔高度为 8 844.43 米；2020 年，自然资源部规划重新测量珠峰。本次 2020 珠峰高程测量意义重大，它正值人类首次从北坡成功登顶珠峰 60 周年、中国首次精确测定并公布珠峰高程 45 周年。中国时隔 15 年再次测量珠峰的高度，是对当前我国科技综合实力的深度检验，意义重大。

图 3-1　长城汽车助力 2020 丈量珠峰项目

（一）彰显国力

丈量一个国家的地标是国家实力的重要体现。重测珠峰高度充分地展示了中国力量、中国智慧和中国精神。

（二）促进科研

珠峰作为世界最高峰、板块运动的巅峰成果，其 GPS 位置数据具有非常高的价值。目前科学家们主要利用 GPS 数据来研究板块运动，具体方式是在全世界各个地方放置 GPS，珠峰无疑是研究大陆板块运动的最佳位置。珠峰测量也是我国综合国力和科技进步的直接反映。本次珠峰测量使用了很多的国产仪器和设备，必然将带动我国科技的发展。

（三）研究价值

珠峰高程测定在地学研究中具有非常重要的价值。珠峰及邻近地区地壳水平和垂直运动速率变化，可以揭示印度洋板块与亚欧板块的相互作用——这是引起我国大陆周期性地震活动的原动力，对地震预报和防灾减灾具有重要意义；同时，精确的峰顶雪深、气象和风速等数据，将为冰川监测、生态环境保护等方面的研究提供第一手资料。①

二、项目合作可行性

此次战略合作具备充分的可行性。

一是从珠峰环境与长城炮皮卡的硬件条件来看，长城炮皮卡自身的过硬素质与环境严峻的珠峰契合度非常高。众所周知，珠峰地区的路况十分复杂，气候异常多变，艰险程度远超常规，不仅要穿行险峻群峰中的砂石路、搓板路、坑洼路等，甚至还要涉水通过满是冰凌的冰河，这对车辆提出了非常高的要求。长城炮越野皮卡作为中国首款全地形量产越野大皮卡，配备了越野爱好者喜闻乐见的“三大利器”，具有与 Jeep 牧马人、奔驰 G 级同等的脱困能力，即便是在青藏高原的冰雪路面也能顺利行驶；拥有 9 500 磅绞盘、700 毫米涉水喉、3 毫米厚的高强度底盘护甲，让长城炮可以得心应手地应对各种复杂的路况；出厂自带的蠕行模式、坦克掉头等功能，将车辆的整体越野性能推至顶峰。此外，长城炮越野皮卡还提供标准、经济、

① 环球网. 丈量珠峰新高度　中国 2020 珠穆朗玛峰高程测量登山队成功登顶[EB/OL]. [2022-07-29]. https://baijiahao.baidu.com/s?id=1667898807975296371&wfr=spider&for=pc.

运动、雪地、泥地、沙地、低速四驱七种全地形驾驶模式，可以满足绝大多数越野场景需求，帮助驾驶者更好地完成越野穿越任务。①

二是从皮卡市场的发展趋势来看，在政策端放开与供给侧驱动的共同推动下，用户皮卡的接受度正逐步提高，比较适合做皮卡的推广。

三是从珠峰丈量事件来看，“世界第三极的征途之路”作为国家事件，自带大流量，对于强化品牌认知，引爆上市声量帮助甚多。

四是从战略双方的属性来看，长城汽车作为国企，参与国家事件，属于强强联合。珠峰测量与皮卡精神也有不谋而合的契合度。

五是从战略意义来看，长城炮皮卡助英雄登峰，同时具备了国家意义与时代意义。

图 3 - 2　2020 珠峰高程测量高程公布

此外，珠峰登顶活动可以聚焦全球的关注，体现长城承担大国品牌责任、护航大国重任的担当，利于为长城炮的全球化做背书。对于珠峰最终高度将与邻国共同发布，长城炮作为该重大任务的媒体、官方工作用车，可以让全世界了解到中国高端皮卡的产品力，以国内的高热度讨论为切口，将产品推向长城皮卡所有的出口国家，有助于引领中国皮卡消费升级。

① 网上车市. 长城炮越野皮卡助力国家再测珠峰，丈量中国新高度[EB/OL]. [2022 - 07 - 29]. https://baijiahao.baidu.com/s?id=1666380198933073220&wfr=spider&for=pc.

三、项目执行

(一) 媒介资源整合

在媒介选择与整合上，长城炮链接了线上与线下优质核心媒介资源。

线下主要依靠长城汽车的各类独立专营店、商用车综合卖场、县乡触点网络、异业合作网点等，实现营销信息的线下渠道立体覆盖。

线上媒介主要可以分为以下三类：

(1) 头部新媒体：包括今日头条、抖音、朋友圈等——实现营销信息的高空覆盖和大流量引流。

(2) 国家级媒体：新华社、《第一财经日报》《21 世纪经济报道》等国家级 TOP 媒体平台——通过传统媒体立体传播体系充分展现企业实力、品牌精神，为品牌赋能。

(3) 垂直类媒体：包括汽车行业优质自媒体、核心网络、区域网络、APP 等，通过汽车行业垂直媒体，精准触达核心人群。

图 3-3 长城炮作为 2020 珠峰高程测量媒体官方工作用车

(二) 项目执行

本次项目的执行，可以用“一体两翼”“双线并行”来概括，两场发布会分别在北京会场与日喀则会场举办。在日喀则会场，长城汽车副总裁傅小康将五台长城越野炮皮卡的车钥匙，正式交给中国自然资源报社主任随毅的手中，用作本次珠峰高程测量的相关保障和媒体报道工作。与此同时，在北京会场，多位嘉宾共同祝福测量登山队早日成功登顶、平安凯旋。①

图 3－4　丈量珠峰登顶成功暨新车预售会

图 3－5　丈量珠峰媒体官方用车发布会

通过珠峰画面实时回传＋西藏日喀则发布会现场报道＋北京直播间嘉宾访谈＋线上全国数百家媒体参与的多维互动直播方式，实现了事件实时强传播、品牌利益强关联、核心信息强解读、全网信息强扩散。

通过主流媒体合作，在出征、登顶、高度公布三个阶段，使用侧重点不同的话题

① 环球网.珠峰大本营现场报道：长城汽车助力 2020 珠峰高程测量[EB/OL].[2022－07－29]. https://baijiahao.baidu.com/s?id=1666378785398319093&wfr=spider&for=pc.

来输出品牌文化。比如在出征时，长城皮卡使用品牌向上、保障国家任务的传播话题；新高度发布时，则使用砥砺前行，继续勇攀高峰，继续作为中国品牌的骄傲，走向世界，让世界看到中国力量的话题。在不同的传播阶段选择最适合的手段深化品牌在消费者中文化形象，形成完整的心智培育周期。

项目在执行过程中还注意侧重突出国产品牌亮点，将“中国登顶重至世界之巅”与“中国品牌重至世界之巅”完美融合，配合越野炮上市发布在公关传播上进行双“高度”话题抢占，同时，结合人类成功登顶珠峰 60 周年、中国首次精确测定并公布珠峰高程 45 周年，吸引巨大流量进行话题营销。

四、项目效果评估

在传播效果层面，全网“长城炮助力丈量珠峰”曝光达 20 022.7 万次，百度指数同比增长 730%；两场发布会累计邀请媒体 600 余家，直播分发 2 106 万次，观看量 2 929 万次；通过官宣新闻稿、海报、视频等呈现长城炮产品及品牌实力，累计阅读量达 932.8 万次，微博上的＃长城炮助力丈量珠峰＃这一话题的阅读量达 1 553.2 万次；在今日头条、一点资讯等平台围绕“长城汽车助力 2020 珠峰高程测量”等内容进行分发扩散，累计扩散 9 498 次，可统计阅读量达 4 291 万次；围绕“丈量珠峰”的内容，在朋友圈累计发布 4 350 次。

另外，在品牌塑造方面，此战略也在展现企业实力、品牌精神的同时，有效提升了品牌认可度、用户忠诚度，实现了对用户的正向激励。

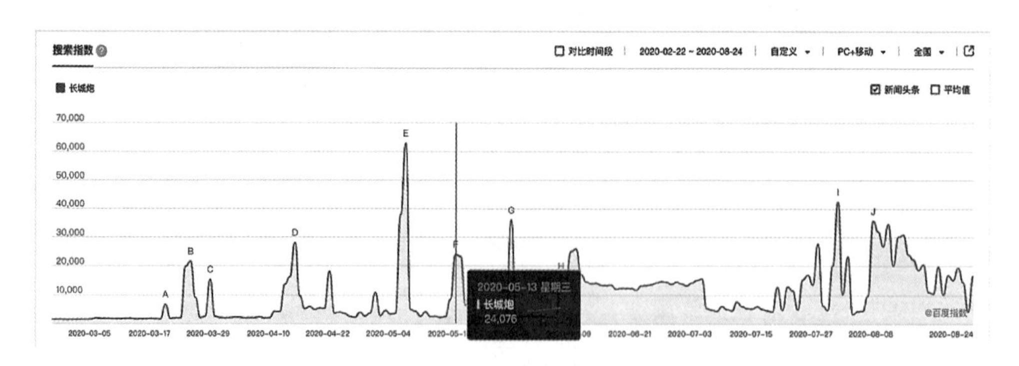

图 3-6 长城炮助力丈量珠峰项目期间长城炮百度搜索指数

第二节　案例分析

差异化策略厘定品牌边界，价值赋能培养顾客忠诚度

一、4V 理论简介

4V 理论是继 4P(产品、价格、促销、渠道)、4C(顾客、成本、便利、沟通)、4R(关联、反应、关系、报酬)等营销理论后出现的一种新型营销组合理论。它弥补了前三代营销理论的不足，是一种培养顾客忠诚度的有效营销策略。

(一) 差异化(viration)

差异化是 4V 理论的核心，差异化一方面使自己与竞争对手区别开来，树立自己独特的形象；另一方面也使消费者相互区别，满足消费者的个性化需求。通常来说，差异化营销一般分为产品差异化、市场差异化和形象差异化三个方面。①

(二) 功能化(versatility)

功能化是指根据消费者消费要求的不同，通过提供不同功能组合的系列化产品，扩大目标客户的群体，在增加销售量获利的同时，满足了更多客户的需求，使得原来购买本企业产品的顾客有了更多的选择余地，利于顾客忠诚的培养。

(三) 附加价值化(value)

附加价值由技术附加、营销或服务附加和企业文化与品牌附加三部分构成。高附加值产品源于服务创新与营销新理念。成功进行市场营销的关键在于顾客满足，而针对顾客满足的“价值提供”则更强调服务创新。服务创新能力不但是衡量企业能否实现消费者“价值最大化”的重要标志，而且也是衡量企业自身能否实现“利润最大化”的“预警器”。

---

① 吴金明. 新经济时代的“4V”营销组合[J]. 中国工业经济，2001(06)：73.

(四) 共鸣(vibration)

共鸣强调的是将企业的创新能力与消费者所珍视的价值联系起来,通过为消费者提供价值创新使其获得最大程度的满足,利于企业持续占领市场并保持竞争力。只有实现企业经营活动中各个构成要素的价值创新,才能最终实现消费者的"效用价值最大化",而当消费者能稳定地得到这种"价值最大化"的满足之后,将不可避免地成为该企业的终身顾客,从而使企业与消费者之间产生了共鸣。

二、基于4V理论分析"长城炮助力丈量珠峰"事件营销

(一) 差异化

1. 产品差异化

长城目前主要有风骏系列和长城炮两个系列的皮卡产品。其中,风骏系列包括风骏5和风骏7,这两款皮卡价格较低,定位于工具车市场;长城炮是中国首款全地形乘用大皮卡,相较于风骏系列,长城炮的价格和品牌定位更高,有乘用版、商用版和越野版三个版本。其中,乘用版和越野版主要面向的是皮卡乘用化和高端化的市场。据长城皮卡传播部总监介绍,中国用户对皮卡的认知是工具车,是偏商用的。长城炮产品差异化的关键是开创了一个新的品类,在行业竞品依旧在做皮卡商务车的市场情况下,长城炮选择了新的乘用化皮卡的赛道,主打城镇化。

2. 形象差异化

据项目负责人介绍,本次公关活动致力于从文化引领上重新塑造品牌形象,改变用户对皮卡的属性认知,将长城炮定义为集生活属性、娱乐属性于一体的全场景皮卡车。通过社交媒体的高强度投放,在直播中展示皮卡非越野的使用场景,将皮卡的品牌形象从"登山越野专用车"转变为"家庭万能车"。

在产品整合营销传播的过程中,不仅着重渲染了长城皮卡本身的国产品牌荣耀形象,还从产品制定上突出国产的"硬核力"。比如皮卡中所使用的北斗导航、雪山雷达、航空重力仪,包括华为的5G基站,都是代表中国力量的硬核国产。

3. 市场差异化

目前,国内皮卡的需求端主要强调商用车的属性,以从事工程建筑、批发零售、农副水产行业的用户为主,皮卡作为生产资料主要活跃在城乡接合区域市场。作

为工具型皮卡则适合于私营企业、私营个体、公共事业等消费群体，集中在四、五、六线城市，以及三线城市城乡接合带。[1]

（二）功能化

由于行业发展的历史原因，目前皮卡在我国最大的下游需求为工具车。项目通过垂类媒体高频次曝光，突出长城炮的产品性能，向用户传达“皮卡兼具轿车的舒适性、SUV 的越野性、旅行车的修理性和轻型货车的装备性”，给用户灌输长城皮卡是集这四种车型的优势于一身的完美车型。

项目通过使用流量 IP＋场景实地体验，将皮卡性能极致锐化，结合珠峰的实地情况，用具有冲击力的视频和直播进行全渠道传播，突出长城炮系列产品的山地越野性能。搭配极致的场景，使用极致的车，展示极致的性能，突出“极致驭见惊奇人生路”的感觉，将品牌优势和产品优势用极致的手法融合输出。

（三）附加价值化

长城皮卡发展历史悠久，连续 20 余年位居国产皮卡销量榜首。长城越野皮卡车型不仅是长城皮卡发展史上的里程碑，也是中国皮卡行业发展史上的重要里程碑，具有一定的品牌感召力。长城皮卡作为国产皮卡界的领军品牌，占据 38％的皮卡市场份额。同时作为大型国有企业，其期望通过传播达到的主要目的是进一步强化品牌认知，提升品牌形象。

为了实现这一目的，长城皮卡积极参与重大活动和公益事业，通过在大事件场合下的品牌曝光来塑造品牌。在本次珠峰高程测量活动中，长城牌皮卡成为高程测量的相关保障和媒体报道工作用车，在珠峰路况复杂和气候多变的情况下，圆满地完成了保障和报道任务。以中国实力彰显长城炮高端皮卡绝对“王者地位”品牌形象，关联公众好奇心与探索欲，为新品上市预热造势，以中国本土自主品牌的长城炮护航国家任务，保障国家任务的达成，将长城炮推到更高的品牌高度，与竞品拉开差距。

（四）共鸣

1. 勇于挑战的登山精神

长城皮卡本身蕴含着挑战精神与登山精神巧妙融合，极易引起目标用户和已

---

① 产业信息网．中国皮卡行业销量预测：2025 年销量有望达 104 万辆[EB/OL]．[2022－07－29]．https://www.chyxx.com/industry/202005/861811.html.

有用户共鸣。据了解，长城皮卡的 logo 中的字母“P”有三重含义：Power、PK、Perfect，即力量、挑战与极致。这正是长城皮卡的品牌精神。勇攀珠峰的精神，跟长城皮卡的品牌精神相得益彰，在整场公关活动中，皮卡文化与登山精神深度捆绑，皮卡文化引起了消费者的深度共鸣。

2. 爱国情感与民族情怀

丈量珠峰项目本身具备调动消费者民族情怀的特性。它既代表着中国国力的兴盛，也代表着长城这类的中国品牌可以走向世界。长城汽车作为国产汽车品牌领军企业在本次活动中勇担使命，旗下长城炮越野皮卡作为此次珠峰高程测量媒体官方工作用车，助力国家登山队勇攀高峰，为英雄保驾护航，具备助力中国向上的国家意义，国产品牌不断超越，爱国情感升华引起消费者共鸣，从荣耀感的维度去打动用户并对自己的产品赋能。

第三节　案例访谈

“一个成功的PR要讲究IP和品牌调性的契合”

一、公司介绍

迪思传媒(D&S Media),1996年成立于北京。致力于为汽车、消费电子、IT及互联网、快消、金融、生物制药等行业客户提供数字化内容营销、公共关系管理和网络声誉与口碑管理等专业化服务。服务客户包括奥迪、吉利汽车、一汽大众、红旗、长城汽车、京东、淘宝、中粮、青岛啤酒、巴黎欧莱雅、华为、vivo等品牌。曾多次荣获“大中华区年度公关公司”“中国最具影响力传播公司”“年度推荐内容营销公司”“数字营销影响力公司”等行业嘉奖。

二、采访对象

杨茜,北京迪思公关顾问有限公司总监。曾服务过一汽大众、广汽传祺、水井坊、长城汽车、一汽丰田、万达集团等多个国内一线品牌。

闫丽锦,长城皮卡传播部总监。拥有15年传播策划工作经验,先后负责传统广告、互联网广告、互联网媒体公关、事件营销、新媒体传播、汽车电商等多渠道的品牌传播工作。

三、访谈记录

(一) 切入角度

Q:丈量珠峰是一个官方的IP,在刚接手时,你们是怎么理解这一项目的?

A:与其说丈量珠峰是一个项目,不如说它是一个国家级的IP事件。中国已经四次丈量珠峰,从1960年开始到2020年正好是中国首次登上珠峰60周年,它的社会意义就不太一样,在2020年是一个比较有亮点的项目。我们这边主要考虑针对长城炮的产品特点以及它的品牌调性去进行规划。

长城炮本身是皮卡，车的越野性能能够支持它登上珠峰那样的地方。所以它能够保障国家级任务的完成。长城皮卡品牌，在中国市场已经是连续 23 年的销冠了，它的市占率也达到 50%以上的。所以总的来说，从品牌调性、产品特点，以及 IP 意义，都让我们觉得很荣幸参加这一项目。

Q：它的官方身份让它和以往的 PR 活动有什么不同吗？

A：从活动本身上来讲，其实跟以往我们做的 PR 活动并没有太大的不同。不过我觉得就丈量珠峰项目而言，有两点值得一提：第一，丈量珠峰项目，具备很强的民族情怀，它代表着长城这类的中国品牌可以走向世界；第二，就皮卡而言，它的越野性能能在最极致的场景展现，它不仅仅可以在城市等场景应用。

非要说说跟以往项目有什么不同的话，我就觉得应该用“极致”这个词来概括：珠峰、极致的场景、有极致的车，包括我们极致的性能，还有我们这种极致的感觉。我们其实是将品牌优势和产品优势用极致的手法表现了出来。

（二）项目目标

Q：品牌本身希望塑造什么样的品牌形象或者品牌故事？

A：我们这一年多来，一直都很敢想。我们想改变用户的认知。这么多年来，大家对皮卡的认知还是工具车。我们的长城炮推出之后，我们更多的是想改变用户对皮卡的属性认知——它是能够有生活属性、娱乐属性、带来全场景的皮卡车。

我们是从文化引领的角度塑造品牌形象。进入 3.0 多用途乘用化时代之后，我们已然改变了用户对工具车的认知。从车本身的实用性上来说，它是一个家庭万能车。另外，它兼具轿车的舒适性、SUV 的越野性、旅行车的修理性和轻型货车的装备性，它相当于是集这四种车型的优势于一身。说白了，是想干什么就能干什么。

我们就想说，它是长城炮，又是生活。所以我们进行了很多对于核心圈层的渗透和营销，包括摄影、骑行、攀岩、机车、露营、游艇、房车、钓鱼等圈层，我们都对其进行渗透。相当于是以一个品牌的形象给用户一种生活的向往。另外，长城炮还具备无限改装的可能，这种潜能使它能够拓展用户对场景的想象，解锁极致的生活体验。

Q：我们的产品如何体现出与竞品的差异，如何进行突围？

A：长城炮是中国首款全球化乘用大皮卡，这是我们的核心定位。因为刚才讲到了皮卡，中国用户对它的认知是工具车，是偏商用的。所以，长城炮开创了一个新的品类，因为品类塑造品牌。这是我们区别于其他的品牌的一个不同之处，因为它们还是在做皮卡所谓的商务车，但是我们相当于已经跳出那个圈了，我们做的是新品类乘用化皮卡，主打城镇化，这是我们与其他品牌的不同。我们倡导的是品牌塑造，塑造的思路是开创新品类，迅速成为品类的第一，这是品牌打造的核心关键。王老吉的成功也是一样的，实际上它也是开创了一个新品类，它迅速成为第一也是因为它能够打造品牌的核心。其他行业也是一样的。包括洗发水，你记不住潘婷、飘柔、海飞丝到底是联合利华的还是宝洁的，但是你记住了品牌。品类品牌是打造品牌成功的一个关键，我可能记不住它到底是什么，但是我知道海飞丝是去头屑的。

（三）合作契机

Q：是如何争取到这一项目的呢？

A：项目大家都会想合作，但是也要进行多个维度的考虑。公关公司会整合资源，在项目中，多方会基于共通的点进行一些讨论，然后会进行分工。

Q：从公关公司的角度来说，团队如何考虑这个项目？

A：我们在给客户推进一个项目的时候，要考虑为什么要做项目。我们自己综合考虑认为，这是一次自带流量的、具备时代意义的项目，也代表着国家力量。

我们当时考虑有四点：第一，它本身是具有时代意义的大事件，它会受到社会的广泛的关注。第二，长城皮卡本身蕴含着挑战精神。长城皮卡的标志是一个字母P。对于这个logo有三种演绎，一个是power，一个是perfect，一个是PK，也代表着力量挑战与极致。其实，这也是长城皮卡的品牌精神。所以，勇攀高峰的精神和长城皮卡的品牌精神，是相得益彰的。第三，长城皮卡品牌是在开启中国品牌的重要时刻。23年的销冠，包括50%的市占率，品牌有很高的格局。产品的极致安全，还有强大的越野性能，我们去助力丈量珠峰，为我们的英雄保驾护航，助力国家及世界，它也具备中国向上的国家意义，有中国品牌保证国家任务的概念在。第四，产品制定。这一次的装备跟以往都不太相同，这一次都是硬核国产，比如说用到的北斗导航、雪山雷达、航空重力仪，包括华为的5G基站，都是代表中国力量的硬核国产。

所以说，整体来讲，项目既关于品牌、产品、精神，又具备社会意义，所以从综合维度考虑，我们想从这几个方面与IP进行结合。

Q：从品牌方角度是如何考虑这个项目的？主打的品牌点是什么？

A：攀登珠峰肯定不是常人能够做到的，这是一个很有难度的事情，而且珠峰是世界第一高峰。我们品牌也是中国市场上的第一。这两个第一之间会有契合。另外，丈量珠峰蕴含着攀登者的精神。实际上我觉得攀登珠峰也是对挑战精神的完美诠释。这次珠峰合作和品牌高度契合。另外还有超强产品力，因为测量珠峰是个复杂的工程，长城炮越野皮卡它具备这样的能力，险峻的路况完全能够胜任。

Q：希望通过这次的营销案满足什么品牌或者产品传播需求？

A：有三个。第一，我们品牌具备肩负国家重任的担当，我们以中国本土自主品牌的长城炮护航国家任务，保障国家任务的达成，这会将长城炮推到一个比较高的高度。第二，可以聚焦全球的关注，体现我们承担大国品牌责任、护航大国重任。也能够引领我们中国皮卡消费升级。因为在护航任务的过程中，我们做了几场直播，直播是跟我们产品比较相关的，因为我们要推出越野长城炮，相当于是对我们中国皮卡消费升级的宣传，这也是对于行业的引领。第三，为我们的全球化做背书。最终高度的公布是中国与尼泊尔两个国家共同进行的。我们作为这次任务的媒体、官方工作用车，可以让全世界了解到我们中国高端皮卡的产品力，通过我们国内的这些事件来覆盖到我们长城皮卡所有的出口国家，为我们长城汽车，尤其是长城皮卡的全球化战略进行很好的背书。

（四）触达策略

Q：长城炮的目标受众是哪些人？

A：中高端人群。他们会比较爱玩，比较有钱，很愿意挑战。我们主打的八个圈层，比如钓鱼圈，也是比较具备挑战精神和探索未知的感觉的。我们有一个钓手，他说钓鱼比赛时他遇到从树上掉落的、在非洲会有的毒蛇，那是非常恶劣的环境。但是他为了达成自己的目标，要克服种种困难。还有自行车爱好者、滑雪爱好者，这些都属于我们的目标受众；包括攀岩爱好者，他们都很愿意去冒险，很愿意去挑战我们品牌所倡导的精神。这就是享受运动、享受挑战，实现自身的价值。我们希望我们的目标受众能够感受到品牌的内涵。

Q：公关活动面对的用户群体是哪些？

A：项目属于大事件、大流量，可遇不可求。从做公关的角度来讲，这一次我们是助力国家级事件。我们考虑的可能并不像以往一样，比如必须要垂直，必须要渗透到用户。项目其实是基于一个大流量的事件曝光，去进行二次辐射。本身的传播声量和关注度已经聚焦，那么传播及核心思想就会自然而然地传出去。这次合作与其说是产品的，不如说是品牌的，是一次品牌向上的活动。我们其实想通过这种大关注度、大流量、大曝光，去辐射我们的用户人群。

Q：也就是说我们没有一个核心的人群吗？

A：我们当然是有目标的。项目做到最后，其实是积累的是品牌资产。在所有的4S店里，我们的车上会写上“珠峰高程测量保障用车”。从品牌的维度来讲肯定是面向大众的，我们中国人都可以看得到，因为IP本身的特质就在这里了。对长城炮车主来说，一是他们相信你的产品力，二是有一份荣耀感。我们是希望从品牌维度去打动用户以及对自己的产品赋能。

Q：项目中的用户思考是什么？

A：项目中我们要面向更多的人。对于这种国家级的事件，我们要思考每个人、每个群体、每个平台所要表现的行为。我们必须要精准化地制定每个平台的策略。最难的还是找到这种国家事件与长城炮品牌的契合点。我们将这种平民族的情怀和品牌精神相关联，将产品体验与登山的保障相关联，让情怀和产品都得以落地。所以说，前期的策略还是经过大家探讨的。在项目中我们不针对特定的圈层，而是会以品牌高度和品牌内涵为主要线索。

在用户洞察这方面，其实我们也考虑到皮卡用户对新闻事件和国家荣誉的关注度。所以在覆盖大众阅读的同时，我们也针对越野需求的用户在珠峰进行了越野和改装的场景呈现，让用户看到了更多精准的内容。对于皮卡用户来讲，他们想看它征服珠峰。那么我们会在地方做一些产品力及场景的呈现。在话题上，比如当时我们挑战了珠峰的一百零八拐，以及石子路。我们会在地方做一些有视觉冲击力的视频输出给用户。

我们除做了丈量珠峰国家级项目外，还与路亚国际锦标赛做了联合，以及自然堂的极限越野跑等。在这类项目上我们会更有针对性地聚焦在目标用户上，但是在项目上我们还是考虑得大而全的。

Q：对于大众人群以及更垂直的目标人群，您的平台策略是如何体现的，有何不同？

A：一般的公关传播是通过社交媒体、主流媒体及自媒体进行的，可以统称为平台矩阵。从平台特性上来讲，社交平台讲究互动性，主流媒体讲究新闻性，自媒体讲究专业性。所以我们在规划的时候会依托于平台不同的特性去做整体的规划。比如，在某个阶段需要发声的时候，我们会找主流媒体做定制化的规划；像在朋友圈，我们可能会要讲究互动性，或者是线索收集；在讲品牌及国家事件的时候会应用主流媒体。自媒体讲故事，垂类媒体讲产品性能，我们会把每个点用不同的渠道做呈现，保证传播故事跟媒体的特质相得益彰，这样也能保证传递得更精准。

我们整个传播渠道是非常丰满的。我们应用短视频平台、朋友圈、微博话题、新闻资讯，包括头条、垂直的易车平台。一些平台会主动报道我们，比如学习强国。我们选择了多维度的渠道，我们的传播范围是很广的，所以对于传播声量上是非常大的收获。

（五）创意落地

Q：在执行及创意维度方面，团队经历了怎样的心境变化呢？

A：我们经历了四个阶段。第一个阶段是难以置信。我们即将跟这一国家级的 IP 合作，让我们有一种摩拳擦掌的感觉，因为遇到这种 IP 是很难得的，所以我们很兴奋。第二个阶段会比较纠结，也比较挣扎和彷徨。在内容规划和项目落地执行两个方面团队分歧比较大。有人想展现民族自豪感，有人想呈现品牌精神，有人想展现产品性能。在几轮探讨后将大家的意见综合。第三个阶段是柳暗花明。第四个阶段是皆大欢喜。这是我们执行中和执行后的心情。团队的每个人对丈量珠峰项目的顺利完成都有一种自豪感。

Q：公关活动有多少部门参与呢？分工如何？

A：我们能统筹的产品本身，包括广告、公关这些部门我们都会参与。从各自的这种角色分工上来讲，我们主要是负责整体的统筹和把控，包括核心内容的输出。我们将传播的核心思想，包括品牌高度进行核心输出。

Q：品牌方和公关公司两者在项目中产生了什么分歧吗？

A：在我们和长城的合作中，双方都比较尊重对方的想法，不会有大的推翻，在双方商量的基础上，采纳双方的意见，一边执行，一边完善。

Q：项目从开始接手到完成，中间经历了多久？

A：一个多月。我们五一没休息。

Q：整个项目具体有哪些时间节点，具体的做法是怎样的呢？

A：丈量珠峰事件有几个大的节点，针对这几个节点，我们都会有不同的内容输出。这也是跟 IP 的深度捆绑的打法。

从丈量珠峰本身来讲，这一事件本身有几个节点：出征、登顶、高度公布。在三个阶段，我们有不同的话题。出征的时候，我们举行了一个出征仪式，包括官方用车的发布会。登顶的时候，我们同样有一个新闻发布会。登顶代表着中国已经登到世界最高峰了，这是品牌向上的很重要的节点。这时候我们输出品牌向上、保障国家任务的传播话题比较合适。新高发布的时候其实象征新征程新起点。我们品牌已经到了一定的高度，但是我们要砥砺前行，我们还会继续勇攀高峰，继续作为中国品牌的骄傲，走向世界，让世界看到中国力量。这三个阶段都会有各自不同的侧重点。

当然也不只是这三个阶段。我们持续关注着丈量珠峰的状态，比如说国家队登到了多少米，他们登峰过程中遇到什么样的困难，包括他们的一些视频回传，其实我们是在不断地报道珠峰事件本身，包括我们到珠峰大本营现场进行的画面转播，这些都是我们在这个过程中会进行传播的。

Q：整体而言，本次营销活动有哪些亮点？

A：首先，我最看重的是精神和文化内涵。我们第一眼看到这个项目资源的时候就认为：这个项目和我们品牌的契合度非常高；品牌事件能够彰显出来的精神跟我们品牌所创造的精神完全契合。另外，我们有易车网的专业编辑从专业角度去解读护航任务，解读我们的产品是如何能够保障任务的达成的。而且，我们有很多场直播，包括我们在北京连线珠峰大本营的直播。本次丈量珠峰的主要单位也会为我们站台和背书，这些直播把国家级的 IP 事件和品牌进行了很强的捆绑和关联，也体现了我们中国企业的担当，也彰显中国品牌的骄傲。

其次，我们现场有一个交车仪式，把车交给了中国自然资源报社的主任，实现了一种见证的效果，将长城炮保障国家任务的用户认知再进行扩散传播，形成了一个新的高度，也是形成一个捆绑。

再次，我们从不同的视角也进行了大量的内容规划。从行业视角来看，我们这次是皮卡行业第一次进行乘用越野极限三位一体式的传播，体现了长城炮行业引领者的形象；

最后，从公众视角来看，在极寒环境下保障国家登山队完成任务的硬实力方面，我们也是围绕这几个维度产出了各种系列的内容，而且画面感和质量感都是非常好的，在全网进行扩散时也是受到了用户、媒体、行业的认同。

（六）总结复盘

Q：对于项目而言，怎样衡量效果？

A：我们当时的百度指数达到了全年的峰值，同比增长了 730%。整体曝光两亿次（保守估计）。我们的微博话题#2020 丈量珠峰#达到了 9 000 多万的讨论阅读量。在易车汽车圈比较头部的媒体，达到了 4 000 万的阅读量。新闻资讯达到 176 万篇。

当时是在新冠疫情期间，我们采取线上直播的形式，找了多家媒体进行同步转播。在朋友圈、今日头条 APP 上，我们的直播观看量总曝光量达到 1 亿次。数据对我们自己来讲还是非常满意的。收获这些量化数据的同时，其实最宝贵的还是我刚才说到的，我们拥有了“珠峰测量官方用车”这一品牌资产。现在在4S店，我们都是这样去呈现给消费者的。

我们还有一个小幸运，即在2020年登顶的时刻，与60年前登顶是同一天。这也给登峰的意义进行了加码。这也是给我的一个小惊喜。这是一个巧合，他们本来计划前一天登上，结果当时遇到了极端天气情况，为了保证安全，就延迟了一天。

Q：从个人角度来讲，完成这次项目后，您的感悟是什么？

A：（杨茜总监）对于我个人而言，能做国家级的IP项目，然后我们的传播声量也非常丰满，我是很骄傲的。要说跟以往的PR有什么不同，我自己觉得IP本身影响力更大。我们有多维度的传播内容，对于想传播的内容，我们都是极力地去采集，也用了最多的传播渠道传递给消费者，项目当中的遗憾是比较少的。

Q：您认为什么能成就一场好的PR活动？

A：我觉得一场成功的PR活动，首先，最重要的是看效果，这是衡量的一个标准。其次，一个成功的PR要讲究IP和品牌调性的契合。那这一点我认为在这次的项目中我们也是有的。我们将品牌、产品，包括品牌精神，做深度结合，让我们的传播策略得以落地。再次，一个成功的PR活动要让人能够记住。这一次，我们让人记住了，车是珠峰测量官方用车。我个人认为，一场好的PR活动是从这三个维度去衡量的。

A：（闫丽锦总监）我认为还是要从品牌的定位出发。活动也好，实践也好，一定要和我们的品牌定位相一致，符合我们品牌的调性，也符合我们的产品形象。另外，我们要构建一个丰富的场景，因为我们要倡导的是打造全场景的皮卡车。还有，我们一定是要能产生更多的、大量的、优质的内容。如果事件完成之后不能形成话题，不能延展出更多的内容，那传播的效率就不会很高。

此外，能够引领行业，做一些行业里没有做过的事情，我们要成为第一个，能够作为行业的引领者，这在塑造这种品牌方面肯定是非常有价值的。再有活动方案一定是可落地的，不能是纸上谈兵，也要是能够玩得起来的、符合用户的时代发展的，年轻人年轻化、时尚化、娱乐化。还有共享共创，在互联网时代，传播给用户想要看到的。这是我认为好的品牌传播活动应该有的特质。

（访谈人：游燕妮、张飞宇、陶晨、朴晟希、陈旭辉）

第四章

月月舒×“姨妈痛，找 TA 付”：“内容+场景”，年轻化传播焕新中药品牌年轻活力

仲景宛西制药股份有限公司旗下的子品牌“月月舒”，于2007年凭借S. H. E代言的“那个不痛，月月轻松”电视广告一举攻占痛经治疗药品消费者心智，将“月月舒”牌痛经宝颗粒打造成医药行业的出圈“网红”。

但伴随着时代的发展，传统媒体对年轻一代的心理和消费影响难以为继。“月月舒”面对着品牌传播方式老化的危机，尽管做出了一些年轻化尝试，但效果甚微。同时，痛经治疗药品市场规模逐年扩张，医药科普使止疼类药品更多地为消费者所熟知，并出现了以痛经贴为首的外用保健器械，与痛经相关的产品的市场份额呈爆发式增长。受媒体“中医黑”影响，年轻的痛经人群对中医治疗效果持怀疑态度，更倾向于选择布洛芬等即时止痛产品，“月月舒”痛经宝颗粒多年来的市场积淀被其他品牌蚕食殆尽。

在充分分析医药行业营销传播现状、洞察年轻消费者后，海嘉明哲制定了月月舒2020年品牌年轻化传播方案。方案以年轻化为战略目标，围绕“姨妈痛，找TA付”的主题多渠道、大范围曝光收割声量。通过在小红书、微博、抖音制造话题引发持续讨论，构建了品牌年轻形象，打造了产品社交属性，成为月月舒品牌年轻化战役取得的阶段性成果。

第一节　案例复盘

“内容+场景”，盘活传统品牌

一、行业概况

（一）痛经药物品类构成

“痛经(dysmenorrhea)是最常见的妇科症状之一，指行经前后或月经期出现下腹部疼痛、坠胀，伴有腰酸或其他不适。症状严重时甚至会影响生活质量。痛经分为原发性痛经和继发性两类，原发性痛经指生殖器官无器质性病变的痛经；继发性痛经指由盆腔器质性疾病，如子宫内膜异位症、子宫腺肌病等引起的痛经。”①

随着时代发展，女性生活节奏变快、生活压力增加，痛经的情况更为频发。精神、神经因素引发的痛经极大地困扰着女性的生活。随着人们观念的转变、女性意识的崛起，比起传统女性耻于提出治疗痛经的诉求，现代女性开始主动寻求解决痛经的办法。

在药物上，临床推荐治疗痛经的药物分为西药和中成药两大类别。

根据药物、功能以及成分的不同，临床上用于治疗痛经的西药品类主要有七大类：非甾体抗炎药(布洛芬)；口服避孕药；孕激素的药物(甲羟孕酮)；孕激素受体拮抗剂(米非司酮)；孕三烯酮；雄激素药物(达那唑)；促性腺激素释放激素激动剂。

而用于治疗中成药的药物则包括丹莪妇煎膏、益母草胶囊、田七痛经胶囊、经带宁、八珍益母胶囊等。中医认为，痛经分为气虚血瘀型和气滞血瘀型两种，在进行药物治疗时，主要以补气活血化瘀为原则。

在阿里健康药房的店铺页面对痛经药品类进行检索，市面上较为热销的痛经药品类包括布洛芬(仁和、美林、芬必得)、益母草颗粒(同仁堂)、乌鸡白凤丸(同仁

① 腾讯新闻. 痛经来了怎么办[EB/OL]. [2022-07-29]. https://view.inews.qq.com/wxn/20200916A0HRHE00?.

堂)、EVE 止痛药(日本白兔制药)、田七痛经胶囊(云南白药)。

(二) "月月舒"痛经宝颗粒产品情况

宛西制药,全称"仲景宛西制药股份有限公司"(原"河南省宛西制药股份有限公司"现已更名为"仲景宛西制药股份有限公司"),创建于 1978 年,2003 年 3 月完成股份制改造,是一家地处医圣张仲景故里的大型现代化中药制药企业。[①]

1990 年,仲景宛西制药股份有限公司创立了属于自己的品牌——妇科中药月月舒,来自孙耀志偶然在一家中医研究院购买的配方。月月舒痛经宝颗粒为中成药,理血剂,具有温经化瘀,理气止痛的功效。主治寒凝气滞血瘀,妇女痛经,小腹冷痛,月经不调,经色黯淡。[②]

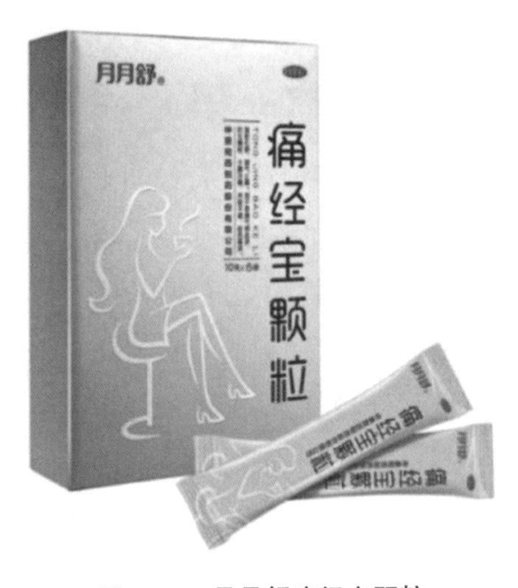

图 4-1 月月舒痛经宝颗粒

在使用方面,服用痛经宝需要坚持一日 2 次,一次 1 包的规律,病重者还须加倍。患者须于经前约一周开始服用,持续至经来 3 天停服,3 个月经周期为一疗程。[③]

尽管市面上治疗痛经的药物多样,但以痛经为主要治疗点的痛经宝颗粒只有月月舒一个品牌。背靠仲景宛西制药集团,月月舒品牌天然具有自主研发实力强、药材来源质量高、药物生产工艺过硬的企业实力。

二、消费者画像

《职业女性健康状况白皮书》的调研结果显示,在最常见的女性健康困扰中,手脚冰凉、月经、痛经占比近五成,痛经成不少女性的"健康噩梦"。据医学调查,痛经

---

① 品牌之家. 仲景的背景以及经营理念[EB/OL]. [2022-07-29]. https://m.pp918.com/newsinfo_8790.html?ivk_sa=1024320u.

② 百度百科. 痛经宝颗粒百科词条[EB/OL]. [2022-07-29]. https://baike.baidu.com/item/%E7%97%9B%E7%BB%8F%E5%AE%9D%E9%A2%97%E7%B2%92/3805288?fr=aladdin.

③ 正道教育.【一文一药】痛经什么药止痛效果最好呢? 余老师推荐几款常见止痛药[EB/OL]. [2022-07-29]. https://xw.qq.com/amphtml/20220502A032K200.

在青少年女性中的患病率高达 67.2%。[①] 在痛经女性中，又以 18～25 岁年轻人群为主，症状较为严重。

月月舒痛经宝的目标消费者是 18～25 岁年轻女性，她们关注身体健康、饱受痛经困扰的学生、年轻白领。具体来看，月月舒的目标消费者有以下特征：经济压力小，易冲动消费；容易与品牌产生情感连接；社交需求旺盛，在各网络社交平台活跃，追求快乐，享受关爱。

痛经可以延展很多年轻人感兴趣的社交话题。月月舒一直以来的品牌主张“要快乐不要痛”也和年轻人的社交属性相吻合。考虑到这一年龄段的年轻女性在经济上尚未独立或收入较低，而月月舒价格较竞品偏高，月月舒的主要购买者中有相当一部分是年轻女性的妈妈、男友等角色。

三、竞品分析

目前市场上与月月舒痛经宝颗粒同样主打缓解痛经功能的产品主要有三种：同类的中成药（田七痛经胶囊等）、即时缓解型西药（成分为布洛芬）、痛经贴。

（一）同类中成药

“治疗痛经的中成药很多，常用的治疗痛经的中成药有元胡止痛滴丸、月舒颗粒、散结镇痛胶囊、独一味胶囊等，都可以起到活血化瘀、缓解痛经的作用”。[②] 用于治疗痛经的中成药成分大多类似，主要的有效成分都是黄芪、柴胡、三七、党参等

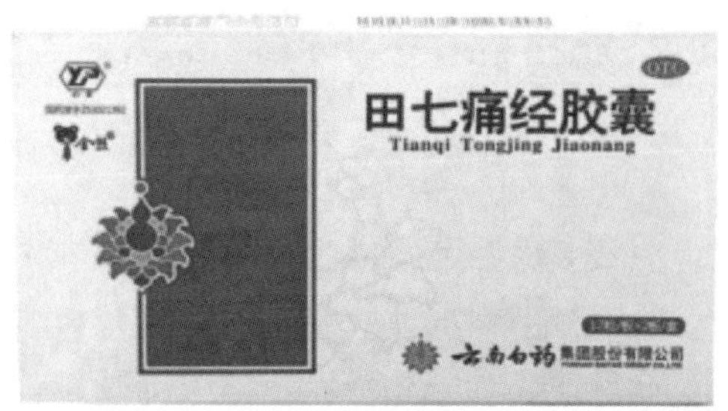

图 4－2 同类中成药

---

① 王强. 威胁女性健康的七个“炸弹”[J]. 人人健康，2014(2)：74.

② 有来医生. 治疗痛经的中成药[EB/OL]. [2022－07－29]. https://www.youlai.cn/ask/A52283MhUOM.html.

具有化淤止痛功能的中药材。

市面上占主流的品牌包括同仁堂(乌鸡白凤丸/益母草颗粒)、云南白药(田七痛经胶囊)、千金(益母颗粒)等,单价相差较大。知名品牌如同仁堂、云南白药,价格往往在单盒 40～60 元不等,而千金、九芝堂、花红等小药企产品单价在 15～30 元左右。

(二) 即时止痛药品

"布洛芬为解热镇痛类,是非甾体抗炎药。其原理是通过抑制环氧化酶,减少前列腺素的合成,产生镇痛、抗炎作用;通过下丘脑体温调节中枢而起到解热作用,常用于缓解轻至中度疼痛,如关节痛、肌肉痛、神经痛、头痛、偏头痛、牙痛、痛经等"。①

市面上主要的品牌包括芬必得(布洛芬缓释胶囊/咀嚼片)、仁和(布洛芬缓释胶囊)、日本 EVE(快速止疼药),单粒价格在 1～2 元不等。

其相比于中成药,优势在于止痛速度快、效果好,价格相对低廉,但对于布洛芬的副作用的争议仍然使得部分女性在选择时产生对其负面影响的担忧。

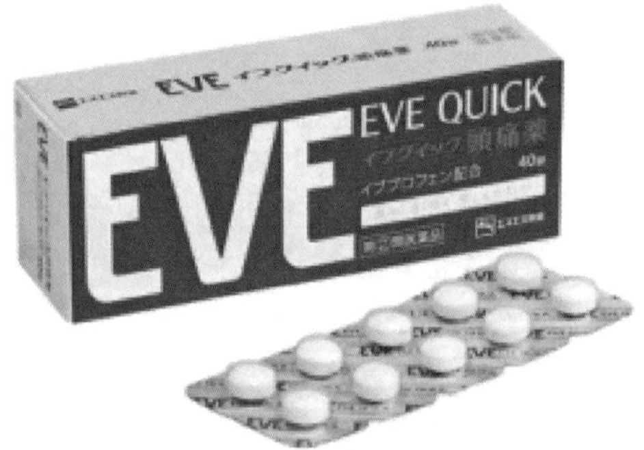

图 4-3 即时止痛药物

(三) 痛经贴(暖宫贴)

痛经贴包括发热与非发热两种,也有着添加药物与不添加药物的区分。暖宫贴、暖贴等主要利用发热缓解女性阵痛,部分暖贴还添加了艾草等中药成分,但主要能够起到即时缓解的作用,而非主打治疗功效。云南白药痛经暖贴、白云山痛经宝灸疗贴等产品,单片价格从 5～10 元不等。从效果上看,痛经带、加热带等佩戴式加热缓解痛经的产品也与此类似。

---

① 张美华. 浅谈解热镇痛抗炎药的合理使用[J]. 黑龙江医药,2007(04): 374-376.

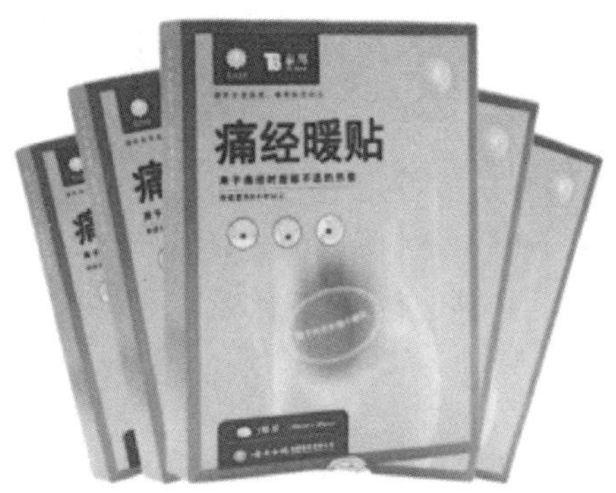

图 4－4 痛经贴

非发热痛经贴一般为中药成分结合缓释贴剂技术制成的贴片，具有散寒行气、痛经活络、调理气血、祛除湿热、调经养血之功效，主打解决痛经的治疗和月经不调等问题。主要产品包括安必乐痛经贴、葵花痛经贴，单片价格在 20 元左右。

四、创意与执行

（一）项目背景

10 多年前，月月舒痛经宝颗粒凭借着 S. H. E 的“那个不痛，月月轻松”的广告语成功出圈，在医药品类的营销中占据着优势位置。作为老牌痛经药，月月舒痛经宝颗粒在近年来面临着诸多压力。从外部来看，外部市场竞争十分激烈。近几年在社交媒体上出现了“中医黑”的论调，说中医是“伪科学”，效果慢，只适合调养，而月月舒是一款主打“温经化瘀，理气止痛”的中成药，使越来越多的消费者在面临痛经问题时，更倾向于选择布洛芬等可以及时止痛的药物；同时，缓解痛经产品的市场规模逐年扩张，痛经贴、暖宫腰带等外用型保健产品市场份额增速呈爆发式增长，治疗性产品市场也受到了冲击。从内部来看，品牌老化十分严重。10 多年前的“那个不痛，月月轻松”的广告播出后，品牌传播一度断档，品牌老化严重，产品的形象不符合产品的目标受众（18～25 岁的女性）的认知与需求，虽然品牌也有过年轻化的尝试，但是整体曝光度和传播效果较差，不能直击“后浪们”的要害。

从产品本身进行分析，月月舒痛经宝颗粒具有诸多优势，比如药材上乘、生产工艺过硬，治疗原发性痛经疗效好，品类名与品牌名相同有利于占领消费者心智。同时，月月舒痛经宝颗粒与竞争对手主要的区别在于运用了传统的中药配方，充分体现了养生理念。受疫情的影响，年轻一代对中医的心理和态度有所改观，接受度提升。但是月月舒也存在着诸多问题,比如服用周期较长、价格相对较高、用户难以坚持所以复购率较低等问题。

针对上述情况,月月舒痛经宝传播项目明确了"对话年轻人,焕新品牌活力,让月月舒痛经宝颗粒重回年轻人视线焦点"的项目目标。通过与消费者进行情感联结,强调产品的社交属性,从而更好地赢得年轻消费者的目光。在这个核心目标的指引下,推出了2020年品牌年轻化传播项目方案。

(二) 核心创意——"姨妈痛,找TA付"

女生的生理期是较为私密的个人话题,生理期的疼痛也常常是外人难以体会的,当女性遭遇经期疼痛,她的老公、男友、好友往往不知道如何有效帮助其缓解这一症状,"多喝热水"的梗也由此而来。在前期与企业对接的过程中,海嘉明哲的人员了解到,月月舒的购买人群中有30%是男性,这表明虽然月月舒痛经产品是针对女性痛经的治疗药物,但是产品受众的性别界限还是可以被打破的。在此基础上,团队成员结合自身经验和用户核心痛点,提出了"姨妈痛,找TA付"的核心创意。

"姨妈痛,找TA付",前半句定义了消费场景,也直指产品的核心作用——治疗经期疼痛,而后半句的"找TA付",乍一看像是借贷广告,实际上则赋予了产品特殊的社交属性。经期本身是女性个人的事情,当"TA"这一概念出现时,首先会思考"TA是谁"以及为什么要"找TA付",将这一思考过程与品牌相联系可以拉长受众对月月舒品牌的注意力时间;同时引导"姨妈痛"与不同的"TA"之间的关系成为自带流量的社交货币,也扩大了潜在的消费人群。月月舒痛经宝颗粒不再只是痛经女性买给自己服用的产品,男性和女性都可以买来送给被痛经问题困扰的女性亲友,表达自己的爱与关心。当女朋友痛经时,男友能做的不再只是重复着"多喝热水"这句话,而是可以买一盒月月舒送给对方,在帮助她解决实际问题时通过这种小细节传达自己的爱意。在这种情况下,月月舒不再只是一个简单的药品,更成为了传达情感的载体。"TA付"是关心,是责任,是健康,是社交,更是快乐。

在这一核心创意下,项目方案分为了前后两个部分。前一部分以事件造势,通过微博、抖音上种子内容的制作和发酵,形成话题事件,引发大家对品牌的关注和话题的讨论,告诉消费者"TA"是谁,为什么"让他付";后一部分,则通过全平台的KOL传播,营造"种草""拔草"的氛围,通过全面曝光加深对品牌的印象及品牌影响力,提高销量。

（三）营销重点

1. “情感连接”——洞察目标用户，深耕优质内容，引发广泛共鸣

在品牌年轻化的道路上，月月舒曾做出了许多尝试，在 S. H. E 的“那个不痛，月月轻松”的广告后，月月舒相继推出了小视频、条漫，但是这些内容点赞量却很低，关注度更是不高，重点渠道内容和整体战略规划的缺失使月月舒痛经宝颗粒在品牌年轻化的道路上走了很多弯路，很多做了工作，但都没能直击消费者痛点。

在前期和宛西制药沟通的过程中，团队人员了解到，月月舒痛经宝颗粒的主治人群是 18～25 岁的女性。这部分女性经济压力较小，容易和品牌产生情感连接，社交需求旺盛，追求快乐，享受自由，在各个网络社交平台十分活跃，有良好的媒介习惯，也更看重内容的质量。只有直击她们痛点的优质内容才能真正打动她们。月月舒要想获得这部分消费者的信赖，实现品牌的年轻化，就不能只在表面下功夫，仅仅采用条漫、小视频等年轻化的传播形式远远不够，毕竟不是所有小视频都会被年轻群体观看，不是所有条漫都会被她们转发。最关键之处在于要生产出年轻人关注的内容，传递品牌的价值观，并选择有针对性的渠道进行曝光，引发大家的关注与讨论。

团队的成员全部都是女性，她们从自身的经验和痛点出发进行思考，明确了“姨妈痛，找 TA 付”“要快乐不要痛”的核心口号，并且在内容的设计上下足了功夫。在前期的宣传中，与高校 KOL 拜托啦学妹合作，以“女生来大姨妈的时候，谁更痛苦”为题制作街访视频，询问了路人“女生来大姨妈，谁更痛”“如何哄姨妈来的

图 4－5　“姨妈痛，找 TA 付”话题讨论

女生”等一系列有引导性的问题。这些路人真实又具象的分享十分具有感染力，成为天然又优质的宣传文案，引发了网友的广泛共鸣与热烈回应。在微博评论区许多网友纷纷谈论自己的痛经经历，抱怨缺乏缓解痛经的有效办法，并自然而然地讨论“找 TA 付”中的“TA”是谁的问题。而这些讨论与产品的特质息息相关。月月舒在这次街访中的自然植入，无形中将“姨妈痛”“月月舒”“谁负责”等关键词进行了捆绑，占据了消费者的优先认知，也延长了消费者对品牌的注意时长，提高了消费者对产品的好感度。

除了街访，在内容方面，团队结合月月舒的特点而设计的一组海报也十分的生动有趣。三款手绘风动态海报采用了符合品牌调性的少女粉嫩画风，根据“TA 付”对象分别构建了三个不同的消费场景——“男友付”“老公付”“闺蜜付”，三款海报画风可爱清新，并配有无厘头的搞笑文案和魔性的动图循环。文案贴近生活，充满笑点的同时直击消费者痛点，使得广告的内容输出更加软性，也更利于触及消费者的记忆点。

图 4-6 “克制沙雕”系列海报

月月舒 2020 品牌年轻化传播项目方案从对目标消费者的洞察出发，深耕优质内容，在与消费者的连接与对话中，输出了品牌价值观。用情感为产品赋能，提高了消费者对产品的熟识度与好感度。

2. "场景营销"——构建消费场景，注入社交属性，提高产品销量

月月舒此次方案充分利用了场景营销。在找"TA付"的语境下，基于对产品属性的思考和对消费人群人际关系的洞察，重点圈定了"男朋友、老公、闺蜜"三个角色。这三个具体场景的建构，好比在用户和产品中间搭起了一座桥，为用户找到了购买的理由，"产品＋场景"潜移默化地进入了消费者的认知中，在固定的时刻、特定的关系中，顾客就能够联想到月月舒产品，进而转化为购买。某位男生可能以往在女朋友生理期时不知道做什么才好，看到了这一系列广告后，有了很强的代入感，等下次女朋友痛经的时候自然而然地想到购买这一产品。海嘉明哲团队成员表示，他们在项目的不同阶段都有意识地注重场景的建构。前期在拜托啦学妹的街访中，着重采访情侣、闺蜜等路人。在动态海报中，画面呈现的也是男友、老公、闺蜜三对人物关系。而在抖音小视频中，Honeycc、唐梓Neil、塑料姐妹（现更名为"林生有hi"）三位抖音头部达人日常的内容输出和人设定位也和这三个场景相对应。

除此之外，团队还十分注重打通社交场景和消费场景，为产品进一步注入社交属性。前期在微博上发布的拜托啦学妹的街访视频，激发了人们谈论和分享的冲动，让产品成为社交货币。克莱顿·克里斯坦森说过一句话："消费者并不是在购买产品，而是雇佣品牌来完成一项工作。"三个具体场景的建构进一步强化了月月舒的社交属性，人们购买月月舒痛经宝颗粒不仅是为了解决自己的痛经问题，更可能是为了关心体贴爱人，表达浓浓的姐妹情，月月舒痛经宝颗粒不仅是药品，更成为情感的载体。而在这一过程中，这一产品的消费人群也扩大了，男性没有生理期，但是他身边总有女性，这其中总会有一些女性有痛经的困扰。无论如何，这个产品总与人们相关，这个话题总与人们相关。

（四）活动执行

表4-1　活动媒介排期表

时　间	话题铺垫期（6月10～11日）	种草热议期（6月12～16日）
阶段目标	种子发酵，形成话题事件，引发关注 奠定基调，"TA是谁"、为什么"让TA付"	全面曝光种草，加深品牌印象及提升品牌影响力 全平台KOL传播，营造"种草""拔草"氛围

续 表

具体活动	全网找人“TA”是谁街访视频，预热发酵	四大 KOL 发布“克制沙雕”海报，引爆网络	“姨妈痛，找 TA 付”抖音系列短视频	小红书中腰部 KOL 发力，铺开“种草”
媒介选择	微博	微博	抖音	小红书
核心话题	“姨妈痛，找 TA 付”			

1. 话题铺垫期

话题铺垫期的主要目的是为项目奠定基调，通过种子内容的制作与发酵，形成话题事件，引发大家的广泛关注与讨论——“TA 是谁”，为什么要“TA 付”。这一阶段主要在社交舆论阵地微博上进行。主要的执行方式如下：

(1) 拜托啦学妹发布“女生来大姨妈的时候，谁更痛苦?”街访视频。拜托啦学妹是微博知名搞笑博主，其定位是“一个只属于大学生的视频栏目”。日常输出内容以捕捉“身边的人”的共鸣点见长，粉丝构成与此次“姨妈痛 找 TA 付”话题的重点目标人群高度重合。

6 月 10 日，拜托啦学妹的街访视频率先在微博发布，充分发挥了预热发酵的作用，打响了此次传播的第一炮，在 4 分钟的视频中，采访者锁定范围、向带有社交属性受众进行提问——“女生来大姨妈的时候，谁最痛苦”“如何哄姨妈来了的女生”。在访问中受访者根据引导做出的回答构建了月月舒痛经宝颗粒的消费场景。比如有自己面对有痛经困扰的女朋友和闺蜜时无能为力，不知道该做些什么、自己痛经时只能忍着、不喜欢喝红糖水又没有别的办法……这些回答都与月月舒产品

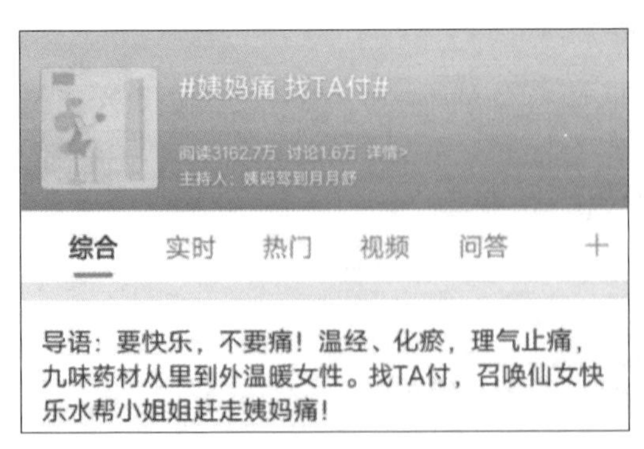

图 4-7 拜托啦学妹街访视频

的特性和此次“找 TA 付”的传播方案相契合。同时，在视频中，采访者向路人赠送了月月舒痛经宝颗粒，视频最后和评论区也直接出现了月月舒的产品，街访与植入相结合，自然生动且真实具象，十分具有感染力。

休闲璐、正常人办不出这种事儿、银教授、校园聚焦四大高校 KOL 对街访视频进行了转发，扩大了曝光范围，视频总播放量 216 万，总互动量 18 790，同时海嘉明哲针对“姨妈痛，找 TA 付”的微博话题对接了北京、上海等区域的定向热搜，精准触达重点销售区域受众。

（2）四大 KOL 发布“克制沙雕”海报，引爆网络。6 月 11 日，同道大叔、不二大叔说、豆豆说、思想聚焦联合发布了“克制沙雕”海报，在热搜停更、关注 7 天以上可评论的流量枯水期里，KOL 发布的海报相关微博单条点赞破千，并引发了大量的讨论。6 月 11 日，月月舒在微博的品牌速递上线，产品进一步对目标人群进行曝光。

图 4-8　KOL 发布海报

2. 种草热议期

（1）抖音场景化 KOL 剧情短视频种草。6 月 12 日，月月舒平台与 Honeycc、唐梓 Neil、塑料姐妹三位抖音头部达人进行合作。三位达人结合社交场景，通过男友、老公、闺蜜三个“TA”角色，采用反转结局模式，传达月月舒产品成为“TA”对身边女性关心的指代，“反转、夸张、节奏快”的剧情体现出品牌年轻化的个性，也进一

图 4-9　抖音反转视频

步强化了产品的社交属性。

（2）小红书中腰部 KOL 发力，铺开种草。通过在微博的内容输出，月月舒痛经宝颗粒收获了较高的话题度与关注度，继而针对小红书的平台特性，选择批量中腰部博主，继续以社交场景为主，专业科普为辅，为品牌背书的同时与年轻群体形成情感共鸣，形成购买决策闭环。

与前期选择百万级的微博和抖音头部 KOL 不同，对小红书 KOL 的选择多集中在中腰部。根据微播易 2019 年数据，中腰部 KOL 的 TGI(Target Group Index，目标群体指数)均值高于头部账号近 30%。虽阅读数据不及头部，但在粉丝质量和转化率方面中却都强于头部。[①] 在种草阶段强调粉丝质量和转化率，能够输出更真实的信息，以提升品牌信任度。最后团队选择了 10 位时尚、生活、中医健康等领域的达人博主，分享了产品功效、个人体验和经期的知识科普等内容，进行了集中的“种草”和“拔草”。除此之外，生活、时尚类博主的出镜也使垂直“种草”阶段的月月舒用户形象更加具体，自动优化了用户的二级身份标签。

---

① 财报网. 努力了这么久，月月舒这会终于赶上了“年轻化”这趟车[EB/OL]. [2022-07-29]. https://finance.ifeng.com/c/7xWMayieFb8.

（五）项目预算

表4－2　项目预算及占比

传播阶段	渠　道	类　　型	占比(%)
引爆期	微博	街访KOL	20
	微博	区域热搜	40
		搞笑类KOL	
		高校类、情感类、女性类KOL	
话题期	抖音	剧情类/cp类抖音KOL	35
种草期	小红书	种草类/时尚生活类KOL	15

五、效果评估与总结

（一）传播效果

相比传统药企的广告投入，本次品牌方的营销预算处于中等水平。通过洞察消费者需求，选择合适的平台进行精准曝光，月月舒2020年品牌年轻化传播项目方案获得了较大的成功，专业领域中也备受肯定。

从传播数据上看，此次项目传播总曝光超1.7亿，传播总阅读2 400万，传播总互动32.6万，抖音单一平台播放量256万，CPM(Cost Per Mille，千人成本)达8.99元，话题阅读量3 161万。话题引发大量网友参与讨论，品牌在年轻人中认知度提高，“种草”效果明显，品牌交易量上升67.65%。

从品牌营销思路看，以往大部分药企的品牌传播都相对传统，整体偏重硬广，但这次合作让品牌内部获得了营销思维的提升；同时新兴的内容形式吸引了目标人群的广泛关注，焕新了品牌老化陈旧的形象，有效提升了年轻群体对月月舒品牌的认知度，科普内容正面回应了“中医黑”内容，扭转了痛经治疗的中医认知误区。月月舒通过强曝光补票“年轻化”这辆车，完成品牌年轻化的第一步。最后，方案包围目标消费者线上社交场景入口，“男友送”“闺蜜送”等社交场景的构建初步打造了月月舒痛经宝颗粒的社交属性，消费者对品牌的反应链为“看到→记住→种草”，为下一步传播转化打下坚实基础。

(二) 项目荣誉

月月舒2020年品牌年轻化传播项目方案不仅让老品牌月月舒强势回归，带来品牌形象的提升和交易量的上涨的同时，更收获了业内的肯定。第11届2020金旗奖中，“月月舒痛经宝颗粒年轻化传播”一举夺得内容营销类案例金奖。[①]

(三) 后续方案

海嘉明哲的团队成员表示，月月舒的传播方案本质上想要传递四层信息：从自我层面来看，月月舒代表了不要痛要快乐；从社交层面看，送月月舒表达的是男朋友、老公、闺蜜对女性本身一种关心、照顾、责任；从安全层面上看，月月舒可以提供更安全的配方和成分，效果更好、令人更放心；从生理层面上看，月月舒能够调理寒凝气滞血瘀、妇女痛经等问题。

海嘉明哲的团队成员表示，6月中旬的第一波传播的主要目的是让品牌重回年轻人的视线，所以选择了更容易引发互动和讨论的话题。但是也存在着一些问题，一是关于产品的疗效依旧存在着争议，比如评论区有人留言表示“喝过，但没用”，二是6·18这一波的营销虽然引发了大量的讨论，但是营销闭环做得并不是很好，大家可能关注了痛经本身以及相关的话题，但并没有更多地关注产品的疗效，如何导流到电商平台，形成品效合一的传播形态，是值得思考的问题。所以团队会在之后的策划中着重注意两点，一是如何从内容传播引导到整体的销售，二是加强关于疗效和真实服用效果的品牌印象的深化。

在“双十一”传播中，海嘉明哲基于第一波年轻化的传播，进行痛经科普教育，在“双十一”这一节点实现社交平台及电商平台的共振。在媒介选择上，月月舒强势登陆年轻人的聚集地B站，推出了“Bye Bye 姨妈痛”主题原创 rap，将痛经宝颗粒消费场景和痛经人群痛点写成歌词，加上洗脑的旋律，通过玩“梗”高效种草，成为首个在B站进行医药品类传播的品牌。在内容方面，团队更加注重知识的科普与消费者态度的扭转，“痛经是病必须治”“全面调理女性健康”等深入的话题被广泛讨论。B站 UP 主原创植入，抖音医生在线科普，美妆时尚博主联袂推荐……在“双十一”的传播中，月月舒继续用优质的创意内容有针对性地传递品牌信息，影响

---

① 全球百科.“月月舒”营销微博策划见效果　获“2020金旗奖”金奖[EB/OL].[2022-07-29]. https://ispeak.vibaike.com/34644.

消费者的购买决策。

海嘉明哲的团队成员表示：“虽然这次项目整体体量处于中等水平，但在我们的理解中，这是一场打破代际沟通障碍，为中医药品牌年轻化，助力中医药文化现代传承的战役。同时也是一场女性生理差异与大众认知的碰撞，通过社会化内容打破性别沟通障碍、刻板印象，为争取女性经期健康关怀进行舆论发酵。2021 年我们还会继续服务月月舒，和品牌一起努力！”

第二节　案例分析

聚焦"Z世代"消费特性，把握年轻人文化生态

一、5R 整合营销理论

20 世纪 90 年代，美国西北大学唐·舒尔茨教授提出整合营销传播的概念，[①] 并指出为适应紧张激烈竞争的市场环境，营销机构应充分理解客户及潜在客户的需求，由此诞生了以消费者为核心的 4C、5R 营销理论。5R 理论是对 4C 理论的延伸，以顾客或潜在顾客为系统中心的同时，强调企业与消费者双向互动的传播模式，其内容涵盖相关性(relevance)、开放性(receptivity)、响应力(response)、识别力(recognition)、关系力(relationship)5 个方面。

(一) 相关性(relevance)

相关性与定位理论类似，两者皆关注产品与消费者需求之间的匹配点与契合度，即在营销过程中，企业提供的产品或服务在多大程度上与顾客的需求或潜在需求达成一致。营销者需要进一步加强与用户之间的沟通，洞察用户的真实需求，提供具有竞争力的、更契合用户需求的价格及分销系统，以便用户获取产品或服务。在某种程度上，相关性更强调"用户需要怎样的产品或服务"，而非"企业能够生产或提供怎样的服务"。

同时，相关性折射了企业与顾客之间的"命运共同体"理念。在市场中，顾客具有流动性特征，会在不同企业的产品或服务间挑选、抉择与转移。企业需要为顾客提供与实际需求充分契合的产品或服务，积极与顾客建立强相关关系，打造两者之间的"互助、互需、互求"关系，增强用户黏性并提升顾客忠诚度，以实现企业的可持续发展。

---

① [美] 唐·舒尔茨. 整合营销传播：创造企业价值的五大关键步骤[M]. 北京：清华大学出版社，2013.

(二) 开放性(receptivity)

开放性注重消费者的感受，关注消费者本身的期望——消费者希望如何与企业进行沟通，或消费者希望怎样的传播模式。在信息传播层面，开放性关注在整合营销传播过程中信息的传播推广是否有价值，是否能够引发消费者共鸣，促使消费者对产品产生正向认知、激发消费者购买欲望、刺激新的消费需求。在整合营销传播策略中，开放性关注两大问题：一是信息传播与推广的节点：产品信息应该在什么时刻投放、应该什么接触点上与顾客展开接触，才能够使顾客更开放、更愿意接收信息或激励计划。二是企业的开放度：企业对于新概念、新想法、新模式的开放程度与可接受度有多高，是否接受以消费者意愿为导向的新型思维模式与方法。

(三) 响应力(response)

当今市场的商业模式已经从传统的单向推广转向双向的高度互动，并要求企业在面临用户诉求及渴望时及时做出反应与回复，满足用户需求。这便是响应力。高效率的快速反应机制一方面利于企业建设良好形象，稳定顾客群体并减少顾客流失；另一方面有助于企业及时获取顾客的反馈意见，为迎合顾客需求、应对高速变动的市场环境制定和调整相关策略。在整合营销传播情境下，针对响应力要素，不仅应当考虑“企业对感知、适应和响应现有顾客和潜在顾客需求及期望的能力”问题，更应关注“现有顾客及潜在顾客需要对企业产品或服务进行响应时的渠道与便捷程度”问题。企业应为消费者提供多样、便捷、安全的信息反馈渠道，推动双方互动沟通的有效进行。

(四) 识别力(recognition)

从企业和经营者的角度来看，识别力强调企业在重要接触点上识别顾客，同时针对该顾客储存的资料快速关联的能力；从消费者角度来看，识别力指顾客是否能够在众多品牌中准确识别出企业旗下品牌的能力。企业在交易与服务中识别顾客，为其提供具有一定针对性的服务，提高顾客对于产品及服务的满意度，有助于强化企业与顾客的联结和建构亲切、人性化的优质企业形象；顾客对企业及其品牌的精准识别则是对品牌质量、品牌形象及品牌独特性的肯定，较为直接地反映着整合营销传播活动的成功或失败。识别力与品牌建设关系紧密，重点关注企业及其产品能否受到消费者群体与市场的认可，赢得口碑与市场美誉度，并转化为企业及产品的竞争力。

(五) 关系力(relationship)

作为位于价值创造圆圈系统最外圈的要素，关系力可概括为“企业与顾客的长期互动的所有关系”。在当今竞争激烈的市场环境下，营销已经不再是一种短期行为。为抢占市场关键位置并实现企业的长足稳定发展，企业须寻求与消费者之间的长期稳固关系，即从单纯的交易关系上升为合作关系、权责关系，并积极采取相关措施对企业与顾客之间的互动关系展开维护和管理。而值得强调的是，在关系力要素中，顾客是建立关系的主体，即“顾客做主，营销者响应”。

二、月月舒痛经宝颗粒品牌年轻化传播的 5R 原则

(一) 相关性——洞察“Z 世代”群体痛点

月月舒痛经宝颗粒 2020 年品牌传播策略以“品牌年轻化”为总体目标，将核心目标受众人群定位为“Z 世代”群体。在前期调研中，根据《职业女性健康调研状况》白皮书调研结果与各类公开咨询行业报告可知，痛经已成为常见的女性健康问题对“Z 世代”年轻女性造成了诸多困扰。在品牌传播策略中，月月舒针对这一用户群体的特征及需求痛点进行了挖掘：

第一，面对痛经难题，“Z 世代”年轻女性往往能够产生心理与情感共鸣。她们通常主动愿意与父母、男友、闺蜜等亲密对象分享与痛经相关的感受或苦恼，并期待倾听对象采取某种切实手段对其因痛经而产生的生理、心理问题提供帮助，具有较强的表达欲望与社交需求，且享受被关爱的氛围。在此过程中，她们的倾诉对象也会在潜移默化中增加对痛经问题的关注，与痛经女性群体共同期待这一难题的解决，并在情感联结的基础上主动向女儿、女友、闺蜜伸出援手，为其购买治疗或缓解痛经的相关用品等。

第二，月月舒考虑到了中医品类药品在年轻用户群体中的口碑发展状况。近年“中医黑”的盛行使具有痛经问题的年轻人群体对中药治疗痛经的长周期、实际疗效持怀疑态度，更倾向于选择布洛芬等止痛类药品或暖宝宝等外用保健品暂时性缓解痛经症状。然而随着学习生活压力的增大，部分健康问题的年轻化趋势凸显，促使年轻群体主动关注自身健康状况，并养生意识逐渐觉醒，“黑芝麻护发”“保温杯里泡枸杞”“喝中医调理”等现象成为年轻学生及白领的生活常态，年轻群体对于中医药养生的信任感正在提升并逐步演化为一种风潮。此外，中医药在 2020 年新冠疫情期间的良好成效更推动“Z 世代”群体逐渐对中医、中药敞开怀抱，对长期

治疗周期的理解与接受程度也不断提高，且愿意主动进行尝试。

第三，在价格层面，月月舒痛经宝颗粒与其他竞品相比价格较高，但痛经人群中学生群体所占比例较高。这表明较大数量的消费群体与潜在消费群体对产品具有需求却处于经济尚未独立或收入较低的消费阶段，相当一部分购买者是作为父母、男友等身份。这需要月月舒在营销传播策略中考虑如何实现产品价格与消费者需求的对接。

第四，年轻人群体“追求快乐”“苦中作乐”的精神调性使得痛经及其治疗过程实际上被带上了“快乐”的烙印。在年轻人群体中，痛经常作为一种“段子”而存在，并由此衍生到家庭、恋爱、友情等其他场景，具有一定的社交属性。同时，在年轻人群体中，“痛经”这一话题正在呈现出跨越性别的趋势，而不仅仅是一个局限于女性群体的话题。男性不会切身体会痛经，但必定会认识生活中存在这一问题的女性；“痛经”这一话题将通过复杂的人际关系网络及日益热烈的讨论与大多数人产生关联。

基于以上消费者的特征与需求，月月舒痛经宝颗粒提出“姨妈痛，找 TA 付”的营销策略。以这一话题作为引爆点，鼓励受众自由讨论，并构建起“月月舒负责不痛，TA 负责付款，你负责快乐”的转化模式，在满足用户群体生理、心理与情感需求的同时兼顾用户在消费、价格层面的需求，充分贯彻“以用户需求为导向”“关注用户需要怎样的产品或服务”这一整合营销传播策略。

（二）开放性——运用新型思维模式

1. 传播形式、投放媒介的年轻化

在此次整合营销传播中，月月舒选择以微博、抖音、小红书为主要阵地。

社交舆论阵地微博作为本次品牌传播策略中的核心平台打响了第一枪。定位为大学生视频栏目的微博搞笑博主@拜托啦学妹发布路人街访视频，借助问题设置引出“姨妈、痛经、直男、暖男、闺蜜”等话题，并在视频结尾与评论区对月月舒痛经宝颗粒进行了一定程度的曝光，将初步话题发散与产品植入相结合，且成功引发 UGC 共鸣、发散与跟帖，随后，“姨妈痛，找 TA 付”的微博热搜开始引爆关注，相关微博头部大号与 KOL 集中带话题并发布以不同的“TA”作为主体的手绘态度海报。海报分为“直男篇”“闺蜜篇”“暖男篇”，画面活泼，采用“段子”“沙雕”形式，给受众留下深刻印象的同时引发了大量讨论，传播话题中的“TA”亦逐渐浮出水面。微博的年轻活泼的媒介调性与月月舒此次“姨妈痛，找 TA 付”的推广理念充分契

合，其主要用户人群也与月月舒的消费者定位相匹配。

短视频平台抖音则延续“鬼畜、沙雕、搞笑”的基调，根据“TA付”的对象——男朋友、老公、闺蜜分别构建不同的消费场景并与相匹配的抖音达人展开合作，以剧情短视频的形式对产品进行宣传。在内容与剧情建构层面则多采取年轻人喜爱的快节奏反转结局模式，在轻松愉快的氛围中实现对产品功效及附加社交属性的推广。

小红书的主要受众人群为追求一定生活品质、向往精致生活的年轻女性，且有着一定的用户基础与美誉度。月月舒在小红书平台中的推广则选择时尚分享、养生、中医健康科普的视角发布种草推文，全维度输出月月舒产品的品牌价值，帮助用户做出最后的消费决策。推文对月月舒痛经宝颗粒的功能、效果、原料等消费者关注的问题进行了总结梳理，以个人体验或专业医疗保健知识为基础向用户提出真诚建议，推动用户的“种草”与“拔草”。

从话题引爆到全面种草的营销传播中，月月舒对信息传播形式与投放媒介的选用始终以消费者群体的感受与期望为导向，即“消费者希望以怎样的方式接收信息”。月月舒充分感知其受众群体社交需求旺盛、热爱表达、热爱生活的特点，将投放媒介圈定为热门社交平台微博、短视频平台抖音与女性群体主导的好物“种草”分享社区小红书，实现与目标消费者触媒习惯的匹配、投放内容与平台调性的匹配，促进信息投放效益的最大化。同时，“鬼畜沙雕”的宣传风格，手绘海报、互动短视频、推文等丰富的推广形式更有利于增强产品宣传的可读性与趣味性，以新奇有趣的方式吸引年轻目标群体的注意，在轻松愉快的氛围下通过软植入的手段自然地向目标群体传递产品核心信息，促使其以更开放的心态接受产品信息，并逐步转化为潜在消费需求。

2. 构建全新社交场景

在传统观念中，痛经对于女性而言是一种私密的体验。更多女性面对痛经的办法更多的是自疗。如果顺着这个思路继续深挖，将不可避免地回到宣传疗效的老路上去(如当年S.H.E代言的广告词“那个不痛，月月轻松”)。于是宣传团队依据消费者的“治好姨妈痛＝欢乐”的调性认知并以月月舒品牌方提供的数据——消费人群男女比例为3∶7为基础，设计了创新性的社交场景，将痛经由“一个人的事”转化为“一个人和亲近的人共同的事”，扭转了痛经产品消费场景的私密属性和尴尬特征，通过在微博上发布“克制沙雕”系列海报，创造了全新的社交化的购买使用场景，并通过这种极端具象化、夸张化和生活化的场景，暗示消费者如何使用产品，同时对消费者进行品类教育。这一方法高效地展示了月月舒痛经宝颗粒这一产品的个性，完美体现了月月舒这一老品牌以消费者为中心、积极融入新时代的优秀品质，加之国民品牌的光环和滤镜作为根基，更能够使得年轻一代的消费者产生被认同的好感，加速了月月舒品牌形象年轻化的趋势，以自身的“开放力”赢得与当今年轻消费者情感内容沟通的机会。

（三）响应力——准确反映群体诉求

能否适当反映客户的需求与需要，已经超过执行营销计划的能力成为关键的营销技能。根据《整合营销传播：原理与实务》[①]中的观点，响应力的“客户或潜在客户响应公司所卖产品的程度”，即有多少顾客看完产品之后会真正产生购买欲望，也指品牌营销者觉察、适应以及迎合消费群体的需要和愿望的能力。换言之，即营销主体是否能够做好媒介评价收集，尽可能地做出快速反应、健全互动机制。

在营销项目的策划中，团队始终坚持消费者导向，尽可能对消费者诉求和关切点保持高回应。在前期准备过程中，团队在网络上多方收集月月舒痛经宝颗粒和其竞品的评价，甚至专门询问了“中医黑”群体的看法，因此才能够了解到现在痛经的年轻人对中医治疗痛经持质疑态度、普遍倾向于选择布洛芬或暖宝宝、暖宫贴等产品缓解痛经的具体原因。同时，团队对月月舒痛经宝的在消费者眼中的长处和短板做了详细的分析，也通过查找大量资料和相关报告对消费者特征进行非常详细的分析。因此，团队才能够尽可能地贴近目标消费者，站在他们的角度了解其诉求和痛点，根据他们的反应做出合理的品牌传播方案设计、进行针对消费者的品类教育。在微博平台的“玩法”上，团队不仅邀请KOL进行输出式的分享，还在官博开设了“小仙女们姨妈痛最想找谁安慰”的投票活动。以这种直接反映消费者意愿的形式，增强了自身的响应力。

（四）识别力——赋予独特品牌属性

识别力的判别取决于客户能否从该类目下既有的众多品牌中认出并挑选出品牌，以及潜在客户是否知道这一品牌、有没有把品牌与特定的需要和用途联系在一起、能否看出该品牌与竞争对手的差别。而识别力的提升正是本次营销活动的战略核心所在，即在一周左右的宣传时间内完成品牌知名度的一次飞跃式提升，以及

① 黄鹂，何西军．整合营销传播　原理与实务［M］．上海：复旦大学出版社，2012．

初步实现品牌年轻化、建设品牌独特性。

即使月月舒痛经宝这个品牌具有一定特殊性(品牌名即品类名,识别度很高),之前品牌所做的宣传却并未收获较大的反响。宣传团队确立了“识别力低—年轻化不足—赋予产品社交属性”这一正确思路,在围绕“姨妈痛,找TA付”的创意横跨三个平台,进行多种渠道、全方位的曝光和宣传赋能后,通过捆绑痛经时的个人心理和社交表现,月月舒痛经宝因探讨两者关系、制造超高讨论热度层面具有了一定的辨识度。“找TA付”实现并巩固了的场景构造,用年轻化、社交化、生活化的趣味内容进行痛经宝颗粒的品类教育,进一步使得消费者化解了痛经这一消费场景的尴尬,通过团队宣传了解到红糖等只能刺激多巴胺分泌,在精神上缓解痛经,并不能医治痛经的事实,正面“迎战”痛经,并将其与月月舒痛经宝颗粒相联结,即建立了老公、男友、闺蜜温情与购买月月舒痛经宝颗粒的思维链路,真正赋予了产品基于特定社交场景的独一无二的识别力。

在OTC类药物的宣传面临重重关卡的情况下,本次营销活动仍然能够寓教于乐,以年轻人喜爱的两性、情感话题“我‘负责’姨妈痛,你负责我”为外包装,以品类教育为内核,寓消费者教育于乐,内外兼具的属性是许多其他OTC类药物在宣传中都不具备的,因而才能真正实现品效共振。宣传团队先行在微博和抖音发力,营造话题热度,再在小红书进行推广和深度“种草”正体现了这一点。将小红书博主的推广形式划分为分享使用体验和科普两种,成功在平台允许的范围内从“彻底治愈痛经”和“中药成分”两方面完成与竞品的区隔。

(五)关系力——建立积极情感联系

1. 重塑品牌调性

根据《中国互联网络发展状况统计报告》,截至2020年6月,中国网民的规模已经达到9亿,“Z世代”作为互联网时代的原住民,已然成为营销面向的主体。然而,正因为十几年前太过深入人心的“那个不痛过,月月轻松”这一广告词,月月舒已经成为“时代的眼泪”,扭转消费者印象的任务迫在眉睫。因此,月月舒想要拿回市场的主动权,年轻化是需要被首先考虑的核心议题,迎合年轻人喜好、能够与年轻人建立积极情感联系的营销方式也是必需的。在关系力的改善方面,团队主要选择在年轻人喜爱的平台(微博、抖音、小红书)中展开年轻人普遍关注的话题互动。

品牌老化也意味着品牌调性的固化,本次案例中团队的创举之一正是通过设置社交议程扩展了消费者对品牌调性的认知，为后来开拓更大的在宣传方面的创造空间，以及品牌信息的迂回输出打下了基础。这正体现了团队对消费者主体地位的准确把握，并以此为基础，进行了精准的响应，以顾客的心性特点、触媒习惯等为核心，有效进行品牌方—消费者关系的修补和重建。

2. 回避争议话题

关系力的真正价值在于能否为企业带来长期的收益，而不能忽视的是，建立关系的人是客户，客户有更大的主动权，因此，关系力的提升取决于品牌方的维护。

在本案例中，月月舒痛经宝改造品牌形象、完成了年轻化转型，除了依靠KOL的推广外，品牌的社交媒体官方账号也始终保持"在线"状态，与消费者持续密切互动，拉近双方关系。

关系不仅仅局限于企业与顾客之间，它包括了围绕交换而发生的各种关系，这些关系的建立、维持与推进影响着营销的成败。关系营销扩大了营销工作的范围和营销策略的组合。值得注意的是，采访时团队特别提到，虽然痛经宝颗粒是女性用品，而且似乎与月经羞耻等女性话题相关，但团队没有借助近年盛行的女权主义"她浪潮"进行营销。因为品牌方给出的销售数据显示，购买月月舒的消费者中有3成是男性。为了维护与这一部分消费者的关系，在一开始就放弃了借助"她浪潮"的想法，转而采用"找TA付"进行基于男女双方的、情感类的社交场景营销，肯定了女性痛经时作为老公、男朋友等男性角色的帮助的正面价值，规避了可能出现的矛盾和争议，无疑是非常明智的选择。

第三节　案例访谈

“对话年轻人，焕新品牌活力”

一、公司介绍

海嘉明哲成立于2016年，总部位于北京。业务板块包括公共关系管理、社交媒体、传统公关、娱乐营销、MCN运营、危机公关与预警等，服务内容覆盖营销传播的整个产业链。曾服务于包括OPPO、比亚迪、波司登、橙分期、京东、月月舒等品牌。

二、采访对象

彭甜芬，项目负责人。拥有7年从业经验，曾服务过包括竹叶青、波司登、来伊份、红豆居家、精锐教育、微众银行、樊文花等品牌。

李超君，项目总控。拥有9年从业经验。曾服务包括唯品会、广发银行、微众银行、小熊电器、马来西亚旅游局、珠江啤酒、真功夫、味千拉面、雅士利等品牌。

李华珺，项目主策划。拥有5年从业经验。曾服务包括腾讯游戏、中国移动、美的、创维、慕思、中信银行、日立电梯、小熊电器、竹叶青、红豆居家等品牌。

贾淇，IP资源总监。拥有8年从业经验。曾服务包括一汽—大众、一汽—奥迪、红旗、北京奔驰、东风日产、伊利、红豆、竹叶青、波司登、宛西制药等品牌。

三、访谈记录

（一）了解企业，挖掘产品

Q：月月舒当时有哪些问题，公司有哪些诉求，您觉得这个产品有哪些特点？

A：主要是企业面临的两个部分，一是企业本身面临的两个层面的问题，二是外部的市场环境竞争十分激烈。

比如近年来的“中医黑”。很多媒体都会有一种思想，即对中药本身的药效或者说它的科学性是存在质疑的。所以现在普通的年轻人，特别是有痛经困扰的年轻人，对通过中医治疗痛经持普遍的怀疑的态度，而且也更加倾向于选择布洛芬这种止痛类的产品或药品。另外，缓解痛经产品的市场规模也在逐渐扩张。所以，更多的消费者在选择痛经治疗产品的时候，更多地会选择痛经贴、暖宝宝这种外用的保健品，即他们首选的产品能够替代治疗性的产品。当时（十几年前）为核心目标消费者人群的这部分人的年龄增长了，再加上相关企业进行了战略的调整，所以品牌的传播过程有一大段时间的断档。再加上中药这个品类本身老年化的印象也比较突出，因此月月舒痛经宝的品牌老化是更加严重的。

企业也曾在品牌年轻化方面做过努力，使用过小视频、条漫等形式，工作做了很多，但效果并不理想，缺少重点渠道内容和整体战略规划，不能直击"后浪们"的要害，走了很多弯路。（因此我们的任务就是）对话年轻人，焕新品牌活力，让产品重回年轻人视线焦点，助力 6・18 电商产品销售提升。

产品的优点是本身的功效，即对 18～25 岁这种年轻女性的原发性痛经的治愈率是很高的，企业的内部数据显示治愈率可以达到 70%。其次月月舒痛经宝颗粒作为中药，能够实现品牌名等于品类名。另外，它本身背靠仲景宛西制药集团，比较有研发实力，还有雄厚的企业实力，且生产工艺过硬。在缺点方面，它的服用周期是比较长的，是月经期前 7 天和后 3 天，然后还要服用为期 3 个月的疗程。再者，它本身是中药的一个冲剂，所以它整体的味道比较苦涩。而且，相对于止痛片来说，月月舒痛经宝颗粒的单价稍微较高（79 元一盒），而且要个周期要吃 6～8 盒。所以它从整体来说复购率也比较低。

（二）寻找灵感，迸发创意

Q：如何寻找灵感，激发创意的？前期还有哪些备选方案？中间有哪些调整的过程？为什么最后确定了"姨妈痛，找 TA 付"这个主题？

A：其实主要是从几个方面入手。首先，在前期的筹备上，我们深入地分析品牌的过往传播，采集内部的销售数据，还对市场部的主要负责人进行了深度访谈。另外，我们对一些消费者用户进行了报告的收集，还有行业案例的收集，去推进我们在策略的输出。其次，我们的小组成员进行了一个思维的碰撞，主要是在成员内部，我们也找到月月舒的目标群体，包括负责创意文案、策划等的成员都是女生，能够从自身的经验、痛经的场景与核心的痛点出发去思考，甚至我们组内还特地为了说服消费者，还找了一些不喜欢中医的小组成员，因为只有当我们说服了自己才能说服消费者。所以我们在成员的构建上尽量地贴近消费者，然后在内容的筹备上更多从宏观环境上去分析。

对于当下的药品的流行打法其实也挺固定的，比如跨界和联名，还有一些小微电影之类的。但是因为我们这一次的项目的资金周期就只有一个半月，所以对于这种大的跨界联名，我们的筹备周期是不足的，所以也没有做一些备案。更多地是以话题为主，集中在话题的引爆上。

#姨妈痛，找TA付#，前半句定位消费场景，后半句实际上赋予了产品特殊的社交属性。消费者在思考“TA是谁”以及为什么要“找TA付”时，已经拉长了受众对月月舒品牌的注意力时间，同时通过引导“姨妈痛”与不同的“TA”之间的联系，使关系成为自带流量的“社交货币”。

(三) 调查市场，把握背景

Q：在前期准备中是如何进行市场调研的？

A：首先我们是通过企业的层面上对内部的销售数据进行分析，市场部主要负责人对这个产品本身的销售情况进行了解。以及在销售的时候哪些话术以及哪些东西是最能打动消费者的。另外会着重于月月舒本身的电商评价，我们会在公开的口碑传播的平台上去了解真实用户对产品本身的评价，以及他们对于疗效各方面的关注重点所在。我们还向身边的中医药学相关的专业人士了解它的药效以及品牌的优势在哪里，为我们后期的“种草”做好内容资料的准备。

Q：在前期的问卷调查中，选项里有“找妈妈”的选项，到后期怎么变成了“找男友”“找老公”呢？“找妈妈”是当时的一个想法吗？

A：对，只是一个小点。因为我们的“找妈妈”也是“找自己”，(等同于)我们自己解决，因为后期我们选的KOL确实也没有找到是可以与“妈妈”相关联的，所以后面就没有继续使用这个话题。

(四) 深耕顾客，洞察需求

Q：是如何进行用户画像的？是通过怎样的方式洞察消费者的心理与需求的呢(问卷、大数据、咨询报告)？

A：因为我们本身的品类是很少的一个品类，它是一个医疗用品。另外，我们这一次的传播整体的预算不是特别多，所以我们的传播更多的是聚焦于内容，更多的是挖掘内容层面的话题和痛点。因为核心消费群体及应用场景均比较明确，所以主要以公开咨询报告为主，提炼他们的触媒习惯、品牌偏好、心理及情感上的共性等，具体参考报告如下：

华扬联众·《“Z世代”时尚消费洞察报告》

CBNDaTA·《2020“Z世代”消费态度洞察报告》

NEWSWHIP出品、腾讯媒体研究院编译·《“Z世代”内容消费趋势报告》

苏宁金融·《“Z世代”群体消费趋势研究报告》

数字100·《后疫情时代，“Z世代”消费者洞察》

我们通过市场洞悉得知，随着生活学习和工作压力加大，当下女性对痛经健康日益关注，《职业女性健康状况白皮书》调研结果显示，最常见的女性健康困扰中，手脚冰凉、月经、痛经占比近五成，痛经成为不少女性“健康噩梦”。其次，年轻群体的养生意识提高，加上在新冠疫情期间中药发挥了良好疗效，获得全球认证，“Z世代”也逐渐对中医、中药敞开了怀抱。

Q：为什么会想要打造“月月舒”产品的社交属性？不同的社交场景构建是基于怎样的考虑？

A：主要从消费者本身来说，首先，治好痛经本身就自带一种欢乐的属性，欢乐调性以及品跟品牌原来的快乐的调性是不谋而合的。另外，我们从企业销售数据中发现，我们的消费的人群男女占比是3∶7，其实有30%的男性是会购买月月舒这个产品的。其次，是社交需求的旺盛，在各网络社交平台活跃，追求快乐，享受关爱。而且，痛经在年轻人的话题中，本身具备段子属性，可以延展出很多年轻人感兴趣的社交话题。月月舒一直以来的品牌主张就是“要快乐不要痛”，这也和年轻人的社交属性相吻合。不同的社交场景构建主要基于对产品属性的思考，重点圈定在“男朋友”“老公”“闺蜜”这三个角色中，主要也是为跨越“姨妈痛”的性别界限，虽然来痛经看似与男性无关，但是男性身边总有女性，这其中总会有一些女性有痛经的困扰。无论如何，这个话题总能产生一定的关联度，这也是传播声量持续走高的原因。

Q：在确定“姨妈痛，找TA付”方案的过程中做了哪些工作来检验其可行性？

A：主要还是从我们内部和企业方的经验出发，因为其实这个产品品类本身是比较特殊的，所以这个话题在网上也很少有人去进行讨论，验证的方法是比较少的。

Q：对于竞品的宣传，在整个宣传过程中并没有提到很多，这也是策划考量中的一步吗？

A：因为这也是我们第一波传播主要针对内容层面，在策略的选择上，更多地注重社交属性，更加侧重患者教育这方面的内容。我们所有的竞品，如暖宝宝、暖宫贴，或者是止痛药，其实它对于痛经的缓解也是有效的。所以我们也回避了这一部分的话题，但是因为月月舒这个产品本身的功能主要是治疗，而不是缓解的。所以宣传的核心在治疗这个话题上，因此我们不去竞品对标。但是，这只是我们当时第一波传播的时候的思考，再后来，我们发现对于整体的产品的转化来说其实没有特别大的帮助——因为没有在很大的程度上打动消费者，即为什么选择月月舒，而不选择其他品牌。所以我们在第二波传播的时候，更加着重了这方面，我们第一波传播其实更加侧重于“TA付”这个话题，就一头埋进去了，就没有走出来了。

Q：对于月月舒品牌不同阶段的宣传目的有什么不同？

A：在第一个阶段，我们更多地聚焦于品牌能够重新走进年轻人的视线。这是因为像刚才说的背景，它停滞了很长的一段时间，我们第一个核心的目标在于更大程度的曝光，让年轻人知道它又回来了，有月月舒这个品牌在。为此，我们更多采用的是一些话题讨论的形式。因为如果我们讨论药治不治得好，这对于消费者来说共情是比较难的，所以我们更多地是找了一个可以跟身边人一起讨论的场景话题。在“双11”的宣传上面，除了有社交的内容赋能之外，更加多的也加入了本身的功效方面的内容，即更加聚焦于月月舒痛经宝颗粒这一产品的真实功效，以形成这个产品本身在消费者心智内的认知。“双11”我们也做了一波宣传，2021年，我们也还会继续做宣传，比如在三八妇女节，还有一些大学生的开学季，我们也会为月月舒这个品牌做更多的赋能。

Q：请问就在这个话题的选择上面，有没有曾经想过因为月经是女性话题，可以借助今年的女性主义浪潮？

A：是，我们做这个项目的时候，也有这一方面的考虑，说是使命感也好，我们本身对这个项目也有过这方面的思考。在中药层面上，我们的挑战是中医和西医的碰撞，另外的原因当然也如您所说，这个话题是一个男性和女性话题的碰撞，但是我们不希望这样的情况出现。因为品牌本身是一个传统的药企，所以如果关注太多女权的议题的话，我们也怕引发围绕产品甚至品牌本身的对立。因为月月舒本身的产品线之中，除了有女性用品之外，其实也还有其他的一些药品，所以我们就没有特别地往女权的方向走了，更多的其实是基于一种男女互相的关爱，这也是符合我们本身品牌的调性的。

（五）整合平台，细化执行

Q：您如何看待营销渠道的选择，为什么这次会选择小红书、微博、抖音这三个平台呢？有什么考虑吗？

A：主要有三个方面，首先是目标消费者的触媒习惯，目前来说我们目标消费者是主要是活跃在这三个平台，也比较容易精准地投射到这三个平台上。其次，这也是跟我们整体的传播项目的预算相匹配的，因为我们也不希望将这一部分太过分散(因为这次预算是 200 万)。最后，是传播内容与形式的匹配，因为这次是由发酵话题以及种草为主，以场景众筹为主，所以更适合话题发酵的大众舆论品牌。另外的话就是在话题"种草"方面，因为小红书和抖音也有很多的年轻女性品牌聚集，也是合适的选择平台。

Q：具体的活动设计与执行有哪些考量？（街访视频、微博海报、抖音视频、小红书文章）先后顺序有什么讲究吗？

A：这个思路主要是从话题的引爆到全民众筹。因为我们刚开始的时候是以微博为主，所以就选了一个街坊的视频打头阵，通过@拜托啦学妹捕捉"身边的人"，以社交属性为基础面向受众设问，引导受访者将"姨妈痛"与"身边的人"关联起来，构建月月舒痛经宝颗粒的消费场景，真实又具体。这种在头脑中的自然植入，更有感染力，也免去了消费者从认知到决策过程中因注意力缺失所造成的顾客流失。

然后，其实＃找 TA 付＃这个话题也挺有趣的，痛经我是自己的事，为什么要找别人？但其实我们希望通过这个话题来产生活跃的讨论。另外，其实在@拜托啦学妹之后，我们品牌的官博也发起了一轮投票，将选项范围锁定了在男朋友、老公、闺蜜、老妈和自己的身上，并通过一组"沙雕"海报，让女性话题走出自身围城。在抖音达人的选择上，我们也是根据"找 TA 付"的预设对象(男朋友、老公、闺蜜)分别构建了不同的消费场景。最后，我们通过 TGI 值更高的小红书中的中医、时尚、生活中腰部达人的深度"种草"，帮助消费者做最后的消费决策。

Q：当时为什么想到要通过 KOL 的方式？在选择 KOL 的过程中有哪些前期工作？不同平台上选择的 KOL 会有不同吗？（微博似乎更倾向于选择高校 KOL，如@拜托啦学妹、@休闲璐、@正常人办不出这种事儿、@银教授、@校园聚焦；而抖音 KOL，如@Honeycc、@唐梓 Neil 的受众面向似乎更加广泛。）

A：为了通过 KOL 的粉丝黏性去提升我们整体的话题的热度，这是我们选择 KOL 的首要原因。另外的话也是为了更加贴近消费者发布一些真实的种草帖去提升品牌信用度。因为现在消费者对于内容的选择，其实更希望一些更软的内容的输出，他们也比较容易接受，因为以往的药品传播的思路其实更多地着重在硬广的投放上。我们可以看到，打开屏幕、打开电视，往往都会有很多药品的广告。但是，在现在这种分散化的传播形式下，通过 KOL 这种黏性更高的以及说服力更强的形式去进行内容营销，其实能够达到更好的品牌传播效果。另外，我们选择这些 KOL，也是为了具象化产品它本身的用户形象。因为我们选择了很多美妆类的博主，还有一些生活类的达人，他们都是非常注重外在形象的，也是为了让消费者不要认为月月舒就是一个很老派的品牌，也是为了用户形象的提升。在KOL内容能力的研究上，对其粉丝画像、黏性的了解和品牌接受度方面进行沟通，但过程并非一帆风顺，在百万粉丝头部KOL中，OTC药品的拒绝率近七成，能进行合作的不能宣传药效，只能露出几秒钟的硬广；拥有10万粉丝的中腰部KOL虽然能进行产品“种草”，但不能带销售导流，让我们一度陷入了选择的困境。微博上主要以能引发话题讨论的KOL为主；抖音因为需要演绎“找TA付”场景，所以找了一些具备内容属性的剧情类博主。

Q：和KOL的合作方式如何选择？对接的过程大概是什么样的？内容是如何敲定的？

A：首先，我们先评估完KOL的执行力是否能够达成合作，双向选择都通过之后，就会进一步沟通我们所需要输出的核心的内容方向。其次，需要他们去输出一些内容，然后在内容中，我们会根据一些核心的产品思路以及我们需要传达的核心内容，去进行调整，或者说微调。

Q：在准备过程中是否存在预算方面的问题？如果存在，是怎样协调的呢？

A：因为一开始客户的预算就是既定的，我们整体的传播计划也是根据既定的预算去制订最优分配方案，所以过程中没有太大问题。

（六）其他补充内容

Q：现在女生好像来初潮的时间应该是10～12岁左右。有没有考虑过把目标稍微下探？

A：有的，这也是月月舒2021年产品部那边给我们的建议——消费者年龄层的下探。可能再往上扩大3岁左右，达到15～25岁。

Q：之前听您说过第二波宣传的时候就已经考虑到B站了，为什么第一波的时候没有考虑到B站？

A：其实因为也是三个层面，一个是内容和形式。因为B站相对来说是更加封闭的一个平台，它进行一些讨论比较难。另外的话，我们在当时的预算范围内，其实也希望尝试更加多元的平台。然而因为我们是第一次做这个品牌，无论是我们品牌还是我们这个行业来说也是第一次做，所以我们主要选了三个比较大的，然后逐步地去看。我们做完抖音的宣传之后，发现抖音宣传的效果没有那么好，所以我们也调整了策略，打算在B站尝试一下。

Q：三个平台感觉好像QQ的宣传策略会不太一样，就个人感觉小红书上面好像它的平台审核是不是没有那么严格？是不是小红书对于KOL发布的内容的审核会稍微宽松一点？

A：是的。有时候会稍微宽松一点，但是它也是会限流的。药品类的话，因为小红书现在审核其实也是越来越严格了。但是我们更多地会以一种用户的口吻去输出内容，也帮我们规避掉很多限流的风险。就我们这一次的发布中，发布的10多篇帖子都没有一篇限流。

Q：对于微博上的动图，我是想问一下当时改了几稿，之前有没有什么不太满意的版本？

A：这个稿子我们完成得还挺顺利的，因为那个场景是我们碰撞出来的，比如讲痛经的话题，找到闺蜜，可能我们会通过一个满血复活的场景，所以还挺顺利，而且客户也给了很大的包容度，所以整体出来还算是顺利的，真的没有说改了好多稿之类的。

（七）问题解决及总结回顾

Q：遇到“热搜被网信办勒令停更7天”的情况时，是如何迅速调整策略的？还有其他困难吗？是如何解决调整的？

A：首先是确认这次的广告热搜是否同步被停（就是热搜点进去的时候，还有没有我们品牌的专区）；然后6·18刚好也是各大快消品牌资源抢夺的一个重要时间节点，所以我们快速地做出了应对；然后锁定了评述的流量，也与微博平台进行沟通，给我们弥补相关的流量，才获得了在所有品牌的热搜。我们及时锁定了资源，这保证了我们整体传播的正常运行。在第二个层面，因为换了广告投放的形式，所以我们也要有替换的素材，因此我们换了街访的内容，同步进行了品牌设计的投放，以此去扩大这个话题的影响力。

Q：那就是在整个实施的过程中，除了热搜被停更之外，还有哪些问题？

A：主要还是达人合作的问题。做OTC药品的传播实在是太难了。现在我们负责的各种品牌与达人合作都要走平台审核。而在平台审核的过程中，如果我们设计一些药品疗效方面的宣传内容的话，其实都会容易被平台取缔。所以其实在这个过程中也限制了我们在一些内容上面的输出，这是最主要的一个问题。

Q：整个策划耗时多久？其中经历了怎样的阶段？有哪些部门参与了此次策划？部门之间、人员之间是如何统筹协调的呢？

A：大概耗时一个半月。筹备期比较长，大概 2～3 周，主要是确定达人跟我们的整体的传播的策略。执行期就是一周左右，总结的反馈期也是一周左右，主要是由我们业务部门负责创意、策划、文案等。然后还有媒介部门，主要负责一些 KOL 的商务沟通以及一些平台媒介的采买。另外还有设计部门负责我们的一些设计相关物料的输出，主要是以业务端为核心输出，各部门发挥各自职能的模式进行项目推进，但因为这个项目属于公司的重点项目，所以公司也提供了比较多资源的协助。人员配置都是比较有经验的执行团队。

Q：项目实施最后的成果如何？给品牌带来了什么？

A：我们这一次的传播效果还是比较明显的，总曝光量有 1.7 亿，然后阅读量有 2 400 万。互动量也是挺明显的，整体的传播的互动有 32.6 万。然后也引发了很大量网友的讨论。“种草”效果很明显。在 6·18 期间，品牌的交易量上升了 67.65%，主要是在传播效果和产品的销售上。给品牌带来最大的一个好处就是打开了他们的营销思路。像刚刚我们所说的过往的药企，它整体的品牌传播都相对传统一点，很少有话题和内容上的营销，所以这次我们也是提升了整个品牌的营销思路，让更多的消费者参与到我们这个话题、品牌的内容讨论。

Q：后续有没有乘胜追击的一些宣传举措呢？后期团队对方案有哪些总结和回顾吗？之后还会负责月月舒的项目吗？有没有后续的一些打算？

A：第一波传播主要是让品牌重回年轻人的视线，我们选择了更容易引发互动和讨论的话题，所以在产品转化上还有提升空间，所以第二波的“双十一”传播我们吸取教训乘胜追击，一方面联合抖音上的专业医生、各大生活美妆达人深化品类教育；另一方面在年轻人喜爱的社交平台 B 站，推出医药界首支原创 Rap《Bye Bye 姨妈痛》，以玩“梗”的方式与年轻人产生共鸣。我们也更加注重进行传播和销售的闭环思考，希望达成品效合一的传播。

虽然这次项目体量属行业中等水平，但在我们的理解里，这是一场打破代际沟通障碍、为中医药品牌年轻化带来最大可能性、助力中医药文化现代传承的战役。同时也是一次女性生理差异与大众认知的碰撞，通过社会化内容打破性别沟通障碍、刻板印象，为女性经期健康关怀争取舆论发酵。2021 年我们还会继续服务月月舒，和品牌一起努力共创！

（访谈人：叶琲、芦苇、何瞻洵、刘沛沛、颜慷頔）

第五章

新动力×小度智能屏 1S：“让陪伴无须久盼”，情感驱动营销突破“银发”圈层

截至2020年5月，“银发人群”移动活跃设备用户规模超过1亿，“银发经济”呈明显趋势，中老年人圈层营销已成为品牌营销的重要一环。魅可(MAC Cosmetics)通过九旬模特艾里斯·阿普费尔吸引中国老年消费者、阿里淘宝高薪聘请老年KOL……各行各业的品牌纷纷入场“银发”市场蓝海，百度旗下的智能音箱品牌小度也不例外。

2020年京东6·18购物节期间，新动力(北京)文化传媒有限公司以#让陪伴无须久盼#为传播话题，代理小度对老年人群进行圈层营销，在传播层以抖音为主阵地，以微博、微信为分战场，通过营销事件促进产品营销；渠道资源层聚焦中老年人群垂直平台，通过强势曝光资源引流电商导购。

在营销的新兴互联网战场上，传统营销需要从战略设计到实施路径系统升维。基于此，中国人民大学广告学院和中国广告研究院提出新营销理论，“3C－3I”模型总结了新营销的三大机制和三大原则；“3C”指内容生产机制(content)、传播分发机制(communication)和销售转化机制(conversion)，分别对应消费者的自我(I)、网络技术(internet)和瞬时连接(immediacy)。

本次营销方案精准触达人群5 000万人次，即总销售额超过300万元，是互联网环境下成功践行“3C－3I”模型的鲜活案例。

第一节 案例复盘

“时空”的陪伴，使沟通升温

一、行业概况

（一）智能家居与智能音箱市场

“智能家居（smart home，home automation）是以住宅为平台，利用综合布线技术、网络通信技术、安全防范技术、自动控制技术、音视频技术，将家居生活有关的设施集成构建成高效的住宅设施与家庭日程事务的管理系统，提升家居安全性、便利性、舒适性、艺术性，并实现环保节能的居住环境。”①

首个“智能型建筑”于1984年在美国康涅狄格州哈特佛市诞生，②虽然这一概念诞生已久，但在中国市场依旧略显水土不服。智能音箱的推出，无疑为智能家居的推进注入了新鲜的活力。作为智能家居的入口产品，智能家居场景可从人与音箱的互动开始。

“智能音箱是一个音箱升级的产物，是家庭消费者用语音进行上网的一个工具，比如点播歌曲、上网购物，或是了解天气预报，它也可以对智能家居设备进行控制，比如打开窗帘、设置冰箱温度、提前让热水器升温等。”③

2014年，亚马逊推出第一代Echo，打响了智能音箱竞赛的第一枪；目前随着智能音箱市场的不断扩大，设备业务型公司、知识业务型公司、搜索业务型公司、互联网类公司④都推出了多款智能音箱产品，各有特色，中国智能音箱市场迅

---

① 胡正军，关建国. 浅析智能家居[C]//. 中国土木工程学会燃气分会应用专业委员会、燃气供热专业委员会2014年年会.

② Joep Cornelissen. Corporate Communication：A Guide to Theory and Practice[M]. London：Dorset Press，2014

③ 邵伟. 智能音箱设计研究[J]. 南方农机，2019(14)：251.

④ 中国互联网数据资讯网. 中国智能音箱行业深度发展分析2019[EB/OL]. [2020－12－23]. http://www.199it.com/archives/924809.html.

速成为一个只有大品牌的战场。目前智能音箱主要具备以下六项功能：低端蓝牙音乐、高端音乐、有声内容、购物、家居、AI助理，其中小度在家1S集合了可视电话、移动电视、智能音箱三重功能，5米拾音、儿童模式极大拓展了使用场景。

“2018年国内智能音箱市场的出货量达到2 200万台，近乎是2017年市场规模的15倍，占全球市场总份额的10%，成为全球第二大智能音箱市场”；①“2019年国内智能音箱市场出货量达到4 589万台，同比增长109.7%，继续延续了高增长态势，成为新兴‘爆款’消费电子品类，其中市场份额向头部企业集中，阿里巴巴、百度和小米的市场份额占比超过9成。”②中国智能音箱用户近0.86亿人，整体规模全球排名第一，但其普及率只有10%，远低于普及率较高的美国和英国的26%和22%，英国用户规模仅为0.13亿人，中国还有较大市场可以开拓。

表5-1 国内主要智能音箱概况③

品牌	发布/发售时间	产　品	定　价	处理器
亚马逊	2014年11月	第一代Echo	179.99美元	MTK MT8563
	2017年10月	第二代Echo	99.99美元	/
		Echo Plus	149.99美元	MTK MT8163V
	2017年12月	Echo Spot	129.99美元	/
	2018年9月	Echo Dot	49.99美元	MTK MT8163四核
		Echo Show	229.99美元	Intel Atom Z8350四核X86

① 丁俊杰.品牌基因工程研究红皮书　家电及消费电子序列2017[M].北京：中国传媒大学出版社，2018.

② 搜狐焦点.智能音箱成新兴爆款　头部厂商市场份额占比超9成[EB/OL].[2022-07-29].https://house.focus.cn/zixun/c1d735f01525d6f8.html.

③ 艾瑞网.近五亿非网民将成智能音箱新用户？小度已经在行动[EB/OL].[2020-12-23].http://news.iresearch.cn/yx/2020/04/322382.shtml.

续　表

品牌	发布/发售时间	产　品	定　价	处理器
灵隆科技(京东和科大讯飞合资)	2015年8月	叮咚智能音箱	/	全志R16
	2017年6月8日	叮咚TOP	预约价299元,首发价399元	全志R16
		叮咚二代	定价699元	全志R16
	2018年5月10日	叮咚play	售价1 899元	Intel Atom Z8350四核X86
		叮咚mini2	售价299元,尝鲜价79元	MTK MT8516
喜马拉雅FM	2017年6月20日	小雅AI音箱	预售价699元,市场价999元	/
	2018年12月24日	小雅Nano	售价199元	瑞芯微OS1000RKAI
阿里	2017年7月5日	天猫精灵X1	定价499元,双11期间99元	MTK MT8516
		天猫精灵M1	定价299元	MTK MT8516
	2018年5月27日	天猫精灵方糖	定价199元,首发价89元	MTK MT8516
		天猫魔盒4/4A/4 Pro	售价399元	晶晨Amiogic S905M2/S912
		天猫精灵儿童智能音箱	售价199元	/
小米	2017年7月26日	小爱同学	售价299元	晶晨Amiogic A112
	2018年3月27日	小爱音箱mini	定价169元,米粉节期间99元	全志R16
	2019年2月20日	小爱触屏智能音箱	299元	MTK MT8167A

续 表

品牌	发布/发售时间	产　品	定　价	处理器
出门问问	2017 年 8 月 24 日	Tichome	淘宝众筹价 649 元起	MTK MT2601
百度	2017 年 11 月 16 日	raven H	定价 1 699 元(已停产)	/
	2018 年 3 月 26 日	小度在家	售价 599 元,双 11 期间 299 元	全志 R58
	2018 年 6 月 11 日	小度智能音箱	尝鲜价 89 元,售价 249 元	晶晨 Amlogic A113X
	2018 年 11 月 1 日	小度智能音箱 Pro	抢鲜价 169 元,售价 399 元	晶晨 Amlogic A113X
	2019 年 2 月 27 日	小度在家 1S	尝鲜价 329 元,售价 499 元	MTK MT8765V
苹果	2018 年 2 月 9 日	Home Pod	349 美元(降价为 299 美元)	苹果 A8
苏宁	2018 年 2 月 7 日	小 Biu	售价 299 元	Ingenic 北京君正 X1830
腾讯	2018 年 4 月 20 日	腾讯听听	定价 699 元	全志 R16
	2018 年 12 月 18 日	腾讯叮当有屏智能音箱	售价 899 元,京东尝鲜价 699 元	MTK MT8167A
网易	2018 年 7 月 23 日	网易三音云音箱	众筹价 799 元,发售价 1 399 元	/
三星	2018 年 8 月 11 日	Galaxy Home	售价 349 美元	/
Facebook	2018 年 10 月 8 日	Portal、Portal Plus	199. 349 美元	/
Google	2016 年 10 月 5 日	Google Home	129 美元	Mervel Armada 88DE 3006 1500 Mni Plus
	2017 年 10 月 19 日	Google Home mini	49 美元	Mervel Armada 88DE 3006 1500 Mni Plus

续　表

品牌	发布/发售时间	产　品	定　价	处理器
Google	2017年10月4日	Google Home Max	399美元	/
	2018年10月19日	Google Home Huo（后改名：Nest Huo）	149美元(降价为129美元)	晶晨 Amlogic S905D
华为	2018年10月26日	华为AI音箱	售价399元	MTK MT8516
荣耀	2018年12月26日	荣耀YOYO	售价199元	MTK MT8516
斐讯	2018年3月9日	斐讯AI音箱R1	售价2 499元	瑞芯微RK3229
古古美美	2018年3月	GGMM E2	售价299元	MTK MT688AN
猎豹移动	2018年3月21日	小豹AI音箱	售价499元	瑞芯微RK3229

资料来源：知乎《国内智能音箱品类这么多》https://zhuanlan.zhihu.com/p/74515625.

（二）小度与"小度在家"智能硬件产品情况

"小度"是百度旗下的智能硬件品牌。从2014年"小度机器人"的现身、2015年机器人助理度秘的发布开始，"小度"品牌发布了一系列载有小度系统（DuerOS）的智能产品。截至2020年12月22日，其主要产品有8款智能屏、7款智能音箱、1款智能耳机及其他5款智能周边（包括小度智能灯泡、按钮、车载支架、电视伴侣、遥控器等）。

"智能屏"系列产品的起点就是"小度在家"。2018年3月，由百度联合小度在家合作研发的家庭场景智能硬件——百度AI首款带屏智能音箱"小度在家"正式发布。"'小度在家'搭载了最新的百度DuerOS对话式AI操作系统，融六麦远场语音、优质音箱、触摸屏、摄像头于一身。"百度创始人、董事长兼CEO李彦宏认为："AI不仅可以赋能传统硬件产品，更可以通过跨界催生出新的物种，'小度在家'就是由AI催生的新产品形态，是中国市场革命性的AI新物种，也将打开新的应用场景；这款智能音箱背后的逻辑是：AI技术能够让老百姓感知、让

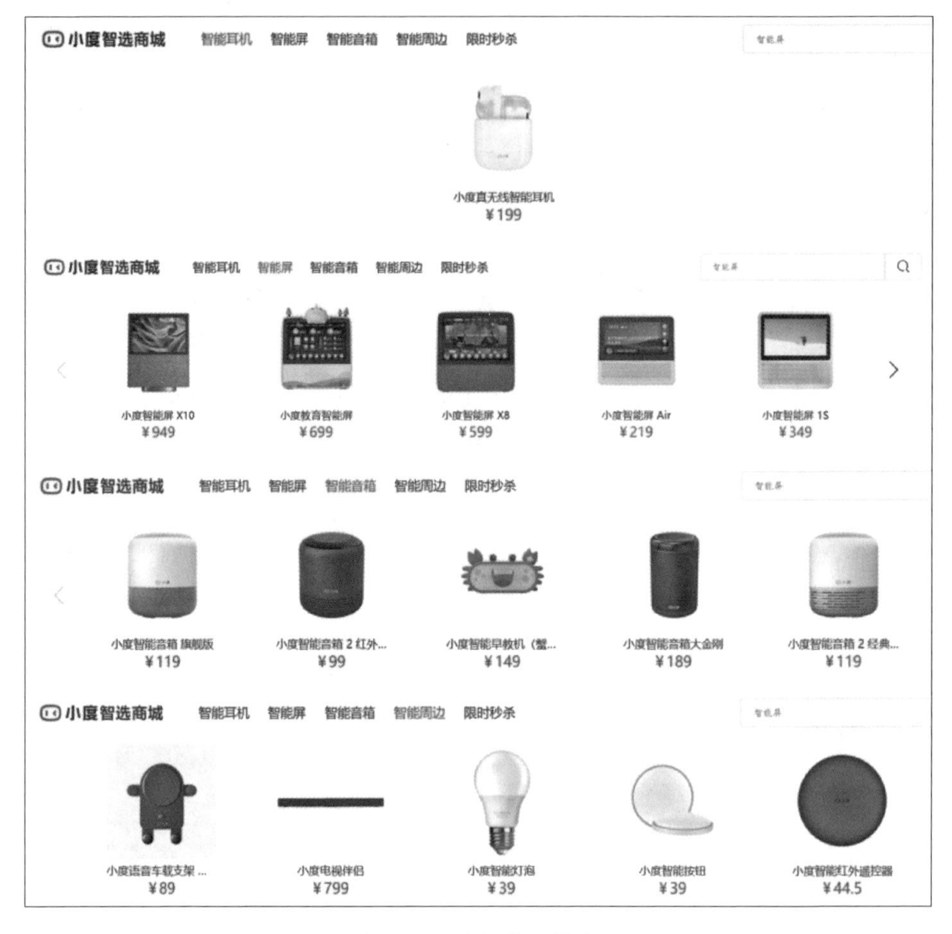

图 5-1 百度智能硬件产品

家庭感知。"[①]度秘事业部总经理景鲲和小度在家 CEO 宋晨枫也多次强调："'小度在家'是一款最适合中国家庭使用的人工智能产品。"[②]

2019 年 2 月，小度新品发布会发布"小度在家 1S"。"小度在家 1S 是百度发布的智能视频音箱，集可视电话、移动电视、智能音箱功能于一体"，相比于"小度在家"，无论在外观上还是音质、内容资源等上都不小的提升。"小度在家 1S"采用全新设计与硬件配置、对话式人工智能操作系统，注重音质的优化；同时，"小度在家

① 李浩. 技术赋能行业 AI 创新落地加速——百度发布"小度在家"智能视频音箱[J]. 科技中国，2018(4)：92-93.

② 凤凰网综合. 小度在家智能视频音箱亮相京城 提升家庭幸福指数[EB/OL]. [2022-07-29]. http://health.ifeng.com/a/20180328/40293657_0.shtml.

1S 通过与多品牌合作，已拥有千万级音乐曲库，海量视频内容及优质的有声及儿童教育资源，更接入了领先知名音频平台喜马拉雅的内容资源，获得了海量的音频资源"。[①] 2020 年，"小度在家 1S"更名为"小度智能屏 1S"。

（三）品牌诉求与理念

1. 品牌诉求

• 使命："用人工智能让人和设备的交互更自然，让生活更简单美好"。[②]

• 愿景：打造无处不在的人工智能助手。

• 产品价值观：为帮助用户而生，做用户贴心可靠的助手。

• 宣传文案："小度在家，乐趣在家"。小度致力于摆脱普通家电产品的框架，成为在中国家庭内部不可或缺的存在，让生活更滋润、更便利；此外，小度与物联网相连，不仅可以发挥家电产品的枢纽作用，还可以成为人们的对话对象。

• 产品设计理念：科技，艺术，温暖。

迄今为止，小度已经推出了小度人工智能音箱 1S、小度人工智能音箱 Pro、小度在家 1S、小度在家 1C 等产品，均为塑料＋布料材质，同时保持了色彩鲜艳、细腻简约的设计风格。

2. 品牌理念

小度从 2020 年起，主打"陪伴"理念。小度产品的理念在于对于父母的"陪伴"，这种陪伴体现在两个方面，一方面，是在情感层上进行"陪伴"，体现人文关怀，激起情感共鸣和讨论；另一方面，在产品使用层面上深化"陪伴"体验，将"陪伴"这一主题植入小度产品本身的应用场景。

二、竞品分析

当前，市面上的智能音箱在功能上高度同质化，主要区别在于企业背后依靠的平台资源不同。功能上的细微差异可能在于：小爱同学智能家居方面更强；天猫精灵可以购物；腾讯叮当视频类资源更多，音频功能更强。

---

① 环球网. 百度正式发布新品小度在家 1S　喜马拉雅海量优质内容加持[EB/OL]. [2022-07-29]. http://it.people.com.cn/n1/2019/0301/c1009-30953028.html.

② 搜狗百科. 百度智能生活事业群组——搜狗百科[EB/OL]. [2022-07-30]. https://baike.sogou.com/v167525434.htm?fromTitle=%E7%99%BE%E5%BA%A6%E6%99%BA%E8%83%BD%E7%94%9F%E6%B4%BB%E4%BA%8B%E4%B8%9A%E7%BE%A4%E7%BB%84.

图 5－2 Redmi 小爱触屏音箱外观

（一）小爱触屏音箱

“小爱”作为小米 AIoT 战略中的枢纽型产品，已经以智能语音助手的形式嵌入各式各样的小米产品，成熟的技术使得此次小爱触屏音箱的研发不仅仅是物理材料的相加这么简单。小爱触屏音箱的屏幕为 4 英寸，小米科技创始人雷军称之为“迷你电视”，可以欣赏海量影视资源，并接入了 QQ 音乐库。[①] 目前小爱触屏音箱还未宣布上市，只是开放公测。

“在外观方面，Redmi 小爱触屏音箱 8 英寸版采用 8 英寸 IPS 屏幕，可视角度为 178°，屏幕上方为 200 万像素摄像头，顶部为音量加减键、开关屏幕键和两个麦克风，下方为扬声器，整体设计简洁”。

“在内容方面，Redmi 小爱触屏音箱 8 英寸版的音频、视频等内容足够丰富。音频方面，其还支持 QQ 音乐、小米音乐，内置得到、喜马拉雅、蜻蜓 FM 等热门平台。值得一提的是，在视频方面除了优酷、腾讯、爱奇艺，Redmi 小爱触屏音箱 8 英寸还预装了抖音、B 站(Bilibili)和芒果 TV”。

“在智能家居方面，Redmi 小爱触屏音箱 8 英寸版内置第三代小爱同学，除了广大用户熟悉的小米智能家居生态体验，还支持连续对话、就近唤醒、声纹识别功能，新增的手势识别功能可以使音乐暂停或继续，使视频暂停、继续、快进 15S、快退 15S，接听或挂断电话；关闭闹钟、收藏视频等。另外，小米还和抖音独家联合开发手势操控，包括自动翻页播放、隔空点赞等功能”。

“同时，Redmi 小爱触屏音箱 8 英寸版搭载蓝牙 mesh 网关功能，支持智能设备一键配网，还支持小爱同学一句话搜新设备，无须手动输入密码自动配网。”

“基于摄像头，Redmi 小爱触屏音箱 8 英寸版还围绕儿童模式提供新体验，包括童脸识别、专属儿童桌面、四重儿童防沉迷、过滤内容、开启蓝光护眼、距离提醒模式等。当孩子出现在屏幕前，Redmi 小爱触屏音箱 8 英寸版会自动进入儿童模式；当大人带着孩子一起出现，则会弹出提醒，有用户选择是否进入。退出儿童模

① ZNDS 资讯. 小爱触屏音箱正式发布：可查看监控画面　支持免费语音电话[EB/OL]. [2022－07－29]. https://news.znds.com/article/36509.html.

式则需要对成年人进行人脸识别，或者在 APP 上进行操作"。

"在儿童内容方面，Redmi 小爱触屏音箱 8 英寸版支持凯叔讲故事、宝宝巴士、悟空识字等热门内容，覆盖 3 万个视频百科、26 万集动画片，1.7 万绘本、1 400 万张图片百科等优质内容。并且，其能同步用户已经购买的小米电视会员儿童频道内容，在音箱上也能观看《小猪佩奇》《汪汪队立大功》。此外，其还与 51Talk 联合首发，开展真人外教 1 对 1 互动教学(仅限在小爱触屏音箱上使用)"。

"在视频通话方面，Redmi 小爱触屏音箱 8 英寸版支持多设备双向视频通话，可以和手机(拨打手机里的小爱音箱 APP)、米兔儿童手表、小米电视视频通话。小米电视的适配列表可在小米官方的'电视超人'APP 中查询，儿童手表支持的型号有米兔儿童电话手表 3C、米兔儿童学习手表 4Pro"。

"随着 Redmi 小爱触屏音箱 8 英寸版的发布，小米完成了小米 AI 音箱、小爱蓝牙音箱随身版、小爱音箱万能遥控板、小爱音箱 Pro、小爱触屏音箱、Redmi 小爱音箱、Redmi 小爱触屏音箱等在内的双品牌、全产品线布局"。①

（二）天猫精灵 CC7/ CC10

2019 年 4 月 18 日，阿里巴巴正式发布了旗下首款带屏音箱天猫精灵 CC。"天猫精灵 CC 采用 7 英寸 IPS 显示屏，横向可视角度达 178°，屏幕显示色温控制在

	天猫精灵CC	天猫精灵CC7
产品型号	TG_S1A	TG_S2B
屏幕 6.95英寸 分辨率1024*600	✓	✓
扬声器 高保真喇叭	✓	✓
麦克风	3 MIC	2 MIC
摄像头	800万	200万
电池	5000mAh	无电池

	天猫精灵CC[illegible]	天猫精灵CC10
产品型号	TG_S2A	TG_Z04
屏幕	6.95英寸 分辨率1024*600	10英寸 分辨率1280*800
扬声器 高保真喇叭	✓	✓
麦克风	2 MIC	2 MIC
电池	无电池	无电池

图 5-3　天猫精灵产品参数

① 环球网. Redmi 小爱触屏音箱发布，将 8 英寸带屏音箱带入 300 元时代[EB/OL]. [2022-07-29]. https://3w.huanqiu.com/a/c36dc8/3xYEzUW9H6E.

7 000 K 左右；采用独创的声学结构设计，搭载高精度钕磁全频单元＋双异构体无源辐射器，由金耳朵团队调音。内置 A35 CPU，4 核 32 位，主频达 1.5 GHz；内置 NEON 多媒体处理引擎"；"在内容方面，天猫精灵 CC 拥有大量音频、视频资源，与多家知名版权方、重点 IP 内容签订合作协议，引入多家视频内容合作方，如优酷、bilibili、哇哦视频、下厨房等"；"在全局语音交互方面，天猫精灵 CC 采用环形三麦克风阵列远场语音设计，包含三只电声行业顶级品牌娄氏差分型硅麦，NLP 技术和算法"；"另外，天猫精灵 CC 还支持隔空手势操作、自动抓拍、精灵识屏、融合通讯、家庭监控等功能。"①

"在整体的外观设计上，天猫精灵 CC 的顶部配有三个麦克风组成的麦克风阵列，以及四个实体按键，它们分别是锁屏、电源键、音量＋、麦克风静音、音量－，底部则有四个软胶脚垫以及一些小开孔。它配备了一块 7 英寸 1 024×600 分辨率的 IPS 屏幕（系统中还带有护眼模式），屏幕的顶部附有一颗 800 万像素摄像头可用于视频通话，并且具备 AI 美颜算法，同时摄像头旁边还有一个状态指示灯，以便用户可以了解摄像头是否处于开启状态。在天猫精灵 CC 上，它基于屏幕特性延伸出六种基础功能，包括看视频、听音乐、听电台音频、儿童启蒙、淘宝购物以及刚刚提到的通话功能，而像以往天猫精灵系列产品的语音指令以及控制智能家居的功能自然也囊括其中。"②

（三）腾讯叮当智能屏

"腾讯叮当智能屏是一款获得 DTS Stereo Plus 认证的音箱"。③ 腾讯叮当智能屏的左右两侧都有两个发声单元，这使得音箱声音能够生成更宽广，更有纵深感的声场。另外，"产品搭载多频段限幅器，可保护组件并保证声音质量"。④ 同时，腾讯叮当智能屏内置 AI 语音助手，能够支持语音唤醒。

---

① 680 时间财富. 天猫精灵 CC 和 CCL 区别[EB/OL]. [2022-07-29]. https://www.680.com/life/2001/jiadian-219705.html.

② 林树洽. 天猫精灵 CC 图赏：在"能听会说"的基础上，还多了"能看能触"[EB/OL]. [2022-07-29]. https://www.ifanr.com/1163473.

③ 腾讯网. 腾讯叮当智能屏上手体验：视频资源多语音对话流畅[EB/OL]. [2022-07-29]. https://new.qq.com/cmsn/20181219/20181219005306.html.

④ 汽车之家. 腾讯智能屏，视听新感受[EB/OL]. [2022-07-29]. https://club.autohome.com.cn/bbs/thread/48b961bd0691eb9f/83953074-1.html.

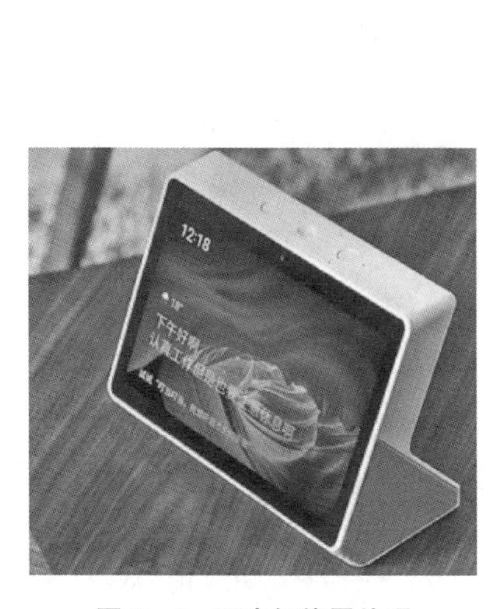

图 5-4 叮当智能屏外观

艾媒金榜 iMedia Ranking

2018 中国智能音箱品牌排行榜(TOP10)

排名	品牌标志	品牌名称	公司名称	金榜指数
1	DingDong	京东叮咚	京东、科大讯飞	92.52
2	天猫精灵	天猫精灵	阿里巴巴	91.19
3	MI	小爱同学	小米	88.63
4	小度	小度在家	百度、小鱼在家	86.12
5	腾讯听听	腾讯听听	腾讯	80.91
6	EDIFIER	漫步者智能音箱	漫步者	79.62
7		小雅	喜马拉雅	78.10
8	SONY	索尼智能音箱	索尼	77.33
9	猎豹移动	小豹AI	猎豹移动	76.25
10	DOSS	DOSS智能音箱	DOSS	75.69

图 5-5 2018 中国智能音箱品牌排行榜

资料来源:艾媒金榜①

配置方面,腾讯叮当智能屏采用了分辨率为 1 280×800 的 IPS 屏幕,内置 1+8 GB 的存储,采用了 ARM A35 四核心处理器、定焦 500 万像素镜头、2×1.75 英寸全频喇叭等。

在内容方面,腾讯叮当智能屏支持儿童模式、童音对话、纯净保护,还支持视频通话,以及智能家居联动等。软件上支持腾讯全系列视听产品,包括 QQ 音乐、腾讯视频、腾讯新闻、腾讯体育、企鹅 FM、懒人听书等。

---

① 艾媒金榜(iMedia Ranking)是艾媒咨询旗下基于大数据的权威第三方消费评价品牌。艾媒金榜致力于通过深度大数据挖掘与分析,构建科学权威的品牌评价体系,针对品牌进行综合排名,为消费者提供中立、客观的相关品牌信息及购物消费指南。

表 5－2　2019Q3 全球智能音箱市场出货量按厂商划分(百万台)

厂　商	Q3′19 出货量	Q3′19 市场份额(%)	Q3′18 出货量	Q3′18 市场份额(%)	年同比增长(%)
亚马逊	10.5	30.0	7.2	31.8	46
谷　歌	6.0	17.0	5.2	22.8	16
百　度	4.3	12.2	1.9	8.2	130
阿里巴巴	3.9	11.2	2.2	9.5	82
小　米	3.3	9.6	1.9	8.4	76
苹　果	1.8	5.1	1.1	4.9	63
其　他	5.2	14.9	3.3	14.5	59
总　计	34.9	100	22.6	100	54.5

资料来源：Strategy/Analytics Smart Speaker and Screens service.

三、创意与执行

(一) 营销目标

这一项目旨在在“银发经济”崛起的市场环境中，以 6・18 电商大促为契机，借势流量集中爆发红利，通过传递小度智能屏 1S 产品信息及促销信息，打造小度爆款产品；强化小度对于中老年人群的使用价值，扩大中老年人群对产品价值的认同；拓展中老年消费者圈层，促进产品知名度及市场占有率的双效提升。

(二) 人群界定

团队基于品牌方提供的用户画像进行数据分析，小度智能屏 1S 产品的用户以家庭用户为主，其中儿童和老年人都是重度使用人群。基于品牌方提供的消费者画像数据分析，购买人群以中年女性为主，老年人占比偏少。

通过对比小度智能屏 1S 的消费者画像和用户画像可以发现，中老年圈层人群巨大的消费潜力尚待挖掘。团队负责人介绍，营销也侧重于对成年子女的教育，触达家庭核心购买力，激发他们孝敬和陪伴父母的同理心，从侧面扩大小度产品在中老年人心中的认知，并促进消费。

团队负责人说：“小度智能屏 1S 不是生活刚需产品，而是能够提高生活品质的产品，因此需要一定的购买力。老年人购买力较强，有钱又有闲；中老年的子女人群基本已进入职场，也有稳定的收入，具有一定的购买力。"

（三）核心创意

团队负责人说："这一次更聚焦于情感层面，是想要去聚焦于中老年这一部分群体。首先，老年人是一个特殊的群体，团队要去触达这一类人，更多地还是要通过他们自身和中老年人的子女，其痛点更多的是老年人在情感陪伴的缺失。此外，2020年初的新冠疫情给了团队成员一个很深的感受，很多年轻人因为疫情的原因不得不跟父母待了很久，说自己已经好多年没有在家里面待这么久了，我们发现这种社会心态刚好能够作为产品卖点和社会需求的一个衔接点。"

小度今年整体的一个定位的侧重陪伴层面，作为工具更加拟人化、生动化、形象化，使用户将其作为一个家庭成员的存在。除了功能上的满足，在和它进行一些简单的对话时，它会做出比较无厘头的、有趣的回复。

综上，团队结合团队成员的切身体悟和对社会的观察的同时；另一方面，兼顾了小度本身的产品价值，得出"陪伴"的主题。从产品与目标人群的契合点出发，结合不同使用场景下的产品功能，针对老年人群及子女传递产品的核心价值，突出"小度在家，陪伴在家"的品牌理念。

（四）风格设定

1. rational message style

营销团队基于小度智能屏1S的技术和功能，在营销过程中突出产品对于中老年人群的独特优势、功能，以及其与实际使用场景的契合。围绕主题进行宣传时避免手机具有的功能点，突出小度智能屏1S对于老年人的不可替代性。

例如，抖音短视频和创意场景海报多角度、多领域地在老年人的生活片段中植入小度的使用场景，趣味化、生动化、形象化地塑造小度丰富的音影娱乐、实用百科、智能助手等功能的产品价值。在线下，则使用肚肚机定制开发智能互动体验程序，使目标人群亲身感受其功能。

2. emotional message style

在理性的优势主张之外，营销团队传递了"小度在家，陪伴在家"的品牌理念，运用"陪伴"的情感诉求来调节目标人群的情绪反应。例如，以"你多久没有像这样陪伴父母了"为主题的情感视频通过演员演绎中老年人群的孤独及子女采访唤醒中老年人的子女对父母陪伴缺失的关注，借势20家蓝V联动、抖音话题挑战赛及KOL流量有奖征集活动，号召网友在抖音上晒出家庭陪伴片段，通过情感灌输塑造共鸣，拉动消费者参与其中。

主题视频中的演员是团队成员，老奶奶的角色由一个演员扮演。其中子女的回答，是团队成员心中最真实的感受，是真情实感，而不是请演员进行的刻意讲述。团队在制作视频时考虑采用采访形式，也是希望视频能够更加真实。

（五）媒介选择

1. 传播层

传播层以营销事件促进产品营销——聚焦核心用户圈层，筛查用户集中的品牌、媒介、资源渠道，以抖音为主阵地，以微博、微信为分战场，造就了一次多方资源联动的品牌事件。

团队负责人表示，社会化平台上传播的重点阵地是抖音，这是现在很多年轻人和老年用户都会使用的平台。

此外，团队还利用了一些社群，覆盖两类群体。社群的性价比较高，机动灵活，成本低，特别是 KOC 类的社群。具体操作上，本次营销活动选取具有代表性的 KOC，如老年大学核心人物、工会负责人，他们可能会负责好几个相关中老年人社群。团队找到群主后，会发布一些相关内容信息，就能够覆盖到这部分中老年人。团队筛选一些与目标群体相匹配的社群进行相应投放。另外，很多淘宝京东福利券这种社群的主要目的是"薅羊毛"。而在一些城市的社区团购中，那种所谓的"团长"都会有一些资源，会接一些广告传播并拿提成。

同时，小度也通过集聚购买用户以及兴趣用户，去形成自己的社群，把流量集中到自己的社群阵地中，也就是私域流量。后续的营销也可以利用这些社群中的人员帮产品做传播。

6·18 是为了获得新客户，因此团队主要选择外部的社群资源进行投放，并且倾向于寻找在小区里跳广场舞的大妈，将相关的社群作为重点进行投放。

(1) 预热阶段：6 月 9～11 日。

抖音：

· 小度官方抖音发布以"你多久没有像这样陪伴父母了"为主题的情感视频，通过演员演绎中老年人群的孤独及子女采访，唤起其子女对父母陪伴缺失的关注，塑造"小度在家，陪伴在家"的品牌价值认同与产品功能认知。

· 配合抖音话题有奖征集活动，号召网友在抖音上晒出家庭陪伴视频，刺激用户参与、扩散，炒热话题，与目标人群迅速建立情感连接。

微博：

20 家微博蓝 V 联合扩散活动信息，并提供抖音挑战赛活动联合大礼包，引导粉丝参与。

(2)"种草"阶段：6 月 9～17 日。

抖音：

• 3 位百万粉丝级抖音 KOL 参与活动，带动用户参与抖音话题挑战，进行 UGC 创作。

• 10 位带货 KOC 同步参与挑战，助力挑战赛参与的热度提升，同时进行产品"种草"，挂抖音小黄车以引导转化。

• 抖音短视频和创意场景海报多角度、多领域地在老年人生活片段中植入小度的使用场景，趣味化、生动化、形象化地塑造小度丰富的音影娱乐、实用百科、智能助手等功能的产品价值。

(3) 收割：6 月 18 日。

抖音：

中老年 KOL"涛儿妈"等达人展开店铺直播带货，安利产品卖点，以专属限时优惠价格刺激购买，引导粉丝转化。

2. 带销层

带销层以强势曝光资源引流电商导购——通过四大中老年人群垂直平台，聚焦目标人群，进行卖点渗透与促销导购，覆盖 6·18 大促节点，实现精准触达转化。

团队也和一些垂直平台展开合作，如京东金融、平安好医生、趣头条。根据京东金融平台大数据，营销主要针对子女人群——经常购买老年用品，如按摩椅、轮椅、保健品、老年食品的人群。平安好医生这一平台，主要针对子女群体，也会覆盖部分中老年人人群，因为对于父母的健康问题，关注人群主要是子女。趣头条也是一个中老年用户的聚集地。

京东金融——电商人群大数据捕捞：

定向投放京东站内浏览或购买过老年用品人群(按摩椅、轮椅、养生用品、保健品、老年食品等)及金融保险用户人群，通过京东支付短信加挂和 APP 端高曝光资源位(开屏、弹窗、首页推荐－Banner、赚钱－Banner、签到－Banner)，重点抓取未购粉丝及竞品粉丝等潜在客户，锁定强购买意向用户进行清洗转化。

平安好医生——中老年及子女用户双触达：

重点关注医疗健康的 30～50 岁用户，兼顾中老年及子女两类人群。通过健康首页“猜你喜欢”瀑布流和文章内高曝光资源位导购，站内深度“种草”文章植入小度跳转落地页，定制步步夺金活动“清洗”站内潜在小度用户人群。

趣头条——中老年用户聚集阵地：

通过站内信息流（老歌频道、广场舞频道、文章底部）、个人中心－Banner 等高曝光资源位导购，配合站内置顶的图文种草文章，触达趣头条老年用户人群，并通过点击跳转落地页来实现转化。

肚肚机——线下互动多元化体验：

通过肚肚机，围绕“让父母与智能和 AI 相伴”定制开发智能体互动体验程序，在北京、上海、杭州、成都、苏州等一、二线城市中的商场家庭互动区点位及中国邮政、中国银行等银行营业厅定向投放，针对中老年人群及子女人群进行内容＋互动＋导购多维度刺激转化。

四、效果评估

（一）量化数据层

·视频征集大赛产出的内容有一百多个，这个参与量达到了活动预期。因为微博、微信的互动是文字性的，它的参与门槛更低，参与度更高。而本次营销活动要求拍摄视频内容，门槛相对更高。

·此次营销活动精准触达人群超过 5 000 万人，即时总销售额超过 300 万元，聚焦及触达核心圈层用户，是小度中老年人群圈层营销的首次实践，超预期完成项目目标。

（二）用户价值层

以情感价值为核心，通过精准用户画像实现重点的内容的选取和传播，实现品牌产品拟人化，拉近品牌与消费者的距离，与消费者保持有温度的沟通。通过品牌核心价值与产品主要功能的传递，对中老年人这一“银发人群”及其子女等细分目标用户产生广泛影响，引发共鸣。

（三）渠道价值层

社群：

·微信是国内第一大社交平台，全国有 10 多亿人使用微信。社群到销售的转化环节相对来说还是比较顺畅的。社群转化率更高，因为它基于强关系人群网络中的口口相传。

• 总的来说，第一，社群的投入门槛比较低，成本也比较低；第二，它的路径会更加顺畅；第三，团队可以相对比较精准地找到目标人群。

京东金融：

• 京东金融的结果转化数据最高。一方面，从购买的路径来看，京东与目标人群更加接近，京东金融的用户本来就是京东的用户；另一方面，小度产品在京东上的销量本身就很好，团队可以再利用京东的大数据去做定向精准的投放。

• 京东金融整体数据分析可见，购买核心客群男女比例约持平，26～35 岁老人的子女占比较高，职业上，白领、教师占比较高，已婚人群明显高于未婚人群。

趣头条：

• 趣头条的转化率较高，是由于趣头条的用户与本次营销活动的目标人群比较匹配，这也说明中老年人群对于小度智能屏 1S 的认可度、接纳度较高。

• 趣头条渠道的主要用户为 40 岁以上人群，通过整体数据分析可知，场景化物料点击率较高(5%)，40 岁以上人群为主要点击人群。

• 地域方面，北京、上海、重庆等一、二线城市点击率较高，侧面印证了在中老年群体中，对于智能数码产品的接受度在一、二线城市较高。

平安好医生：

• 平安好医生平台整体投放数据显示，平台男性用户更偏爱智能产品，关注度男性占比 56.1%，用户年龄主要在 20～50 岁之间，用户主要是中老年用户及关爱父母的子女群体。

• 地域上，主要分布在广东、山东、江苏等地区，很好地向一、二线城市渗透。

营销短信：

针对京东用户投放的营销短信的转化率较好。虽然它是传统营销手段，但性价比较高，而且只要投放数量达到一定范围后，就可以有产出。一般营销短信的打开率能够达到 1%，但是这次打开率基本能够达到 6%，超出了团队预期。

(四) 品牌价值层

• 印证了产品对于中老年用户的适用性，尤其一、二线城市的中老年及其子女对此类智能科技产品的接纳程度更高。

• 印证了针对中老年及子女用户情感方向的打法可成功带来销售转化。

• 此次营销活动实现了传递品牌核心价值与产品功能认知双效提升，同时"陪伴"方向的情感价值释放，引发了社会对中老年人群的关怀和共鸣。

第二节　案例分析

直击“银发人群”“自我”，缩小代差认知断层

一、新营销方法论

（一）新营销理论的提出背景

在营销的新兴互联网战场上，流量红利逐渐消失，进程步入下半场。在此新旧交替上下转场的关键节点，传统营销需要从战略设计到实施路径进行系统升维。传统营销模式的流量思维、内容生产、传播渠道、销售转化压缩了互联网时代品牌的价值空间，成为行业亟须解决的痛点。

中国传媒大学广告学院与国家广告研究院基于此，联合发起了“互联网下半场的新营销理论”课题研究，认为“新的营销模式不应该是各种营销工具的低维组合和几何叠加，也不是传统营销方法的局部优化，它应该是基于对营销本质需求的深刻理解、对消费市场质变的敏锐洞察、对新型传播规律的体系性思考”。①

研究者认为，新营销理论基于市场条件的以下变化：

1. 消费者之变

消费者喜好易变，品牌触达和形象塑造难度持续提升，难以在消费者的心智中形成持续的正向认知。须形成对消费者多维度、多层次的立体洞察。

2. 品牌价值之变

消费需求的升级使非使用价值成为品牌价值的主导，影响着消费。打造非使用价值，需要更多优质内容承载品牌形象和价值，优质内容要兼顾品牌与销售，将两者一以贯之，协同一体。

---

① 中国传媒大学广告学院，国家广告研究院. 新营销白皮书——互联网下半场营销变革与趋势研究[R]. 2017.10.

3. 媒介环境之变

媒介环境更加复杂，媒介数量繁多、去中心化，信息密度和承载量越来越大，消费者注意力稀缺，信息的有效性也越来越低。营销需要向价值高维度、全网高密度结构演进，以应对受众动态散点的状态。

商业环境变幻莫测，消费者、品牌以及媒介环境均从需求到行为、注意力到品牌价值塑造出现了巨大的创新升级……营销者须积极面对新的现实挑战、市场规律，适应变化、细致洞察。

（二）理解“新营销”

1. 什么是“新营销”

新营销是“以消费者为中心，以触发情感共鸣的内容作为源动力；通过标签优化、算法赋能，精准匹配商品、营销物料、消费者场景需求，进行全网域信息分发；同时建立有效的销售承接机制，对销售促进相关的资源要素整合利用，实现商品同步流通与转化，从而提升企业经营效率”。①

2. 新营销的核心目标：营销一体

• 销售成为新营销必须解决的根本性商业问题，将“营销”与“销售”一体化，在消费周期内降低重复获客成本，提升商业效率。

• 品牌传播应促进实际的销售，伴随商品的促销，信息和商品在传播和分发过程中保证通路一体化，能够即看即买。

3. 新营销的本质原理

“新营销，本质上是以消费者为中心，重新统筹配置商品、信息、场景、服务、数据、资金等基础商业元素，动态适配，形成立体的全网统筹机制，提高效率、降低成本”。②

4. 新营销的核心特征

品牌与消费者不再是单向的传播与推销关系，新营销重塑了两者的联系，通过深入洞解消费者的触点与痛点，与消费者实现情感的沟通进而实现价值认同，营销与销售得以打通闭环、协同一体。基于此，对于营销观念、营销机制以及具体的执行策略也必须进行变革，且正在变革。

---

① 黄升民. 技术、数据、智能潮驱动下的媒介进化[J]. 新闻与写作，2018(7)：41－45.

② 新营销白皮书——互联网下半场营销变革与趋势研究[R]. 北京：中国传媒大学广告学院，国家广告研究院. 2017. 10.

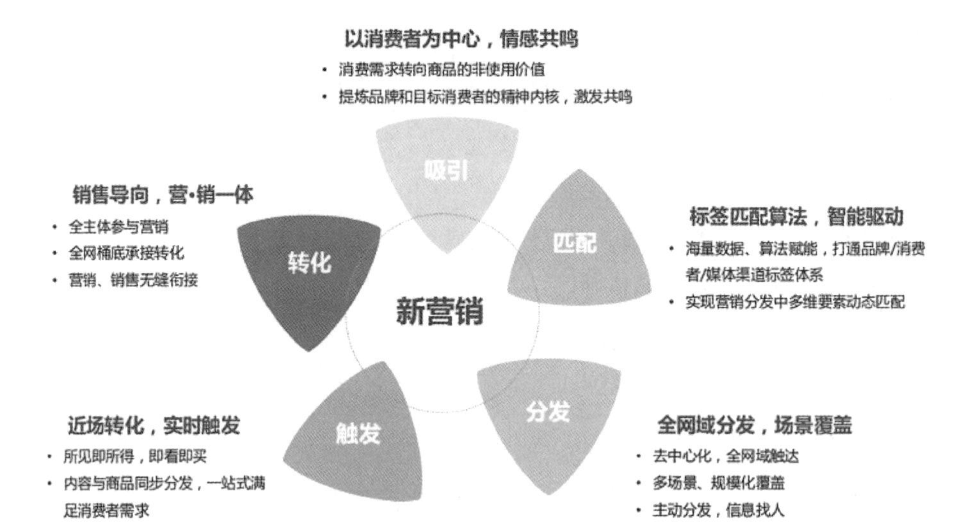

图 5-6 新营销的核心特征①

（三）新营销的"3C-3I"模型

理论、方法、工具是营销体系必备的三要素，构建新营销体系，需要以此三要素为基础对新传播规律、商业要素进行高效整合和体系性思考。

基于对不同领域企业品牌及各大营销平台的调研与深访，中国传媒大学资深教授、中国广告博物馆馆长黄升民及其团队将新营销概括为三大机制：内容生产机制、传播分发机制、销售转化机制。三大机制需形成系统工程，以确保新营销落地实施。这三大机制分别对应三大营销原则："I""Internet""Immediate"。在内容生产环节，营销应当关注的是"I(我)"，即消费者的"自我"；在传播分发环节，新营销要充分结合"Internet"，即通过网络结构、技术算法实现品牌的传播；在销售转化环节，要注重"Immediate"，即转化的即时性。由此，可归纳为"3C-3I"模型：

表 5-3 "3C-3I"模型

3C	3I
内容生产(content)	消费者的自我(I)
传播分发(communication)	网络技术(Internet)
销售转化(conversion)	瞬时连接(Immediacy)

① 新营销白皮书——互联网下半场营销变革与趋势研究，P29.

小度此次的中老年人群圈层营销，正是互联网环境下践行新营销"3C－3I"模型的一个鲜活案例。

二、小度"6·18"营销活动中的"3C－3I"模型应用

（一）内容生产机制——与消费者的"自我"沟通

如果营销是与消费者沟通，那在营销中所生产的内容就是在问"沟通什么"。根据新营销理论，这样的沟通必须直击消费者的"自我"——不仅仅是去简单引发消费者的兴趣，而是去呼应他们的情感结构，让他们在沟通中勾连起个体的切身经验。

在新营销背景下，内容生产主要表现为轻量型、场景化的内容形式，以精神共鸣为内核驱动，头腰腿动态组合的要素构成和平台化运作的生产方式四种实施策略。而小度在家作为智能音箱行业中比较头部的产品，其营销也紧抓时代特色，从四个方面共同发力，打磨优质内容。

1．内容内核：直击每个"I"的情感结构

团队根据自身对社会的深切体悟，发掘了本次营销的主题。2020年暴发的疫情给了团队成员很深的感受，很多年轻人因为疫情的原因不得不跟父母待在一起很久的时间，才发现自己真的很久没有这样陪伴过父母了。团队发现，针对这种普遍存在的社会心态，产品正好能够契合的消费者情感痛点。通过体悟与观察，团队抓住了每个消费者的"I（自我）"。

由此，此次针对老年人的营销抓住"陪伴"这一消费者共鸣点，以消费者的痛点作为内容内核统领驱动营销，"让陪伴无须久盼"的话题也使年轻人与老年人两个不同年龄段的圈层感受到小度的陪伴感与实用性。

热点事件稍纵即逝，大流量IP需要费心经营，真正掌握消费者的需求并以此统领营销，才能获得长效势能。小度跳跃出主动贴合超级IP，与知名IP、自主孵化IP合作产出由浅入深，开拓内容IP的红海，直击痛点，并通过一系列整合营销占领和强化消费者对其的定位。

如图5－7所示，小度以一则视频开启话题抽奖活动，同时在该话题下，也有专业自媒体进行视频创作，以年轻人在外奋斗、拼事业与老年人独具在家孤单寂寞的矛盾为故事基础进行录制，既有小度功能的演示，能够清晰直观地让消费者学习如何使用小度，也有统一的系统性介绍，有条有理。将沟通关键词与小度功能形成强

图 5－7 “让陪伴无须久盼”话题创作

资料来源：抖音。

联系，既有诉诸产品的理性沟通，更有诉诸情感的感性沟通，与消费者产生共鸣。

2. 内容形式：契合互联网中的“I”

媒介形态不断演进，介质的改变也催生了内容的变化，“内容”的范畴得以更广泛地扩展，一切事物都可能成为“内容”，而那些能够激发消费者行为的事物，更容易成为被媒介传播的内容。因此，除了传统的广告，在互联网环境下，轻量化、场景化的音视频、图片越来越成为重要的内容沟通形式。

此次 6·18 营销活动，主要采用了创意场景海报和抖音短视频这两种品牌商务的广告类内容和优质原创的信息类内容，同时搭载微信、趣头条、平安好医生、京东金融、抖音等各类平台，实现轻量级、场景化的内容沟通。

以三张海报为例，将老年人生活中的各类需求结合当下流行元素，通过文字进

图 5-8　6·18 营销活动创意海报①

行描绘、叙述类似场景，以展现小度的功能；对话框类型的元素也暗示着如何"召唤"小度、使用小度；3 位老年人都表情喜悦，能够充分调动观者的情绪；页面下方紧跟产品名称、价格、活动以及二维码，缩短了消费者购买路径。整体内容元素紧凑，场景设置直接传情，由上至下的安排符合阅读习惯，大图配大字，非常适合在碎片化的网络环境中进行分发散播。

3. 生产机制：定位不同类型的"I"

虽然营销过程有着整体的情感内核定位，但其面向的观众群体内部仍然有着巨大差异。为了能够精准定位不同类型的受众，生产出不同类型的内容，团队选择借助小圈层内的 KOL 对更加类型化的"I"展开内容输出。

随着技术的发展，网络自媒体炙手可热，利用内容生产平台型机构组织孵化的优质 KOL 进行 PGC 生产，供粉丝与消费者自主选择，与其合作也能够打破自身编辑团队生产能力的局限，KOL 能够更加紧密地结合用户热点、体察用户，从而使其自发生产的内容更能够引发共鸣，社会化、平台化的生产过程也能够更快得到反馈。

此外，还利用微信群等私域流量进行传播，化解硬推、直推时的尴尬，更加垂直精准地定位到有相似需求的人群，增加强关系传播，以用户之间的信任为产品背书。

① 6·18 小度老年人群圈层营销 http://www.17pr.com/news/detail/205169.html.

(二) 传播分发机制——技术赋能多元主体

“如果说内容生产系统是营销传播的发动机,那么传播分发系统是营销运行的CPU(中央处理器),目的是集约高效地实现用户与信息、商品的匹配。”①如今,随着技术的发展,匹配工作可以更多地交由技术来完成,如何应用技术,做到精准高效进行传播分发,获得最及时和最大的效益,是新营销中的传播分发的主要目标。

新营销传播分发机制包括四个关键环节:标签识别、场景匹配、集约分发、工具应用。

1. 洞察为基:提炼标签体系,建立精准连接

“标签体系是传播分发运行的基础驱动力”。② 但过去简单地按照产品认知、渠道进行划分的标签体系在新时代下已经无法继续发挥作用。而新营销下大数据允许商家能够更多地抓住商业主体的内核标签,以此建立精准的匹配连接。

在此次6·18活动中,小度的大数据支持除了以往也可以得到的消费人群年龄的数据之外,更重要的是提供了用户的具体使用人数。从中可以发现,中老年用户的具体使用基数很大,但相对的购买力并没有与之相匹配。同时通过大数据及寻访等方式,发现中老年人对于新鲜事物的接受程度提高,并且“银发经济”趋势下,中老年购买力上升,中老年人群有着极大的消费潜力。通过更加立体的标签体系,洞察中老年人的具体人群情况,并且将带屏音箱——小度1S与中老年人进行匹配,完美适配中老年人的需求。

同时,依然通过大数据支持,在确定中老年人为主要使用人群的同时,分析消费人群。通过对中老年消费力进行分析,更大化地捕捉这一类群体,并将其子女也纳入目标人群。最终将消费者划为老年人及其子女,即以家庭为主。

因此,为了同时触及这两个群体,小度利用了一个情感共鸣点将两者进行联结,即“陪伴”。提炼“陪伴”这一情感,将其作为定性特征,以“让陪伴无须久盼”作为内容IP,建立标签体系,结合百度大数据的算法,瞄准包含中老年人的家庭。

2. 场景为媒:统筹商业要素,实现动态匹配

“营销追求的理想境界是‘基于对的目标,找到对的人,在对的时间和场合,用

① 新营销白皮书——互联网下半场营销变革与趋势研究[R]. 北京:中国传媒大学广告学院,国家广告研究院. 2017. 10.

② 新营销白皮书——互联网下半场营销变革与趋势研究[R]. 北京:中国传媒大学广告学院,国家广告研究院. 2017. 10.

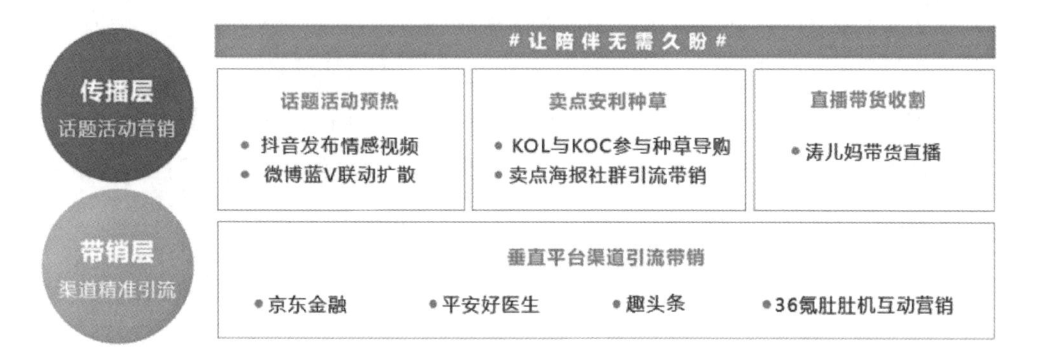

图 5－9　活动方案流程图

资料来源：案例方提供。

对的方式，说对的话'"。[①] 在新营销中，更加强调有效统筹多层次商业要素，把握精准情景时刻，在营销分发中进行动态匹配。

在确立了"让陪伴无须久盼"的核心 IP 主题之后，接下来最重要的就是将这一主题嵌入不同的情景当中。将"陪伴"这一元素放入具体的画面中能够在烘托"陪伴"这一感情的同时展现小度在"陪伴"层面能够发挥的功能，一举两得。

在场景选项上，运用交叉动态匹配，将"中老年人"与"陪伴"两个词作为关键点，与生活场景进行适配。

在其制作的海报中（见图 8），可以明确看到新动力对于场景的洞察和嵌入。包括广场舞、医药知识询问以及与子女视频通话等，非常契合中老年人对于陪伴的需求场景。

在新动力制作的主题视频中，也设想了通话等具体的生活场景，引发用户共鸣，触发用户消费行动。

此外，通过抖音视频挑战赛这样一个活动，新动力实际上是将生活场景的捕捉这样一项任务给予了更多的抖音用户，让他们在自己的生活中挖掘情景时刻。这种构建平台，让大众进行进一步传播的同时也让生活场景进入了本次营销之中。

---

① 新营销白皮书——互联网下半场营销变革与趋势研究[R]. 北京：中国传媒大学广告学院，国家广告研究院. 2017. 10.

3. 分发为桥：全网域、多场景规模化触达消费者

全网域、多场景需要以用户为中心，从其生活场景、消费节点、兴趣爱好、媒介使用习惯等多方面挖掘可能触达用户的多种场景形态，通过规模化的信息分发，实现对目标用户的广泛、高效覆盖。

“全主体分发是新营销传播分发机制的鲜明特征。商业传播渠道、企业自有渠道以及用户社交传播渠道，三个渠道均可作为分发的渠道”。[①] 包括商业媒体、企业自身以及用户在内的多级主体均可参与，成为营销的分发主体，以多圈层形态参与到新营销中。

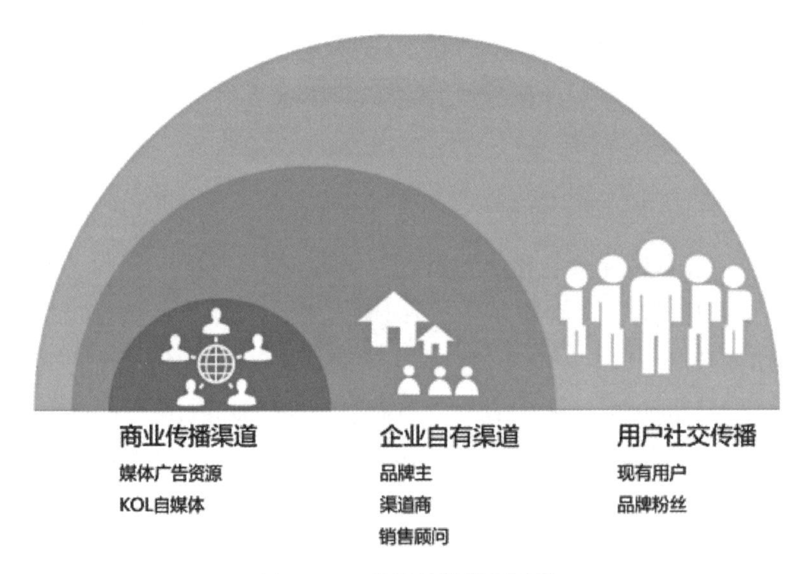

图 5-10 传播扩散效果图[②]

此外，“正反向结合”也是重要的分发思路，即“常规触达+媒体自主性”。利用算法匹配，通过渠道将营销物料触达受众的正向分发更类似于传统传播形式。相对地，内容交易和众包平台通过设定平台利益机制鼓励自媒体主动领取任务、分发信息，发挥媒体自主性这种反向传播则是如今新营销中大家都在争取的新模式。双向传播相结合可以弥补传统传播的算法缺陷，使传播模式更加完善。

在本次小度 6·18 的营销活动中，新动力主要运用了商业传播渠道和用户社

① 新营销白皮书——互联网下半场营销变革与趋势研究[R]. 北京：中国传媒大学广告学院，国家广告研究院. 2017. 10.

② 新营销白皮书——互联网下半场营销变革与趋势研究，P66.

图 5－11 双向传播效果图①

交传播渠道，企业自有渠道参与度不高，同时正反向结合得非常密切。

通过微博蓝 V 共同传播，邀请抖音 KOL 参与视频制作活动，选用 KOL 进行直播带货等，新动力充分利用了商业传播渠道，作为向大众传递自己“陪伴”IP 理

图 5－12 KOL 直播带货效果图

资料来源：抖音。笔者截图整理。

① 新营销白皮书——互联网下半场营销变革与趋势研究，p67.

图 5-13 抖音挑战赛效果图

资料来源：抖音，笔者截图整理

念的主要窗口，同时作为以一种单向式为主体的传播渠道。这是传统正向触达模式在新信息技术下的常规运用。

除此之外，抖音挑战赛的模式利用了用户社交传播渠道，吸引用户来自己制作符合“陪伴”主题的视频内容，形成在用户中自发的交叉传播分发。通过挑战赛的方式，以一定奖励机制鼓励自媒体和个人参与活动、完成任务，发挥媒体和个人用户的自主性，达成反向分发。

通过正反向营销的结合，同时达成商业传播渠道和用户社交传播渠道的互相助力，传播分发的边际效应增强，新动力和小度作为助推第一动力，由大众进行接下来的大范围推动，减少成本的同时能够达到更好的传播效果。

4. 工具为用：高效运用算法模型与系统性工程

新营销传播分发基于标签算法模型，构建能够完成目标消费者选定、匹配的精密系统性工程，实现全网域场景资源覆盖，系统智能投送分发，多级扩散。

在本次 6·18 活动中，这种整体的算法系统更多地体现在传播分发的微观部分。在最开始的消费者洞察中，算法系统精准确定了拥有巨大消费潜力的中老年人群，并且对消费者群体进行了分析。

同时，最重要的是利用“陪伴”这一情感共鸣点联结中老年群体及其中老年子女，引起情感共鸣，将“让陪伴无须久盼”作为一个 IP 进行传播分发。对情感 IP 的精准洞察与判定是该算法系统最重要的作用及效果。

(三) 销售转化机制——协同实现瞬时连接

如今，消费者的注意力转瞬即逝，如何将营、销一体化，缩短“注意”到“购买”的路径，是新营销追求的目标。当下，品牌方越来越强调销量、卖货，强调及时的成绩、RIO,每一个板块的营销都需要和销售相挂钩。在新营销大趋势下,协同与一体化使信息和商品分发的通路网络越来越畅通,营销效率与营销成本均得到了优化。

1. 全网统一收口进行销售转化

在纷繁的信息中,必须对传播内容的要素进行设计以达到“一次相遇、多重效果”的效果,一站式完成消费者吸引、认知、购买等多级任务,使得传播效益最大化,缩短购买路径,做到随看随买。新营销模式下的销售转化漏斗显示出通过全网域营销、多渠道、多场景进行覆盖,引流消费者。最后通过统一的平台进行订单汇集,进行销售转化。

(1) 信息和商品同时分发。信息和商品同时分发能够迅速使用户转化为购买力。

以抖音为例,以 KOL 所拥有的粉丝量与热度,通过热点内容吸引用户,引发兴趣、建立好感、产生品牌关联的同时,在剧情中融入对产品相关信息的介绍,帮助用户了解产品。此外,在产品链接中,能够及时看到更具体、详细的介绍,也能够促使消费者下单。围绕用户的决策路径,层层递进、一站式呈现,最终实现销

图 5－14　抖音 KOL 推广效果图

资料来源:抖音。笔者截图整理。

售转化。

在京东金融上,团队通过发布相关开屏广告、弹窗、推荐广告吸引用户注意,用户如果对小度智能音箱产生兴趣,点击了平台内的广告,页面会立刻跳转到京东的小度官方旗舰店,用户可以直接进行购买。

在另一中老年用户聚集阵地趣头条上会增添信息流广告、图文的"种草"文章等形式,同时会跳转到落地页进行转化购买。平安好医生上的广告也采用了类似的形式。用户即看即买,承接机制的设定减少了注意力到意向再到行为产生的中间环节,使流量更易直接转化为销量。

在肚肚机上,人们参与了互动后,如果对产品感兴趣,会通过屏幕扫码领取优惠券,进入购买页面,迅速实现销售转化。

(2) 互联网经济人角色入场,高效服务用户。新营销需要创造连接,"经纪人"角色开始入场并走向前台。

作为个人化的商家,"经纪人"以个体化形态与用户直接连结,展开一对一、有针对性的销售服务,能够大幅度提升用户体验及销售转化率。6·18 圈层营销中微信社群营销、KOC、直播带货等模式中,都有一个中介(群主、主播等)进行用户引导,扮演着经纪人的角色,以第三方的身份,通过直接的沟通去引导、服务消费者。而这样的形式也是新兴互联网平台的产物,品牌方直接将互联网平台的观看、社交行为转化为销售行为。

(3) 产业互联网服务平台,为商业赋能。营销通过全网域渠道进行资源匹配,以及产业级互联网服务平台的体系化。

小度 6·18 圈层营销采用的方式主要是情感营销,利用大数据和智能工具在多个平台对市场进行分析,对用户进行清洗,精准触达消费者。

以小度在京东金融平台上的营销为例,通过大数据定位京东站内浏览或购买过老年用品人群(按摩椅、轮椅、养生用品、保健品、老年食品等)及金融保险用户人群,然后针对这部分人群,通过支付短信加挂+京东金融 APP 端高曝光资源位,重点抓取未购粉丝及竞品粉丝等潜在客户,锁定强购买意向用户进行清洗转化。

2. 统一的销售收口

无论是京东金融、趣头条,还是平安好医生,这些平台上的广告都会将有购买意向的用户转移到京东小度官方旗舰店。通过建立统一的销售收口,汇集用户订

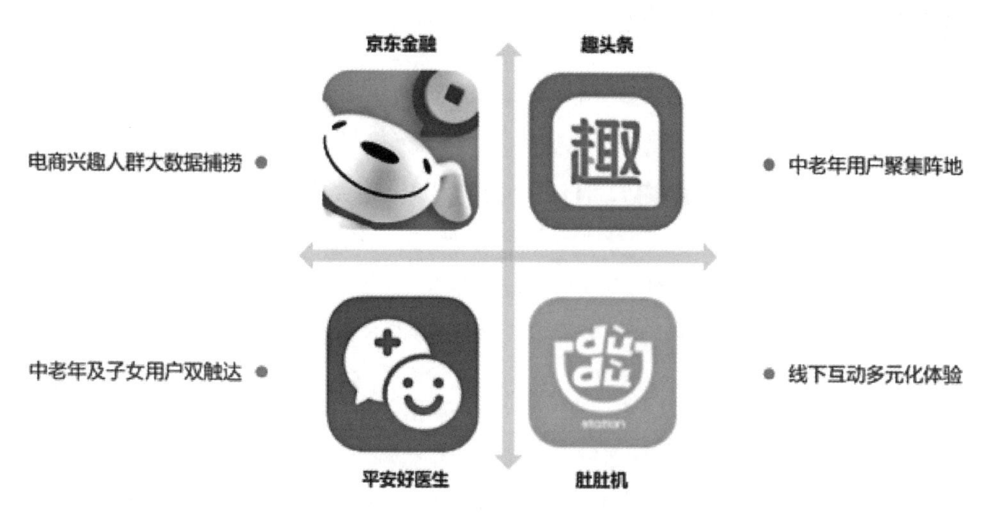

图5-15　小度品牌相关垂直推广平台

资料来源：案例方提供。

单，能够对用户更好地进行数据分析和管理，让数据在品牌后续的营销规划中发挥更大的应用价值。

第三节　案例访谈

“成功的营销，一定是以人为中心”

一、公司介绍

新动力文化传媒公司成立于2012年，业务涵盖数字化营销、品牌公关、带货营销、视觉创意、社会化营销、活动会展六大板块。先后服务于百度、中国工商银行、爱奇艺等，超过100家客户。多次获得包括国际设计美术大奖赛金奖、中国公共关系行业案例大奖、中国卓越营销案例奖等在内的国内外大奖。

二、采访对象

何哲，项目总监。拥有8年公关营销行业从业经验，曾服务互联网、电商、金融、快消等行业。服务客户包括万达、快钱、腾讯视频、京东金融、度小满金融、百度、奇虎360、方太、中国银联等。

三、访谈记录

（一）聚势——积累品牌势能

1. 以长期合作为基，推陈出新

Q：请问何老师，新动力与小度产品的合作是如何达成的？双方的合作是怎样的形态？

A：2015年，新动力成为百度的供应商户，开始与百度的合作。跟百度那边的合作，除了小度之外，还有其他的服务对象，如百度APP，这些都是以新动力的名义来进行合作的。

我们是小度的推广服务商之一，主要是做一些围绕电商节点的营销，以及对它的一些主推爆款产品的市场营销。当然还有一些其他的小项目，比如现在比较流行的店铺直播、产品的卖点包装等。

我们合作的项目基本上都是以销售、卖货为导向，也会涉及怎样去推广产品——毕竟卖货只是最终的一个环节，前期怎么样建立消费者认知，以及激发消费者兴趣、购买意向等，这个过程我们都会涉及。所以你们也会看到，包括 6・18，我们也会去做一些情感上的、内容上的东西，去触动用户，同步利用一些市场上的导购引流的渠道，进一步收割。

Q：我们看到你们之前还做过像 4・18 这样的小度购物节。除此之外，新动力和小度之间还有过哪些合作？

A：4・18 相当于是我们跟小度这边合作的第一个比较大型的营销活动，双方共同做出了这样一个造节的营销安排。从去年的 4・18 到今年，将近两年的时间里，我们跟他们进行了大大小小的合作，例如去年的"双十二"、年底的 X8 产品，再到疫情期间三四个小度官方商城的推广等，再有就是今年的 4・18、6・18。

2. 洞察营销新风口，挖掘"银发"需求

Q：今年的 6・18 的营销为什么要针对中老年人群体展开、选择"小度在家 1S"这一机型？

A：首先，从小度那边得到的用户使用数据来看，老年人是一批数量庞大的使用人群。其次，则是当下是"银发经济"的崛起，中老年的购买力提高：我们这个产品并不是生活的刚需品，而是一个能够提升我们的生活品质以及很多方面追求的产品，所以还是要有一定基础的购买力。老年人自身非常有购买力，在退休后成为有钱又有闲的人群。而我们说的中老年的子女人群，它基本上是上有老下有小的这一类人群，进入了职场，也有一定的稳定的收入，因此也有一定的购买力。此外，中老年群体对于新鲜产品的接受程度越来越高。"银发经济"是当下的一个明显趋势。不过我们也希望能够对这部分市场进行进一步的拓展和挖掘。

再说为什么选择"小度在家 1S"这款产品。小度的音箱可以分为带屏和不带屏这两种类别，而有屏幕的音箱对于中老年人来说会更加友好一些，因为它有电子相册、看剧、看一些电视节目、播放一些广场舞视频等功能。至于无屏的音箱，可能年轻人会使用得更多一些。所以"小度在家 1S"这个产品从适用性层面来说是比较实用的，它的功能比较贴合中老年人群的使用习惯。

Q：所以你们的营销也是根据目标人群的特点，更有针对性地突出了产品的特定功能与价值。

A：是的。第一，我们发布的主题视频就是落到了几个功能点上面，如播放早间新闻、提醒吃药、播放广场舞。第二，我们做了三张卖点海报：一是练功夫，老年人想要打打太极，就可以让小度给他播放一个打太极拳的视频；二是跳广场舞，老奶奶来可以跟着小度播放的视频一起跳；三是养生专家，比如问小度一些关于养生的问题。

从这两个物料可以看到，我们想向目标人群传达产品的具体功能点和卖点。而这方面也是有一些数据可以支撑的：我们参考了百度的一些大数据统计，发现这些场景都是老年人在使用中关注的、看到、用到的一些点；此外，小度的后台会统计每一个用户对机器的询问记录，我们会从中筛选出提问频次更高的问题，确定我们这次的卖点。

Q：除了通过大数据去获取这些关于目标人群的信息，你们有没有做过其他的调研？

A：对，这个也会。我们做过针对儿童教育和老年人这类人的访谈，会去找到这批真正的用户，询问他们对于小度的使用感受、用到的最多的功能等。

Q：智能手机可能对智能音箱有替代的作用，比如你说到一些老年人更多使用智能手机，进行线上购买，但是这部分人群可能恰恰不会去使用智能音箱，会不会有这样的一种情况？

A：不太会，因为小度智能屏 1S 也存在不可替代性。第一，对于已经有智能手机并擅长使用智能手机的老年人，手机能做的事情小度也都可以做。但有很多的中老年人，特别是下沉城市的中老年人，在智能手机的使用方面还不是那么的擅长。从这个角度来看，小度产品对他们来说非常的友好——用户直接跟小度对话，就可以让它进行一切的操作了。第二，老年人对于养生健康各方面会更加关注一些，经常低着头或者是近距离拿着手机，并不是特别健康。第三，小度对老年人的友好性还体现在它的屏幕会比手机更大，因为老年人有很多视力衰退的情况；它也可以解放双手，爷爷打太极、老奶奶去跳广场舞，他们其实需要一个固定的设备放在那里，然后跟着学，一边看一边跳，而手机目前来说还是要手持的。第四，手机是一个移动端，而我们的小度产品是一个固定端，使用场景都是在家的场景。在场景使用上面，它可以进行很好的弥补。

但是你说的情况确实也有，所以我们很多时候打功能点的时候，会尽量避开手机强化的功能点。你会发现小度也可以打电话，但是我们并不会特别强化这个点。

3. 结合体悟与观察，确定"陪伴"概念

Q：除了硬性的、具有功能性的卖点，我们看到这次营销所突出的是情感价值是"陪伴"。这一主题是如何确定下来的？你们以往也做过类似的营销主题吗？

A：以往我们更多的是进行产品卖点和用户痛点的结合，而这一次我们更聚焦于情感层面，我们想要去聚焦于中老年这一部分群体。首先，老年人是一个特殊的群体，我们想要去触达这一类人，更多的还是通过他们自身和中老年人子女，其痛点更多的是对老年人情感陪伴的缺失。

作为在一、二线城市打拼的年轻人，我们的父母在老家，我们一年可能只能回去一两次，对于他们的陪伴真的非常少，对于很多家里事情，我们都不知道到底处于怎样的状况。而小度提供了"回家看看"这样一个功能点，我可以随时看到老人在家里面的状况，包括他们健康与否、精神面貌如何。我们平时打电话询问他们，任何时候他们都会说很好，而事实上也不一定。

此外，很多年轻人因为疫情的原因不得不被困在家里面，跟父母在一起待了很久。所以很多人说自己已经好多年没有在家里面待这么久了，没有这样跟父母待在一起去好好地聊过天了。针对这种社会心态，我们发现它刚好能够作为产品卖点和社会需求的一个衔接点。

再一个的话，小度整体的一个定位或主打的方向也会偏陪伴这个层面，无论是老年人，还是我们年轻人，当你在家感到孤单或者是无聊的时候，其实这样的一个产品会时不时地去跟你进行"唠嗑"。比如，除了一些功能上的满足，跟它进行一些简单的对话时，它会做出比较无厘头的、有趣的回复。所以我们也在想，怎样把小度这样的一个工具更加拟人化、生动化、形象化，让用户感受到它可以作为一个家庭成员式的存在。所以我们的视频的主题希望传达的就是"你不能陪伴的，我们替你陪伴"。

所以"陪伴"这个主题，其实一方面是结合了我们自己的一些切身体悟和对社会的观察，另外一方面也是兼顾了小度这一产品本身所推崇的价值。

Q：这次营销的主题是"让陪伴无须久盼"，这一灵感是怎么产生的？

A：说实话，这个主题经历了反反复复地打磨。一方面，客户那边有需求，即关于陪伴方面的；另一方面，又要契合我们这一次的大方向，即针对中老年群体。

这个话题可能会偏向于社会化媒体的传播，所以要能够让人好理解，又能够输出我们想要传达的点。

从子女的角度来说，想要去陪伴父母，主要盼望的是假期，因为这时候才能够回家跟父母团聚。从中老年人层面来说，他们在家里就是盼着孩子回来。所以我们想利用这样的一个话题方向和这个产品的功能卖点，捕捉这两类人群在情感上的缺失、现实生活中的真切感触。整体来说还是偏痛点方向的一个主题。

（二）驱动——转化营销动能

1. 内容生产中的情感叙事

Q：在这个过程中，你们自己拍了一个主题视频，这个视频以采访为形式，关注人们对于“家庭陪伴”的心声。这一创意是出自怎样的考虑？视频的反响如何？

A：这部宣传片里的演员就是我们自己团队的同事们，然后请了一个演员扮演老奶奶。我们采用了一个采访的形式，是希望能够更加的真实。

其实，那些我们问到的问题以及那些回答，也就是我们这些普普通通的人心中的最真实的一个感受。所以我们请我们自己人去拍，抒发真情实感，而不是去请演员，然后要刻意讲成什么样子。

在我们团队中，乃至于在我们整个公司中，说实话，大家对于小度的产品其实认可度还是很高的，真的是觉得它能够帮助我们和父母解决一些问题。像我们公司的很多人，已经自发地去买了好几台小度，包括给自己、给父母、给身边的朋友买。

我还记得我们剪辑出来第一版样片之后，给一个同事去看，同事看完之后就落泪了，所以大家是真的会被感触到。

在抖音发出后，这条视频是有 20 多万点赞的。我们当时看了很多评论，也会觉得真的是通过这个内容让很多人产生了一个共鸣，包括对父母的陪伴，还有和父母的矛盾、一些自己的愧疚，就能够看到很多用户真实的发声，那个时候其实我们也蛮有感触的。

2. 兼顾群体差异，铺开线上线下渠道

Q：你们对于在传播的平台媒介上面的选择，是怎样去兼顾年轻人和老年人的呢？因为这两部分人的媒介使用习惯、审美习惯，可能都会有比较大的差异。

A：我们这两方面都能兼顾。我们这次在社会化的平台传播的重点阵地是抖音，这是现在很多年轻人和老年用户都会使用的一个平台，这两类群体都可以覆盖。此外，我们还利用了一些微信的社群，这也是两类群体都会覆盖得到的。

肚肚机同样如此，我们选择的是一、二线城市的银行的点位，银行的点位大家应该也会很有感触，除了一些像我们这种职场人士、青年群体之外，中老年人其实也是银行的大客户。近年经常有老年人会去银行排队，去进行理财、社保等方面的操作。

像微博的话，基本上老年人群体其实是覆盖不到的。但是我们也选择在这样一个平台去做了一些内容传播，因为它毕竟是一个相对比较主流的平台，有更多年轻用户。

而我们和一些垂直平台也有合作，比如像肚肚机、京东金融、平安好医生、趣头条。趣头条明显就是一个中老年用户的聚集地。在平安好医生这一平台，我们主要面对的是子女群体。因为它是一个医疗平台，对于父母的健康方面的问题，最关注的人还是子女。所以在这个平台，我们主要是面向年轻人人群，但是其实也会覆盖到一些中老年人群，从他们平台的数据来看也会有一些中老年人，但是不多。

然后京东金融这一块的话更多的也是子女人群，所以我们选择在京东金融投放，也是基于他们的一个大数据，然后用大数据去筛选和定向这一子女人群——经常购买老年用品的人群，比如按摩椅、轮椅，还有一些保健品、老年食品——我们选择的是这一类人群。这样的话其实就会比较准确了，因为这些子女会给父母买东西，比较关注父母日常的衣食住行。

3. 私域、公域并举，整合多渠道用户

Q：您提到利用微信社群展开营销，能不能大概介绍一下微信社群的运营？

A：社群其实是我们在跟小度合作了这么多项目以来，每一次基本上都会去用到的一个渠道，为什么？首先，它的性价比比较高，成本低。像刚刚说的那几个平台，基本上每个平台的投入都是好几十万的。这些平台也是要赚钱的，购买它们的平台流量的门槛比较高，会有例如10万或15万起投的这样门槛要求。但是像社群，则是非常机动灵活的，成本会非常低，特别是KOC类的社群。

虽然说我们每个人都是一个KOC，但我们所谓的KOC是会有一些比较有代表性的人物，比如说作为一个老年大学的核心人物、一个工会的负责人，可能会负责好几个相关的社群，群里面都是中老年人。我们找到群主，然后去发布一些相关的内容信息，就能够覆盖这部分中老年人。

Q：你们当时是如何找到这部分社群的呢？

A：现在市面上有不少机构，专门是从事社群营销的，他们会去积攒很多这样的资源，自己也会去孵化一些社群。我们也是在这个过程当中去筛选一些比较匹配我们目标群体的、可能会存在的一些社群，然后去进行相应的投放。

现在还有很多淘宝、京东福利券这种社群，主要的目的是“薅羊毛”。还有在一些城市的社区团购中，像那种所谓的“团长”，他们都会有一些资源，会接一些这种形式的广告，卖出一些货，会拿到一些提成。

Q：所以说这个社群它一直都是存在的，不是说因为6·18才去打入的。

A：对。小度也建立了自己的社群，通过购买用户以及兴趣用户，去形成自己的社群。所以我现在讲得比较多的是一个私域的概念，也就是我们把用户全部聚集到自己的社群这样的一个阵地里，我们组建成自己的一个私域，后续的话也可以利用这些社群的人员，一个是帮我们去做传播，另外一个层面的话，我们也可以在这里面去构建一些自有的社群阵地。

而像在6·18，我们为了去获得新的客户，会选择外部的一些社群资源进行投放。在投放社群的时候，我们也倾向于去找在小区里跳广场舞的一些大妈，将相关的社群作为重点进行投放。

Q：这部分社群在销售转化上的效果如何？

A：从社群到销售的转化的环节，相对来说是路径上还是比较顺畅的。

因为微信本来就是我们国内的第一大社交平台，基本上全国有10亿多人都在使用微信，所以我们这个渠道肯定是没有问题的。

至于这样的社群的关系链，因为社区的社群转化率可能会更高，为什么？因为它是基于口口相传的。同一个社区的熟人去买了东西，跟你说这个东西很好，推荐给你，你是不是也会大概率会比较容易被他所打动？

然后从销售转化路径上来说，本身小度它是属于一个电子数码类的产品，所以京东天然在数码家电之类的产品上，是有优势在的，它的属性就会比较偏向于这一块。所以微信和京东的结合是相对比较顺畅的，直接在微信通过京东的链接，就可以跳转到京东进行购买。

其实我们在整个带货的环节销售中，都会去考虑到用户从我们传递的内容到最终的购买的路径问题，路径越长，它的流失率一定是越高的。所以在这个过程中，我们都会利用社群去引导到京东的店铺去进行购买。而淘宝因为本身阿里跟腾讯的这样一个竞争关系，所以在路径上面淘宝是有很大的局限性的。所以京东是我们的主要阵地，除此之外的话也会利用小度的小程序为用户提供购买渠道。

总结来说，第一，社群相对来说投入的门槛比较低，成本也会比较低；第二，它的路径会更加顺畅；第三，我们可以相对比较精准地找到这一类人群的存在。

4. 对口渠道助力销售转化

Q：在最终的项目复盘中，你们发现哪些渠道的效果是比较好的？

A：从结果数据来看，京东这块资源对于我们的销售产出其实是非常高的。因为首先从购买的路径来看，它与我们的目标人群会更加接近。京东金融的用户本来就是京东的用户，再加上我们的产品在京东上的销量本身就很好，因为这一类的产品在京东上就是好卖。然后我们再利用京东的大数据去做定向的、精准的投放，从这个转化率的结果来看，它的结果转化数据是最高的。

除此之外，趣头条也还不错，因为它和我们这次针对的人群本身就是比较匹配的，说明中老年人群对于我们这个产品的认可度、接纳度其实还是比较高的。

还有一点，京东用户投放的营销短信从转化的投入产出比来看还是可以的。虽然目前大家会觉得这种方式有点过时，但是它现在的价格比较便宜，而且只要量达到一定的程度之后，那么就可以有产出，我感觉也能达到我们预期的目标。一般的营销短信的话，目前市面上它的打开率差不多能够达到 1%，就是 100 条短信中可能有 1 条会被打开，但是我们投放的短信的打开率基本上能够达到 6%。

Q：从最终的销售额来看，小度智能屏 1 秒钟卖出了 300 万余台，这个数字达到你们的预期了吗？

A：是达到了我们预期的。而且值得注意的是，我们统计的数据一定是会有疏漏的，因为我们合作的这些平台，并不是每一个平台都那么友好，会提供所有的转化数据给你，所以我们会设置一些定向的监测链接，所有的投放都会通过这个链接去追踪数据，看看从链接购买的数据最终有多少。但是事实上你会发现，有很多数据是在传播的过程中是无法被掌控到的，比如说用户通过这个广告产生了兴趣，但是没有立即从这个链接去下单购买，而是后来经过一番考量之后，觉得还不错，然后就上京东去搜了之后才买了这个产品，这种可能性是有的，对不对？所以这个只是一个我们能够实时统计到跟监测到的数据，如果严格地去统计这个项目带来的数据，结果肯定是不止这些的。

Q：抖音上的视频征集大赛，当时这些网友的参与情况达到你们的预期了吗？

A：还不错，当时我们统计看到透出的内容应该有 100 多个。我们以前去玩一些微博、微信，它毕竟是文字性的互动，它的转载以及参与的门槛可能会更低，所以数据会更多。而这个活动要求去拍一个视频内容，发布之前还有一个制作的过程，所以它的门槛其实会相对要高一些，所以我们是觉得能有这么多参与量已经不错了。

(三) 势动结合，激发营销能量

1. 好的营销：以人为本，营销一体

Q：请问根据您的以往经验，您认为一次成功的营销应该是什么样的？

A：所谓的这些营销，其实以我们这么多的项目的执行经验来看，就是回归到的一点——我们所有的东西一定要以人为中心。

首先，我们要考虑的是，到底我们的产品适用于什么样的人，再一个就是这些人在哪里。然后就是，我们怎样了解这些人群的触媒的习惯，运用怎样的媒介手段、什么样的东西能够打动这些人——这就涉及我们的内容创意和主题创意，在物料方面做什么样的内容才能让消费者真正地产生感觉、共鸣，对我们的产品产生兴趣。

所以，我觉得是核心就是“人”。

Q：除此之外，我们发现你们还很关注“营、销一体化”，就是怎样让目标人群来买你们的产品。你们的 PPT 资料上就写到了这样的观念：“一切不以销售目的的营销行为都是耍流氓”，还有“无转化不营销”等。

A：对的。以往我们去做传播，会更多地考量怎样把品牌推出去，让更多人知道，让更多人产生互动。但是我们从 4·18 那次合作就开始意识到，我们要做的事情是让更多人来买我们的产品，这个其实是蛮难的一件事情，对我们来说也是蛮有挑战的。

我们发现很多品牌方做公关、做传播，这些工作都是属于品牌方的公关部或者市场部，这种部门是花钱的部门，一直在花钱。到年底进行部门总结的时候，我们可以说我们花了多少钱，但没有办法说给我们带来多少回报，所以现在很多甲方也会更加关注自己具体花了这么多钱，到底带来了多少价值的转化。所有的公关以及传播最终都是为产品销售做辅助，大家也会更加关注销售层面实际带来了多少增长。所以我会觉得说我们所有的营销行为肯定最终是为了营销。现在讲“营”和“销”这两个概念，其实作为营销这个动作，你会发现，我们所做的大部分项目 4·18、6·18、“双十二”等，都是电商大促的节点，我们就是为了奔着卖货去的。

我们之前还做了 X8 的一个新品传播的项目，那个项目我们也会以销售为导向去卖货，但是它不仅以卖货为目的，因为它毕竟是一个新品，我们还要同步去做传播，包括进行用户教育，怎样去传递我们的新品，有什么样的卖点，有什么样的价值去做这方面的内容。可能不太考虑它带来多少转化，因为毕竟它是一个新的东西，用户还需要时间去接纳。

Q：你们特别提到"圈层营销"这个概念，您对这个概念的理解是怎样的？它跟"精准营销"会有怎样的差别？

A：我觉得精准营销和圈层营销是两回事儿。精准营销是我们针对特定用户展开营销，我就拿小度来举例，如果做精准营销，目标人群可能更多的是家庭用户，这个家庭用户里面其实包括了老年人，也包括了青年人，还包括了小孩。我们只要触达这些人，都是所谓的精准营销。我们通过使用场景、购买场景、媒体渠道，包括在京东上去筛选数据，做人群的触达，能够达到相对比较精准的需求匹配就可以了。

圈层营销指的是人群的圈层，比如这一次我们针对中老年这一个圈层的人群去做营销。我认为圈层营销是在精准营销的架构之下的一个部分，会更加聚焦于其中的一类人群和一类人群的兴趣圈层，有共同的关注点和兴趣爱好，没有性别等属性的划分，然后对相应圈层进行专项的营销。

Q：除此之外，这个"圈层"会不会存在一种对人与人之间社交关系的强调？

A：对，我们现在接触到的一些比较流行的圈子、圈层，包括一些其他的圈层里的人，他们是会互相影响的。所以我们想要去触达这一类人群、这一类的圈层，做这样的圈层营销，也希望通过我们触达的人，再带动他身边的人对我们的产品产生认知或兴趣，通过圈层内部互动进行传播。

2. 好的营销公司：积累势能，转化动能

Q：贵公司有一个重要的理念："积累品牌势能，转化营销动能"，请问您对这句话是如何理解的？

A：对于"势能"这个概念，我觉得大家应该都清楚，其更多的是作为一个辅助的动能，而这个动能则是能够形成自动运作的能量。我们积累品牌的势能，就是我们会通过对品牌方的服务去积累他们现有的东西，或者说他们所能够去传递的东西，以及有价值性的东西。通过积累这些东西，通过自己的能力，把它转化成为一套能够非常具有向心力的、能够产生动能的机制。这是我自己的理解，总结来看就是我们把企业现有的一些东西，通过积累、解读与分析，发挥我们公关公司的优势，帮品牌产生更大的能量跟价值。

（四）结语：从书本走向行业实践

Q：请问您进入这一行业后，是否发现工作实践与学校学习之间存在差异？有什么建议可以给我们的同学吗？

A：学生更多地可能是要通过书籍、通过课程去学习更多的理论，而我们基本上每天都是在进行不断的实践，从实践中去感悟，去了解新的东西。我们做营销这一行，你会发现营销环境在不断地迭代更新，今天流行抖音，明天流行快手，之后还有直播，但直播也可能会过时，所以说我们需要不断去学习。

我们现在一般不太会去看书了。书的产出周期比较漫长，导致我们再去看书时，这个事情可能已经过时了。我们要了解最新鲜的一手资讯，更多会去通过网络去搜索资料，包括公众号，还有网站等。推荐给你们一个很好的网站——数英网，它是一个非常好的内容平台，会把一些好的项目和案例都会汇总到上面，都是非常新鲜的项目，有好的创意、好的策划，还有一些物料内容都在上面呈现，我觉得这个应该能够帮助你们了解市面上好的项目的具体执行内容。

（访谈人：文灿、黄豪云、林钟焕、王尔愉、严艾雯、游天航）

第六章

哲基×南京玛雅海滩水公园：全城“热”播，造就南京夏日“新欢”圣地

习近平总书记在第三届中国国际进口博览会开幕式上发表视频主旨演讲时指出："适应新形势新要求，我们提出构建以国内大循环为主体、国内国际双循环相互促进的新发展格局。"①2020年，南京发布"新基建形成新带动，新产业形成新动能，新消费形成新升级，新都市形成新支撑"四个行动计划，其目的是"战疫情　扩内需　稳增长"。全市上下积极提振消费信心，深挖消费潜力，助力发展后劲强、市场前景好的特色项目。南京玛雅海滩水公园可以填补南京大型文旅产业的空白，带来更大的市场增量，成为提振南京文旅市场的强心针。

在此宏观背景下，南京玛雅海滩水公园的开园，积极响应了"推进经济内循环"的政策号召，也为南京推动"四新"行动添上了浓墨重彩的一笔。哲基围绕南京玛雅海滩水公园开园开展品牌公关数字营销活动，达到了南京市民在获取开园信息的同时形成自主传播，并产生强烈的游玩兴趣的目的，最终成为引流，成为夏天的狂欢玩水圣地。

① 习近平.在第三届中国国际进口博览会开幕式上的主旨演讲[N].人民日报，2020-11-05(02).

第一节 案例复盘

超级水上乐园助力南京文旅市场复苏

一、市场分析

(一) 文旅市场复苏

文旅产业对新冠疫情的敏感性极强。文旅作为全球最大的人群聚集型产业，包括交通旅行、游览游乐、演艺、餐饮、旅居、购物等活动，都会导致人群大规模集聚，因此一旦出现疫情，文旅产业的反应最为敏感、激烈和直接。

文旅产业遭遇突发新冠疫情，导致文旅经济出现阶段性急速下滑，甚至出现瞬间的运营困难和业绩大幅减少的严重后果。疫情防控平稳之后，文旅产业必将得到快速恢复。

在新冠疫情防控平稳的前提下，生产生活正在加快恢复，文旅市场正在加速复苏，积极信号逐步释出。2020 年 7 月 14 日，文化和旅游部发文，恢复跨省(区、市)团队旅游的同时，旅游景区接待游客量上调至不超过最大承载量的 50%。① 文旅产业在恢复正常运营的过程中，也面临着文旅业态与产品的创新升级、文旅产业调整提升的问题。

(二) 选址地文旅市场潜力巨大

江苏省是我国七大重点旅游省市之一，也是我国经济、文化、科技和对外开放最发达的省份之一。从数据上看，“2014～2019 年江苏省旅游总收入呈不断上升趋势，2019 年旅游总收入为 14 321.6 亿元，增长 8.1%；2019 年江苏省国内旅游收入为 13 902 亿元，增长 8.2%，占旅游总收入的 97.07%”。②

中国城市消费能力排名中，南京属全国前十，具有较大的消费潜力。旅游业也

① 文化和旅游部办公厅关于推进旅游企业扩大复工复业有关事项的通知[EB/OL]. https://m.thepaper.cn/baijiahao-8307272.

② 薛美珏. 基于 PEST 分析的江苏省旅游公共服务的宏观环境研究[J]. 旅游纵览，2021(07)：63－65.

是南京市的支柱性产业。2019年,南京市文旅系统紧紧围绕“创新名城 美丽古都”这一主题展开了建设性发展,以推动文旅深入融合发展为中心,着力开创文旅融合发展新局面。在这一年,南京市涌现出一批新的网红打卡地。此外,南京市还获评“2019中国旅游影响力年度夜游城市”。“2019年南京市旅游业总收入2 785亿元,同比增长13.2%;全年接待旅游者总人次1.47亿人次,同比增长9.5%”。①

南京市旅游市场发展潜力巨大,南京玛雅海滩水公园的开业,将进一步满足南京市及江苏省不断增长的旅游消费需求,为市民献上一份美好生活大礼。

南京玛雅海滩水公园背靠欢乐谷集团,而欢乐谷集团是中国旅游领军企业华侨城集团,该集团此前成功兴建的欢乐谷,是新一代主题公园,也是中国第一个自主创新的主题公园连锁品牌。南京玛雅海滩水公园将和南京欢乐谷公园共同构成全国第八座欢乐谷,更新欢乐谷体系,进一步完善欢乐谷辐射全国“东西南北中”的战略布局。

(三) 竞品分析

1. 直接竞争者——同类水乐园

目前,南京市及周边较高人气的主题公园大多居于南京市外,占地面积中等偏小。南京市中大规模的水公园,目前只有南京欢乐水魔方和南京珍珠泉水世界两座,且开业均超过六年。

(1) 南京欢乐水魔方。南京欢乐水魔方开业于2012年,是华东地区最大、设施最先进的水上乐园。

图6-1 南京欢乐水魔方宣传图

① 李子俊.文旅融合开局年南京旅游业迎客、进账双双创新高[EB/OL].南报网,[2022-07-25].http://www.njdaily.cn/2020/0109/1822132.shtml.

表 6-1　南京欢乐水魔方概况

开业时间	2012 年 5 月 26 日
占地面积	526 亩
票价	150～230 元/人
地址	汤山区
瞬时最大承载量	3 万人
设备设施	惊涛骇浪、回旋风暴、海底总动员、翻江倒海、急速暗涌 尖峰时刻、深海章鱼怪、滑板冲浪、欢乐时光、梦境漂流 SPA 绿洲、漩涡池、疯狂海啸、水魔方大舞台、真沙海滩

(2) 南京珍珠泉水世界。南京珍珠泉水世界开业于 2014 年，是中国唯一的山湖实景高品质天然泉水水上乐园。

南京市现有中大规模的水公园数量较少，开业时间较久，质量参差不齐，设备类型相对老旧单一。大型新型水公园空缺，未能达到南京及周边市民的出游需求。南京玛雅海滩水公园的开业，为南京市民提供了最新一代文化旅游休闲产品，满足市民的需求与期待。

图 6-2　南京珍珠泉水上世界宣传图

表 6-2 南京珍珠泉水上世界概况

开业时间	2014 年 6 月
占地面积	暂无，偏小
票价	100 元/人
地址	浦口区
瞬时最大承载量	2 473 人
设备设施	海啸造浪池、真沙海滩、魔力喇叭、欢乐水寨、冲天大回旋巨兽碗、彩虹滑梯、儿童欢乐岛

2. 间接竞争者——其他类型公园/游乐场

(1) 南京弘阳欢乐世界。弘阳欢乐世界位于南京市浦口区大桥北路 48 号，由弘阳集团斥资兴建，游乐园包括室内主题乐园以及露天游乐项目，与整个弘阳广场一起构成了集餐饮、购物、游玩、家居、休闲为一体的大型城市广场。

游乐园中的设施设备都由世界一流的团队打造而成，拥有着长三角地区最大的摩天轮、国内速度最快的过山车，以及激流勇进、4D 影院、跳跃云霄等当前流行的游乐项目。①

门票价格：成人票(新街口取票)门市价 235 元，网络价 108 元；学生票(新街口取票)门市价 235 元，网络价 80 元。

(2) 南京银杏湖乐园。南京银杏湖乐园被划分为游乐区、儿童主题馆区、恐龙谷区以及生态休闲区四大区域。游乐区中游客可以体验 20 多个大型游乐设施，除了常规的海盗船、云霄飞车、60 米高自由落体设备，还有极富特色的 360 度陀螺式旋转的“摩天飞碟”等。儿童主题馆区更设有 4 个 3D 电影院，游客可以游览中见证“灰姑娘城堡”“天鹅湖”“迷宫”“许愿池”等场景的再现。②

(3) 南京韩国乐天世界。落户于建邺区所街以北、集庆门大街以南，江东中路以东，云锦路以西地区。乐天主题乐园总面积约 5 万平方米，包括“乐天世界

① 途牛网. 弘阳欢乐世界旅游攻略[EB/OL]. [2022-07-25]. https://www.tuniu.com/g38210/guide-0-0/.

② 携程网. 银杏湖乐园[EB/OL]. [2022-07-25]. https://you.ctrip.com/sight/nanjing9/1713414.html.

探险”“乐天滑冰场”“乐天影院”等大型游乐项目。这一项目号称“亚洲最大的室内游乐场”。①

3. 其他替代品

随着网络技术发展，线上娱乐项目越来越多地引起了人们的注意力和兴趣。同作为消遣娱乐的方式，竞争者还应考虑到网络游戏、短视频等线上娱乐方式。如何吸引人们放下手机，走进游乐场成为考虑的重要方面。

二、营销策划

（一）营销目标

1. 建立及强化南京玛雅海滩水公园作为“崭新的超级水上公园”的品牌印象，为南京市民增添一份清凉畅快的夏日欢乐，占位南京“最重量级水上公园”。

2. 强调南京玛雅海滩水公园作为具备江苏全境水上游乐设备最全、最多、最先进，造浪池最大，夜景最美，舞美演绎最震撼等特点的水公园，为消费者提供的新内容、新设备、新体验，打造人无我有的品牌记忆点。

3. 让“南京欢乐谷”“南京玛雅海滩水公园”，与南京、南京人民之间建立起牢固的情感连接。

（二）营销策略

1. 从品牌的视角

除项目与亮点外，打造基于游客更多、且独特的附加联想，建立消费者对品牌的“好玩”“热闹”“爽”“激情”“开心”等情感认知。

2. 从传播的视角

（1）充分倚靠“欢乐谷”品牌的强大认知与带动效应，为南京玛雅海滩背书，建立消费者对新园的信任。

（2）借势热门 IP 小黄鸭，狙击年轻人与亲子家庭的喜好，形成引流，并助力自有 IP“欢乐大蓝鲸”的孵化。联动众多异业品牌，借助各品牌的渠道资源，实现品牌露出，传递开园信息。

（3）代入消费者角色，转换南京人民的立场侧面讲述品牌利好。找到吸引南

① 买购网.南京韩国乐天世界[EB/OL].[2022－07－25].https://www.maigoo.com/citiao/156371.html.

京人的“梗”，打造一系列阶段性热点话题及创意营销事件，吸引全城关注与参与，将开园信息广而告之。

(4) 以一个统一的传播主题贯穿始终，串联各个传播节点，分阶段层层递进，形成完整且节奏紧凑的传播主线。

(三) 主要内容

“全城热，夏日新欢”是本次营销活动的大主题。“热”与盛夏契合，是南京玛雅海滩的主战期，也是全南京城对南京欢乐谷的热情渴盼。以此传播主题贯穿全程，作为行动纲领，将南京玛雅海滩水公园打造为全城的“夏日新欢”。

1. 全城热“搜”

全城通告南京玛雅海滩水公园建成。在五月中旬集中发布“南京玛雅海滩全面建成信息”，围绕“南京玛雅海滩放水啦”这一主题，制作创意海报，体现南京玛雅海滩水公园“江苏全境水公园水上游乐设备最全、最多、最先进”等公园亮点。

2. 全城热“潮”

在5月中下旬发起线上招募活动，招募微博、抖音、小红书等社交平台的KOL组成“超级玩家”，在开园之前抢先体验南京玛雅海滩水公园，在活动中拍摄平面、视频素材，用于宣发、制作创意物料、“种草”攻略等内容UGC的产出，曝光开园信息。

3. 全城热“萌”

以6月1日儿童节作为营销节点，结合南京玛雅海滩水公园IP合作方B.DUCK小黄鸭在南京开启一场引人瞩目的跨界营销合作，合作形式以线上为主，借势B.DUCK小黄鸭这一IP，向南京全城发出软萌可爱的邀请，传播南京玛雅海滩水公园各项游乐设备的亮点。

4. 全城热“玩”

6月上旬，以微博和微信为主要传播平台，为南京玛雅海滩水公园的“大肚皮宣传片”和“大肚皮拖鞋舞派对”策划创意传播内容，并传播南京玛雅海滩水公园即将开园的信息。

5. 全城热“拍”

6月14日，地铁创意上画，以鲜明独特的画风和概念吸引行人目光，以互动式的画面引导游客拍照打卡，将其打造成这个夏天最火热的网红打卡地。通过地铁画面释放开园信息，以地铁自然的人流量将这一信息传播出圈。

6. 全城热“享”

6月29日，与异业品牌联合，通过各品牌官方自媒体、APP、线下门店等渠道资源开放共享，实现南京玛雅海滩水公园品牌露出，提高曝光度。通过各品牌渠道资源引导用户关注南京玛雅海滩水公园官方自媒体，实现品牌流量的互相转化，为品牌吸纳潜在消费者。

7. 全城热“议”

7月1日，为南京欢乐谷玛雅海滩水公园开园仪式进行创意策划，充分结合南京玛雅海滩水公园项目优势，使市区相关领导及媒体嘉宾产生参与感、沉浸感、仪式感。多渠道宣布南京玛雅海滩水公园的盛大开幕，向全城南京人宣告全南京最新的一座水上乐园正式落地南京。

8. 全城热“浪”

7～8月，为南京玛雅海滩水公园持续两个月的活动“蓝鲸音乐节”策划创意传播内容，持续阶段性曝光音乐节明星阵容、活动亮点等内容，扩大声量，实现引流。将蓝鲸音乐节打造成南京玛雅海滩水公园的独有印记和节庆，成为夏天最火热的电音节。

9. 全城热“创”

7月18～19日，为大冰块公共艺术项目的落地进行传播策划和内容输出，倡导大家关注南极冰川融化问题、爱护水资源的同时，为游客们带来一丝夏季凉意。

表6-3　南京玛雅海滩水公园开园营销时间线

5月						
一	二	三	四	五	六	日
				1	2	3
4	5	6	7	8	9	10
11	12	13	14	15 全城通告南京玛雅海滩水公园建成	16	17

续 表

5月						
18	19	20	21 超级玩家招募计划	22	23	24
25	26	27	28	29	30	31
6月						
1 南京玛雅海滩水公园×小黄鸭跨界营销	2	3 大肚皮拖鞋派对	4	5	6	7
8	9	10	11	12	13	14 创意地铁包车
15	16	17	18	19	20	21
22	23	24	25	26	27	28
29 异业品牌联动助力开园	30					
7月						
		1 南京欢乐谷玛雅海滩水公园开园仪式	2	3	4	5
6	7	8	9	10	11	12
13	14	15	16	17	18 大冰块艺术项目	19
20	21	22	23	24	25	26
27	28	29	30	31		

表 6-4　南京玛雅海滩水公园开园传播节奏

5 月上旬	全城通告南京玛雅海滩建成	在 5 月上旬集中发布“南京玛雅海滩全面建成信息”，围绕“南京玛雅海滩放水啦”为主题，制作图文/H5 等创意物料，体现南京玛雅海滩水公园“江苏全境水公园水上游乐设备最全、最多、最先进”“造浪池最大、夜景最美、舞美演绎最震撼、沉浸体验感最爆棚”“南京玛雅海滩采用华东首家恒温水系统”等公园亮点	全城热搜 夏日新欢 南京玛雅海滩，要来了
5 月 17 日	5G 智慧化景区	以 5 月 17 日中国电信日为营销节点，将南京玛雅海滩、南京欢乐谷打造为智慧化景区，突出全园区 5G 信号覆盖、可实现刷脸检票、沉浸体验 VR 过山车等特点	
5 月中下旬	南京玛雅海滩超级玩家招募计划	在 5 月中下旬发起线上招募活动，招募微博、抖音、小红书等主流社交传播平台的 KOL 和素人组成“百人首席体验团”，在开园之前抢先体验南京玛雅海滩水公园和开园前夕大肚皮拖鞋派对，在活动中拍摄平面视频素材，用于宣发，制作创意物料，“种草”攻略等内容 UGC 产出，曝光开园信息	全城热潮 夏日新欢
5 月 20 日	“520 我爱宁”话题营销	以“520 我爱宁”为噱头，结合公益主题，融合南京玛雅海滩水公园门票首发、音乐节内容，发起具有社会影响力的话题营销，目的在于提高南京欢乐谷品牌的知晓度和美誉度	全城热爱 夏日新欢 “520 我爱宁”
6 月 1 日	南京欢乐谷 X 小黄鸭跨界营销	以 6 月 1 日儿童节作为营销节点，结合南京玛雅海滩水公园(南京欢乐谷)IP 合作方 B. DUCK 小黄鸭在南京开启一场引人瞩目的跨界营销合作。合作形式以线上为主，借势 B. DUCK 小黄鸭 IP，向南京全城发出软萌可爱的邀请，传播南京玛雅海滩水公园各项游乐设备的亮点	全城热萌 夏日新欢 好鸭好欢乐 一起欢乐鸭
6 月 13 日	大肚皮拖鞋派对活动宣发	为南京玛雅海滩水公园既定议程 6 月“大肚皮宣传片发布”“大肚皮拖鞋派对”策划创意传播内容并适配线上传播资源，同时，传播南京玛雅海滩水公园即将开园的信息	全城热玩 夏日新欢 蓝鲸大肚皮派对

续 表

6月18日	玛雅海滩水公园开园仪式	为南京欢乐谷玛雅海滩水公园开园仪式进行创意策划，使市区相关领导及媒体嘉宾产生参与感、沉浸感、仪式感，充分结合南京玛雅海滩水公园项目优势，并为此策划创意传播内容并适配线上传播资源	全城热议 夏日新欢 大蓝鲸、浪一夏 夏日冲击波 欢乐大蓝鲸
7～8月	蓝鲸音乐节	为南京玛雅海滩水公园持续两个月的活动"蓝鲸音乐节"策划创意传播内容，适配线上传播资源，持续阶段性曝光音乐节明星阵容、活动亮点等内容，扩大声量，实现引流	全城热浪 夏日新欢 南京欢乐谷 蓝鲸的夏天

三、项目执行

南京玛雅海滩水公园采用分阶段传播的方式，层层递进，用一系列创意营销为开园造势并提升开园热度，将南京玛雅海滩打造为全城话题和热门打卡地。

（一）预热期

图6-3 南京玛雅海滩水公园预热宣传图

首先在预热期，建立口碑，积攒热度与期待，全城通告南京玛雅海滩水公园的建成消息。5月16日，南京玛雅海滩水公园以一组创意“放水”海报，展示南京城被水淹没的夸张场景，宣布全面建成并首次放水。在微博、微信公众号、网络媒体进行多渠道传播，为南京玛雅海滩水公园造势发声，强势宣告南京玛雅海滩水公园的入驻，给南京城带来清凉的夏日体验。

5月20日，由南京欢乐谷首先发起超级玩家招募计划，以名画人物在南京玛雅海滩水公园游玩的概念设计创意海报，吸引眼球。分阶段邀微博、微信、抖音、大众点评、小红书五大平台超过60位KOL提前体验南京玛雅海滩水公园，输出品牌信息。6月中旬，以微博、抖音和小红书为主，开园前输出一流的体验点评并预告后续攻略，预热看点。7月上旬，以微博、抖音、小红书和大众点评为主，在开园初期以优质的点评和攻略在各大平台提高声量，为南京玛雅海滩水公园积攒口碑。活动整体曝光量近1 600万。

图6-4　南京玛雅海滩水公园创意宣传海报

开展IP战略合作，借势小黄鸭的热度，以“早鸟”与“鸭”的趣味谬写，开启线上品牌互动营销，推出早鸟票及会员系统，并上线大蓝鲸表情包。结合六一儿童节，进行特殊节点营销，以小黄鸭与南京玛雅IP欢乐大蓝鲸的趣味互动，向南京全城发出软萌可爱的邀请，展示特色设备，预告南京玛雅海滩水公园的开园，活动整体曝光量近730万，吸引了全南京人民的关注，导流至会员系统进行早鸟票购买。

逆向操作破局夏日营销。6月8日，以“搞大开心，搞大夏天”为主题，线上发布品牌TVC，将镜头对准大肚皮肥宅们，表达了夏天并不是俊男靓女的专属，每个人都拥有享受夏天的权利。以大肚皮人群为定向突破口，扩散至更多目标人群，最终触达全民。视频在微博、微信公众号等多平台分发，整体播放量达1 380万，活动整体曝光量近1 400万。

6月13日，南京玛雅海滩水公园将理念延展至线下，落地为一场深度互动式体验活动，在城市中心建造一座“地下岛屿”，举办一场夏日派对。以音乐演出、艺术展览为主要形式，配合以沙滩、人字拖等氛围布置营造的夏日海滩氛围，充分调动参与者的听觉、视觉、嗅觉、触觉等不同维度感官，获得沉浸式的场景体验，在极其新奇快乐的互动中激发受众的认知兴趣，多维度传递玛雅海滩的品牌理念与核心价值，将最不设限的夏日体验无差别地呈现在每一个受众面前，真正将品牌“搞大开心、搞大夏天”的理念从线上真正落地到线下，击穿受众心智。

图6-5　南京玛雅海滩水公园“夏日海滩”氛围

“浪漫南京”代表玛雅海滩水公园全面落成的浪花席卷南京，也象征玛雅海滩水公园为南京带来的浪漫情怀。打造了三种欢乐谷主题地铁车厢，以鲜明独特的画风和概念吸引公众，以互动式的画面引导游客拍照打卡，将其塑造为夏日最火热的网红打卡地。以浪漫作为主线，针对情侣及亲子客群，在二号线地铁车厢内制造整个夏天最浪漫的告白，吸引打卡，汇集流量。针对年轻及亲子客群，以肥宅快乐水为启发，将玛雅海滩水公园比喻成“南京快乐水”，视觉展现玛雅海滩水公园的清爽氛围。

Blue不仅是水的颜色，更是水公园的代表色。南京深藏不露，藏了个蓝色的水公园。Blue的发音接近夏天玩水吐气泡的声音，为亲子家庭及年轻客群带来了趣味体验。以过山车、摩天轮等南京欢乐谷陆公园主打设施为主角，配合小黄鸭、欢乐大蓝鲸IP元素，在地铁包厢内营造欢乐氛围，预告南京欢乐谷陆公园开业。线上发起#喊你玩水，快上车#话题，联合南京本地综合类微博大号发布话题信息，发起挑战并鼓励人们在微博晒照，与用户互动，活动整体曝光量达近500万。通过创意地铁包车，提前一个多月在地铁上投放开园预告，以“玛雅海滩盛大开放”为宣传语传播开园信息，以地铁的自然人流量带动信息的传播。

（二）爆发期

6月29日，与南京联通、咪咕音乐、苏宁易购、哈啰出行、罗森、自如、胡桃里、RE调香室和花加九大品牌联动，在南京玛雅海滩水公园开业前夕发布创意联动海报，利用各品牌的官方自媒体、APP、线下渠道等渠道资源实现南京玛雅海滩水公园品牌露出，提高曝光度，广泛传播开园信息，营造全城狂欢共庆的氛围。

7月1日，南京玛雅海滩水公园以“助力四新，欢乐同行”为主题，在园区加勒比海滩举行试营业启动仪式，并于7月2日起对游客开放。中共南京市栖霞区委书记、南京经济技术开发区工委书记、华侨城股份公司副总裁、华东集团总经理等领导出席了本次试营业启动仪式。来自《中国旅游报》、新华网、人民网等江、浙、沪一百余家主流媒体参与了本次活动的报道。同时，来自媒体、教育、旅游业等各个行业的八位市民代表来到现场，作为城市“欢乐同行人”一同参与点亮仪式，共同见证了南京玛雅海滩这一全新一代水上乐园的亮相，体现了欢乐谷创造、传递、分享欢乐的品牌理念，并以此为契机与南京人民紧密交流，开启南京玛雅海滩水公园在南京的欢乐旅程。线上多渠道、全方位地宣告了南京玛雅海滩水公园的开园信息，包括旅游行业媒体、本地资讯公众号、旅游垂直领域KOL等，活动整体曝光量达近1 566万。

（三）延续期

7月1日，南京玛雅海滩水公园打造的城市级音乐盛会——蓝鲸音乐节正式

图 6-6 南京玛雅海滩水公园蓝鲸音乐会孟美岐宣传海报

拉开帷幕。蓝鲸音乐节以新生代艺人孟美岐、小鬼王琳凯等流量明星阵容引爆热点，吸引公众关注及参与。以橘子海、大波浪、闪星等人气实力乐队打造顶级音乐盛宴。活动整体曝光量达近5亿。视觉上，通过玛雅元素的融合，结合水公园原有的建筑外形进行设计，呈现出充满神秘、庄严的古代玛雅秘境，标榜出独属于南京玛雅海滩水公园的音乐节风格特点，实现品牌差异化，找到在音乐节市场的立足点。8月1日，小鬼王琳凯出演蓝鲸音乐节，吸引近2万游客入园，现场火力全开，盛况空前。当天，微博话题#小鬼舞台#冲上热搜榜，总阅读量达3.6亿，借助明星流量提高蓝鲸音乐节及南京玛雅海滩水公园的曝光度。南京玛雅海滩水公园将蓝鲸音乐节打造为重要IP，为新园开业创造记忆点。以线下社交、狂欢派对、水上蹦迪吸引年轻消费者，实现与受众的对话交流及情感共鸣，为水公园导流。

7月18～19日，南京玛雅海滩水公园与策展机构RS_PROJECTS联合发起艺术项目，取自南京段的长江水，被制成30吨大冰块，历经80趟运输，落地南京玛雅海滩。邀请艺术家与公众一起完成冰雕作品，举办限时户外展览。在传达环保理念的同时，也强化了南京玛雅海滩水公园为市民带来夏日冰凉体验的品牌印象，活动整体曝光量近100万。

四、项目评估

（一）效果综述

南京玛雅海滩水公园开园品牌公关数字营销项目整体曝光量高达5.6亿。

稿件露出156篇，共194次，在传播主阵地微博平台，共落地14个微博话题，获5.4亿话题曝光，68万次话题互动。

南京玛雅海滩水公园通过分阶段、多渠道、全方位的传播，将开园信息广而告之，传递品牌理念，建立与南京市民的情感连接。

（二）现场效果

6月14日，大肚皮拖鞋舞派对落地南京市市中心，以一场深度互动式体验活动，吸引近500位参与者。现场氛围的布置打造让每一位参与者沉浸在夏日海滩之中，共同感受音乐、艺术与纯粹的欢乐。参与者自发形成二次传播，提升了本次活动的影响力。

7月1日，南京玛雅海滩水公园试营业启动仪式盛大举办，来自《中国旅游报》、新华网、人民网等100多家主流媒体参与了本次活动的报道，来自南京市各个行业的八位城市“欢乐同行人”作为市民代表一同点亮仪式。1 000多名首批游客来到南京玛雅海滩，见证欢乐开启的精彩瞬间，水公园的丰富设施和全新游玩体验也得到了游客们的一致好评。

7月1日～8月31日，为期两个月的城市级音乐盛会——蓝鲸音乐节以流量明星、人气乐队、顶尖DJ的搭配组合，满足了不同年轻客群的需求，几乎每个夜晚都引发了全民狂欢的浪潮。8月1日，小鬼王琳凯出演蓝鲸音乐节，吸引近2万名游客入园，出现了万人大合唱的空前盛况。

（三）受众反应

南京玛雅海滩水公园在7月正式开园以前已引发大量关注，引起了公众热情期待。在微博及微信评论区中，大量粉丝留言表示期待开园。自7月1日开业，南京玛雅海滩水公园一直保持高人气与高口碑，在大众点评、美团、小红书等平台上获得了众多自发好评及景区攻略介绍。

（四）市场反应

在景区限流50%的情况下，南京玛雅海滩水公园7～8月营业期间，入园人数共计40万，客流较往年同期其他水公园高约15%，在文旅市场中取得亮眼成绩。

在大众点评、小红书等口碑平台，消费者针对园区设备游玩体验及丰富活动给出大量好评，建立并不断强化了品牌口碑。

（五）媒体统计

南京玛雅海滩水公园开园品牌公关数字营销活动共露出156家媒体，194篇次，包括微信公众号31篇，微博67篇，抖音视频8条，B站视频1条，大众点评21篇，小红书30篇，网络通稿38篇。总阅读量达6 400万。

共落地14个微博话题，获超过5.4亿次话题曝光量，超过68万次话题互动。

① 首次南京玛雅海滩官宣放水，近540万曝光量。

② 超级玩家招募计划,近 1 600 万曝光量。

③ 联合小黄鸭跨界营销,近 730 万曝光量。

④ 大肚皮拖鞋派对,近 1 400 万曝光量。

⑤ 地铁创意包车,近 500 万曝光量。

⑥ 南京玛雅海滩水公园开园,近 1 566 万曝光量。

⑦ 蓝鲸音乐节,近 5 亿曝光量。

⑧ 大冰块艺术项目,近 100 万曝光量。[①]

---

① 17PR. 2020 南京玛雅海滩水公园开园品牌公关数字营销项目[EB/OL]. 中国公共关系行业平台. [2022-07-25]. https://www.17pr.com/news/detail/205301.html.

第二节 案例分析

趣味性内容创作，场景化个性满足

一、4I 整合营销模式简介

4I 理论是美国西北大学市场营销学教授——唐·E·舒尔茨于 20 世纪 90 年代，以消费者为中心提出的整合营销理论，将整体的传播内容划分为趣味原则（interesting）、个性原则（individuality）、互动原则（interaction）和利益原则（interests）。①

（一）趣味原则（interesting）

关于趣味，哲学家休谟在《人性论》中指出："趣味产生美与丑、善与恶的情感，并且拥有制造功能，用内在情感产生的色彩渲染一切自然事物，在某种意义上形成了新的创造。趣味产生快感或痛感，因而造成幸福或痛苦，以此成为行动的动力。"②

随着互联网的发展，新一代的消费者们无时无刻不面对着各种信息的轰炸，因此，消费者们往往不会再被单调、单一的内容所吸引。在碎片化时代下，有趣的文字、图片、视频被互联网用户所喜爱，除了产品的使用性以外，消费者们越来越重视心理上的愉悦与舒适。因此对于品牌方来说，如果想要继续吸引消费者的注意力，就必须创造出一种有新意的、有趣的内容和营销方式。趣味性是吸引消费者眼球的重要前提。

除此之外，更应该将营销方式、内容与产品紧密结合，以吸引消费者的注意。

（二）个性原则（individuality）

个性原则（individuality）指的是"对消费者进行准确定位与区分，精准把握目标消费者的个性化需求，做到营销的精准化"。③

---

① 韩雨霏. 基于"4I 理论"的电影产品新媒体营销策略研究[D]. 兰州财经大学，2020.

② ［英］休谟. 人性论[M]. 北京：商务印书馆，1985.

③ 韩雨霏. 基于"4I 理论"的电影产品新媒体营销策略研究[D]. 兰州财经大学，2020.

在传统媒体时代，由于传统媒体的渠道单一且覆盖面广，即使忽略消费者的个性化需求，营销力依然很显著，因此个性化需求并得不到传统媒体的关注。但是在互联网时代，随着消费者的需求的多样化发展，品牌方想要博得消费者的关注，就需要将潜在消费者的群体在人群中进行详细的定位和细分，要在找到核心目标群体的基础上，深入挖掘目标群体的核心需求，在此基础上更好地提高营销传播效率。

（三）互动原则（interaction）

互动性是指“传播活动所有参与者之间信息传递的过程，可以是信息发送者和接收者之间的互动，也可以是接收者之间的互动，也可以是多个信息发送者和其共有的接受者之间的拓展式互动”。①

一次成功的营销的基础是买卖双方之间长期的互动交流。在交互过程中，买卖双方间形成信任、增强参与感、归属感、认同感的同时能够更好地了解消费者的需求并及时调整营销方式与内容。从消费者的角度来说，对于同样的产品，互动性更强的营销方式会更加具有吸引力。因此，对于品牌方来说，寻找一种互动方法去打通、连接用户与消费者至关重要。

（四）利益原则（interests）

利益原则源于人类进行生产活动的本质特征之一——利益驱使。追求利益是品牌营销活动最主要的目标。因此，从利益原则的角度纵观所有营销活动，能够更加准确地把握营销活动的目的。由于整个营销过程中利益关系是一直客观存在的，因此相对于4I原则中的其他三项原则来说，利益原则会更加客观。本着利益原则进行营销活动，更有可能达到令人满意的营销效果。利益原则（interests）除了物质方面的利益之外，还可以指情感方面的利益需求。

二、南京玛雅海滩水公园开园营销项目的4I原则分析

（一）趣味原则：创意多多，新潮趣味成“新欢”

互联网的本质是娱乐属性的，在互联网这个“娱乐圈”中，广告、营销也必须是娱乐化、具有趣味性的。其中包括的情绪有恶俗、搞笑、煽情、感性，无论将哪一点做到极致都可以称为“Interesting”。趣味原则的表现方式包括充满趣味的文字、图

---

① 韩雨霏.基于“4I理论”的电影产品新媒体营销策略研究[D].兰州财经大学，2020.

片、视频。趣味原则几乎贯穿了整个项目。

1. 策略上偏重趣味性

在南京玛雅海滩水公园的前期宣传中，主要宣传点集中于“10 000 米的造浪池”“各类水上项目”“全新水上娱乐体验”等物理认知，重视为消费者提供水公园基础价值。而综合百度指数、马蜂窝等平台热词，对于水公园，消费者更重视“好玩”“热闹”“爽”“激情”“开心”等情感认知。

依靠“欢乐谷”品牌的强大认知与带动效应，为南京玛雅海滩背书，建立消费者对新园的信任。借势热门 IP 小黄鸭，针对年轻人与亲子家庭的喜好，形成引流，并助力自有 IP“欢乐大蓝鲸”的孵化。联动众多其他业的品牌，借助各品牌的渠道资源，实现品牌露出，传递开园信息。

南京玛雅海滩水公园开业以盛夏为主战期，“新欢”意指新的欢乐谷，也指在南京城建成全新的超级水上公园，使南京市民获得新的欢乐。

“欢乐大蓝鲸”是南京玛雅海滩着力打造的自有 IP，“蓝鲸”与“南京”谐音，是品牌与南京及南京人民达成沟通的重要抓手。

上述这些情感认知抓住了消费者的感性的部分，为其营销传播造势。

2. 内容上以创意营造趣味

以“全城热，夏日新欢”为创意传播主题，主办方策划了一系列的创意营销活动，在“全城热潮，夏日新欢”部分提出了超级玩家招募计划，在 5 月中下旬发起线上招募活动，招募微博、抖音、小红书等主流社交传播平台上的 KOL 组成“超级玩家”，在开园之前抢先体验南京玛雅海滩水公园，在活动中拍摄平面、视频素材，用于宣发、制作创意物料、发布“种草”攻略等内容产出，曝光开园信息。

在“全城热萌，夏日新欢”部分，首创“南京玛雅海滩水公园×小黄鸭跨界营销”，以儿童节作为营销节点，结合南京玛雅海滩水公园 IP 合作方 B. DUCK 小黄鸭在南京开启引人瞩目的跨界营销合作，合作形式以线上为主，借势 B. DUCK 小黄鸭 IP，向南京全城发出软萌可爱的邀请，传播南京玛雅海滩水公园各项游乐设备的亮点。

在“全城热玩，夏日新欢”部分，举行“大肚皮拖鞋派对”。6 月上旬，以微博和微信为主要传播平台，为南京玛雅海滩水公园的“大肚皮宣传片”和“大肚皮拖鞋舞派对”策划创意传播内容，并发布南京玛雅海滩水公园即将开园的信息。

在“全城热拍，夏日新欢”部分，创意地铁包车。6 月 14 日，地铁创意上线，以鲜明独特的画风和概念吸引行人目光，以互动式的画面引导游客拍照打卡，将其打造成夏日最火热的网红打卡地。通过地铁画面传递开园信息，以地铁中自然的人流量将这一信息传播“出圈”。

在“全城热浪，夏日新欢”部分，举办“蓝鲸音乐节”。7～8 月，为南京玛雅海滩水公园持续两个月的“蓝鲸音乐节”策划创意传播内容，持续、阶段性地曝光音乐节明星阵容、活动亮点等内容，扩大声量，实现引流。将蓝鲸音乐节打造成南京玛雅海滩水公园的独有印记和节庆，并使其成为这个夏天最火热的电音节。

在“全城热创，夏日新欢”部分，发起了大冰块艺术项目。7 月 18～19 日，为大冰块公共艺术项目的落地进行传播策划和内容输出，倡导大家关注南极冰川融化问题、爱护水资源的同时，为游客们带来一丝夏季凉意。

在整个营销项目中，策划者通过制造趣味的“糖衣”进行包装，将营销信息巧妙融入富有趣味性的情节中。潜在消费者持续接触相关信息，也会沉浸在寻求欢乐的氛围中。2020 南京玛雅海滩水公园开园品牌公关数字营销可以称得上是一次立足于“娱乐”二字之上的产品营销。

（二）利益原则：活动丰富，多重利益同满足

能够为目标人群带来利益对营销成功会产生重要影响。利益不仅是物质上、金钱上的收益，而是包含信息咨询、功能或服务、心理满足、实际物质、金钱利益等方面。卡茨在对媒介使用的研究中，将需求分为五大类：认知需求、情感需求、人际需求以及缓解压力需求。南京玛雅海滩水公园品牌公关数字营销项目从以下方面为市民带来利益：

1. 善用媒体平台，满足信息需求

积极利用各方媒体，通过主流媒体权威背书，通过小红书、大众点评、抖音等平台进行口碑输出、官方自媒体以微博、微信为传播主阵地，及时发布品牌及产品、活动信息，与粉丝进行沟通互动，使人们不断获得新信息。

2. 折扣优惠满满，保障经济利益

在儿童节活动期间发布儿童免票、成人享儿童票优惠等政策。在园区内多处设置多种形式的亲子趣味水上挑战赛，花式戏水，完成挑战的家庭即可获得限量亲子套票福利。价格上的优惠保障了人们的经济利益，省钱也能“夏日狂欢”。

3. 活动丰富精彩，满足心理需求

活动形式丰富多样，为消费者不断提供新鲜感，为夏日生活增添了趣味与清

凉。小黄鸭跨界营销、大肚皮拖鞋舞派对、创意地铁包车、大冰块艺术项目精彩活动层出不穷。为亲子出游、朋友相约提供好去处，满足人们的社交需求。

就具体每项活动而言，也是瞄准了受众不同的心理需求。

（1）心理松绑，乐享夏天。大肚皮宣传片将镜头对准大肚皮肥宅们，展现了夏天并不是俊男靓女的专属，每个人都拥有享受夏天的权利。以大肚皮人群为定向突破口，扩散至更多目标人群，最终触达全民。这种宣传方式在观念上给人们松绑，突破固化审美观念，满足人们尽情享受夏天的欲望。

（2）提供极致体验。除在炎炎夏日提供清凉舒爽的体验外，蓝鲸音乐节打造顶级音乐盛宴，为受众提供参与感、沉浸感、仪式感，使其纵享纯粹欢乐。音乐节以音乐演出、艺术展览为主要形式，配合以沙滩、人字拖等营造的夏日海滩氛围，充分调动参与者的听觉、视觉、嗅觉、触觉等不同维度的感官，使其获得沉浸式的场景体验，在极其新奇快乐的互动中激发受众的认知兴趣，多维度传递玛雅海滩的品牌理念与核心价值，将最不设限的夏日体验无差别地呈现在每一个受众面前。邀请流量明星孟美岐、小鬼王琳凯，乐队闪星、大波浪、橘子海等乐队，以及顶尖DJ，满足粉丝心理，唤起兴奋感，获得粉丝群体归属感，满足审美愉悦与休闲娱乐的需求。

（3）构建理想人设。邀请市民参与热门活动，提供打卡项目，满足其打造新潮、会玩的人设以及社交方面的心理需求。

借势热门IP小黄鸭，向南京全城发出软萌可爱的邀请，以鲜明独特的画风和概念吸引行人的目光，以互动式的画面引导游客拍照打卡，将其打造成这个夏天最火热的网红打卡地。为人们打卡—发布—获赞提供场景，满足人们自我表露与展示的心理需求。

大冰块艺术项目邀请艺术家与公众一起完成冰雕作品，在炎炎夏日中为人们带来清凉体验。同时，传达环保理念，使人们获得参与公益活动的自豪感，满足了人们对自我形象的期待。

（4）满足市民对南京的归属感。推出配音H5《蓝鲸人心中的完美水公园》，由南京话KOL“南京来斯妹”领头，邀请市民南京话配音。同时利用南京“专用梗”：一个是小黄鸭，南京和鸭子已经是很有共鸣的（“没有一只鸭子能活着走出南京”）；另一个是“早鸟票”，因为“早”“鸟”两个字写得和“鸭”字特别像，这里玩的是小黄鸭写错别字的梗。并且创造一个南京人的IP——蓝鲸，因为很多人会念南京的时候会念成“蓝鲸”，蓝鲸音乐节是南京欢乐谷造的一个独属于南京市的音乐节。

建立南京玛雅海滩与南京市民的情感连接，将南京玛雅海滩打造为“南京人心中完美水公园”。

（三）互动原则：充分交互，引发关注促流量

互动是社交媒体时代网络营销最重要的特征。互联网媒体区别于传统媒体的一个特性是互动性。互联网的交互性提供了一种可能性，即让消费者不仅仅是单纯地被动接收信息，而是主动地参与到互联网营销的互动与创造中。通过互动我们可以加深用户对品牌的了解、消除用户的疑问、提升用户的忠诚度，是一种有效的营销手段。只有充分利用网络的交互性，充分地利用网络的特性，与消费者进行交流，才能让网络营销的功能发挥到极致。

互动可以是企业与用户进行对话，也可以是用户与用户进行对话。企业可以通过设置话题、建立社区、社交媒体营销活动等多种方式进行交互，这种交互能够缩短消费者与产品的距离。

1. 话题营销

话题营销是“商家选择一个适当的时间节点用一个引爆的话题让品牌在社会化平台上获得更多的关注，它不仅着眼于销售业绩的爆发，更是商家品牌提升的契机”。①

在话题互动方面，南京玛雅海滩乐园在5月中旬集中发布了“南京玛雅海滩全面建成信息”，进行了一场话题营销。夏日新欢在5月中下旬发起线上招募活动，招募微博、抖音、小红书等主流社交传播平台上的KOL组成“超级玩家”，在开园之前抢先体验南京玛雅海滩水公园，在活动中产出UGC，曝光开园信息，一度引起了媒体、网民和消费者的广泛关注。线上发布#喊你玩水，快上车#话题。大肚皮拖鞋舞派对以“搞大开心，搞大夏天”为主题，线上发布品牌TVC，将镜头对准大肚皮“肥宅”们，在微博、微信公众号等多平台发布视频，不但缓解了网友的视觉疲劳，还传播了南京玛雅海滩水公园即将开园的信息，成功地将网友的关注转化为购买率。

通过创意地铁包车，提前一个多月在地铁上投放开园预告信息，以“玛雅海滩盛大开放”为主题发布开园信息，以地铁的自然人流量带动信息的传播。在地铁上

① 杨燕.4I视角下的电商整合营销策略研究——基于大学生网购心理[J].当代经济，2017(16)：100-101.

打造三种欢乐谷主题车厢，以鲜明独特的画风和概念吸引公众，以互动式的画面引导游客拍照打卡，将其塑造为夏日最火热的网红打卡地。线上发布＃喊你玩水，快上车＃这一话题，联合南京本地综合类微博大号发布话题信息，发起挑战并鼓励用户在微博上晒照片，与用户互动，活动整体曝光量达500万。

2. 明星互动

在与明星的互动方面，8月1日，南京玛雅海滩水公园打造了城市级音乐盛会——蓝鲸音乐节。蓝鲸音乐节以新生代艺人孟美岐、小鬼王琳凯等流量打造明星阵容引爆热点，吸引公众关注及参与。以橘子海、大波浪、闪星等人气实力乐队打造顶级音乐盛宴。活动整体曝光量近5亿。当天，微博话题＃小鬼舞台＃冲上热搜榜，激发了众多网民的积极参与，很快成为网络热门话题，累积阅读量达3.6亿，借助明星流量提高蓝鲸音乐节及南京玛雅海滩水公园的曝光度，邀请流量明星孟美岐、小鬼王琳凯，乐队闪星、大波浪、橘子海……以及顶尖DJ，通过艺人流量吸引粉丝的关注及参与，带来了为期两个月的狂欢浪潮，创造了属于南京玛雅海滩水公园的狂欢节庆，也缔造了属于南京人的城市级音乐盛会。

引起微博用户关注、转发和评论是能够快速获得关注量的重要方式。南京玛雅海滩水公园的微博营销意识到与明星互动的重要性。评论区和转发区中的用户交往是用户之间，甚至用户与读者和明星之间的互动交流。在这种互动的过程中，用户倾向于获得自我认同感，这一点显著有利于增强用户黏性。而这样的举措最终扩大了南京玛雅海滩水公园的曝光，提升了在社交平台中的讨论量和话题度。

（四）个性原则：精准定位，差异营销享情怀

不同的受众媒介接触和消费心理存在差异。比起粗放的、直接的营销手段，专属、个性化显然更受消费者的青睐。构建差异化的营销，有助于建立起专业和个性化的形象；个性化的营销是全景式的，它基于消费者的需求进行认知、理解和判断，因此使消费者产生被“关注”的消费心理，更容易引发互动和购买行为。①

南京玛雅海滩水公园品牌公关数字营销项目在以下四个方面体现了差异化营销的个性原则：

---

① 唐兆刚. 基于4I理论的进口买断电影营销策略分析——以电影《何以为家》为例[J]. 戏剧之家，2020(34)：159－161.

1. 精准定位市场，进行消费者画像

南京玛雅海滩水公园将核心目标受众定位为爱玩会玩的年轻一代及注重陪伴的亲子家庭。其精准把握了用户喜欢追求新鲜事物、追求热情释放、偏爱更“燃”的现场娱乐这些消费偏好，并重点关注了用户强烈的社交需求，以此作为消费者的人群属性，关注目标消费群体在游玩中期待获得的欢乐体验。

2. 建立起与“南京人民”的牢固情感连接

在传播方面，南京玛雅海滩水公园积极“讨好”南京人民，深挖南京人民的情感需求，站在南京人民的角度，侧面讲述品牌利好。找到吸引南京人的“梗”，如对热门 IP 小黄鸭的跨界营销，实质是抓住“鸭”对南京的深层情感价值，向南京全城发出软萌可爱的邀请。以此打造一系列阶段性热点话题及创意营销事件，吸引南京人民的关注与参与。

3. 激发受众认知兴趣，传递品牌理念与核心价值

南京玛雅海滩水公园品牌落地开展深度互动式体验活动，以用户强烈的社交需求为引子，在南京中心建造了一座“地下岛屿”，举办夏日派对，以音乐演出、艺术展览为主要形式，以沙滩、人字拖等营造夏日海滩氛围，充分调动参与者不同维度的感官，使其获得沉浸式的场景体验，将多维度的品牌理念和玛雅海滩核心价值不设限地传递给受众，击穿受众心智。

4. 打造“浪漫南京”主线，汇聚南京流量

代表玛雅海滩水公园全面落成的浪花席卷南京，象征玛雅海滩水公园为南京带来的浪漫情怀。以浪漫为主线，精准定位情侣及亲子客群。在地铁包车方面，地铁创意上画，以互动式的画面引导游客拍照打卡，将其塑造为夏日最火热的网红打卡地；针对年轻及亲子客群，受到“肥宅快乐水”的启发，将玛雅海滩水公园比喻成“南京快乐水”，通过视觉展现玛雅海滩水公园的清爽氛围，为亲子家庭及年轻客群创造趣味体验。配合小黄鸭、欢乐大蓝鲸等 IP 元素，释放开园信息，营造全城狂欢共庆的氛围。

第三节　案例访谈

“以前是品牌找用户，现在是用户找品牌”

一、公司介绍

哲基咨询创立于1999年10月，业务范围覆盖管理咨询、公共关系、数字科技和创意互动等不同领域。代表性服务项目包括：上汽荣威RX8整合传播、欢乐谷主题公园品牌传播、沃尔沃环球帆船赛媒体传播、上海新天地整合传播服务和“上海品牌”认证标志设计等。目前，哲基咨询涵盖了哲基公共关系、哲基数字科技、原住民数字科技和哲基品牌咨询等多个专业品牌。

二、采访对象

廖可杭，上海哲基数字科技有限公司高级客户主任。曾服务于华侨城集团、欢乐谷集团、南京欢乐谷、腾讯、维他奶等客户。其中，参与策划并落地执行的2020年南京玛雅海滩水公园公关数字营销项目荣获2020金旗奖年度十大全场大奖案例。

三、访谈记录

（一）洞察市场，树立独特品牌

Q：当时哲基公关是怎么承接到欢乐谷的项目的？

A：主要是因为我们公司——哲基公关，一直都为华侨城集团服务，大家了解它是因为房地产产业，但是它最近在向文旅方面转型。欢乐谷集团是华侨城的一个子集团。所以，华侨城和欢乐谷都是我们比较主要的客户。南京欢乐谷集团在2020年比较重要的项目是水上公园和之后将要开业的陆地公园。各地的欢乐谷都会认为，既然华侨城集团已经委托了我们公关公司，他们也可以尝试一下，所以我们有了做这个项目的机会。

Q：请问在与欢乐谷对接的时候，是否给了你们一些任务和目标？

A：就任务、目标方面而言，这个项目其实是介于公关和市场营销之间，更偏向于公关，比起 KPI 数字上指定的要求，更多的是品牌传播。比如说对于这一次的项目，是想要让南京人民知晓南京玛雅海滩水公园要开业了，产生游玩的兴趣，达到引流的目的，引流是在最终环节，但不会规定要引流多少，因为这样会更偏向于市场。

Q：策划的制定程序，当时是怎样去思考，制定了这样的一个策划案的呢？

A：这种项目，客户都会给我们一个标书，会说明传播总的目标、需要设定的一些既定的节点，例如这次项目中的南京音乐节，他们艺境要策划好，我们要包装好这些节点，在传播上扩大声量。之后再策划一些新的节点，让传播的节奏更加饱满。当初拿到标书，我们首先要解决的问题是，作为一个新的乐园它需要关注度；其次，南京本地已经有开了很多年的乐园，例如水世界，南京市民对老品牌的认知度会更高，所以我们要找准自己的立足点，标榜自己的风格和特点，明确自己到底跟竞争对手有什么区别。还有一个问题是针对新冠疫情的，水公园在 6 月开业的时候，景区限流是 50%，大家对安全会有比较大的担忧，我们要用“狂欢”“欢乐”的话题来消除大家的安全焦虑，这个是比较困难的事情，因为我们要掌握一个度，我们也不能过度宣传大家集体狂欢的事情。最后，我们要和游客沟通一些什么。

南京缺少一些重量级的公园，其他公园会宣传比较基础性的设备，但是主题乐园应该更注重内容方面。玛雅海滩水公园会有一些玛雅的文化，是别人没有，你这里才能找到的特点，也就是市场立足点，例如玛雅的造浪池是最大的、华东首家恒温水系统。我们最终想要达到的传播目标，就是把玛雅水公园打造成南京城最重量级的超级水上乐园，把它的开业设置为全城的话题，设置议题本来是自己品牌的事情，但是通过议题的设置成为全南京的话题。

策略这一块的话，我们最终设置了三个策略：

第一，用好南京欢乐谷的背书——姊妹园，很多人听到“玛雅水上乐园”不会产生很明确的品牌认知，所以我们会强调“欢乐谷”这一点。

第二，既然我们要建的是南京水上乐园，有一些梗是要面向南京市民的。

第三，我们有一个集中的载体，进行集中贯穿，使传播节奏更加有规划。我们当时比较满意的传播主题是“南京有新欢”。它有双重含义：南京有新的欢乐谷；南京人民的新欢。“新欢”的描述是将其他的乐园隐喻成了“旧欢”，有巧思，并且强调了“南京”，打造与南京人民建立情感联结，主要是这样的一个思路。

Q：您刚才提到，营销策划会考虑竞争对手的部分，我们了解到竞争对手包括直接、间接的竞争对手和一些替代产品。除了您案例中列举的竞争对手，有没有将其他的游乐设施列为竞争者呢？

A：如果是直接的竞争对手的话，仅限于水公园，间接的话包含所有的游乐园，包括南京有“银杏湖”，是一个比较大的主题公园，建了很久，南京本地市民都是知道的，它是比较大的竞争对手。但是南京市场是比较空白的，缺少大型主题公园，银杏湖刚好建了很长时间，南京水上乐园可以填补这个空白。替代品的话，我们之前做过另外一个项目——欢乐谷。在做三到五年的战略规划的时候，我们会思考主题公园的替代品是什么？有的时候你的竞争对手不一定和你是一个行业的，玛雅水上乐园三四个月的项目不用考虑很长远，当你把目光放到3～5年，有什么东西可以慢慢取代主题公园带给人们的价值，我们当时想到的主要有两个：一个是短视频，另外一个是游戏。线上和线下有时候也会相互替代，大家去主题公园玩，只是希望有快乐的体验，但现在流行的短视频就是在消耗时间，人们得到了快乐体验之后，就不会选择去线下体验了。游戏也是一个很大的替代品。这种线上取代线下的趋势，是我们今年会着重考虑的。因为在今年疫情的影响下，大家会在线上的方式去完成一些事情。所以，这个替代品是我们长期做战略规划的时候会去考虑的，但是对于三四个月的项目，我们一般只会考虑直接和间接的竞争对手。

（二）摸准心智，让消费者“跳舞”

Q：南京人民喜欢的梗是哪些？真正落地后的评价和态度是什么？

A：主要有两个，一个是小黄鸭，南京和鸭子也是很有共鸣的，就算是外地人也会知道“没有一只鸭子能活着走出南京”这样一个梗。当时我们想请小黄鸭进行合作也有这个目的，我们想玩一玩有关鸭子的梗。我们还想要玩一个“早鸟票”的梗，“早鸟”两个字写得和“鸭”字特别像，这里玩的是小黄鸭写错别字的梗，南京玛雅海滩的IP大蓝鲸给小黄鸭写了一个明信片，明信片上的鸭字是故意写错成“早鸟”，然后小黄鸭的微博就会@大蓝鲸说：怎么回事，你把我的名字写错了。然后大蓝鲸会回复：这是我送给你的礼物，这个礼物就是早鸟票。

还有一个梗，是关于蓝鲸音乐节的，我们想创造一个南京人的IP——蓝鲸，因为很多人会念“南京”的时候会念成“蓝鲸”，这是南京市民都知道的梗，蓝鲸音乐节是南京欢乐谷创造的一个独属于南京市的音乐节。

Q：从您丰富的经验出发，消费者会更喜欢什么样的营销方式？

A：对于年轻人的话最具效果的是大肚皮和南京音乐节。这是针对年轻人的常见打法：输出你自己的态度。在以前其实是品牌找用户，品牌要什么样的用户，再通过营销手段吸引那些用户，但现在是用户找品牌，首先我们把自己的理念输出，我们就是这样一个有态度的、一个追求自我的品牌，用户看到内容后产生共鸣，会自己来找你，对于大肚皮就是运用了这样的传播手段。在宣传大肚皮的时候，我们拍了一个宣传片，主要想表达的是水公园不一定是帅哥美女才能去的，夏天是属于每一个人的，想表达"身材不设限"的态度，这样一个片子发布出去是为线下的活动做预热的，在线下的活动中，我们在南京找了一个市区的地下室，把地下室打造成一个夏日海滩的样子，入场的人只能穿拖鞋，用灯光打造出波涛的感觉，里面有书店、一些艺术的展区、live house，你先把态度表明出去，然后再做一些年轻人喜欢的东西，气氛族很流行，大家都喜欢在音乐艺术氛围中一起狂欢。我们了解了年轻人的态度，输出了年轻人喜欢的内容，让他们以为这个品牌和他们是有共鸣的，虽然这个活动办在市区，但是通过这个活动能够就提高品牌的认知度和好感度，自然就想去玩。如果通过一些包装，将南京音乐节做成南京最大的音乐节，通过包装把口号喊出去，就会有不一样的传播效果，所以主要是要够大，请的明星名气要够大，名气最大是孟美岐和小鬼、在《乐队的夏天》中火爆的乐队，主要是在微博阵地做宣传，因为它的粉丝比较聚集，当时总曝光量达 5 亿以上。

Q：然后，我们想问的就是整个活动里面的最后一项是 7 月 18 日、19 日的这个大冰块公共艺术项目，这个就是为了玛雅海滩水公园专门做出来的一个项目，还是原本就有的，然后就引入了水公园的项目？

A：这个是专门做的，是当时和一个策展机构联合发起的，但是这个东西不是说原有的项目，整个项目是我们自己策划的。

Q：那把这个放到最后面是出于一种什么目的？

A：对，其实因为这个项目还是比较小众的，它不像前面的那些，就是让大众非常好地去了解，它更偏向于艺术，然后包括它带有一些环保的理念，所以我们是把它放到后期，想要再让大家首先是知道了这个品牌，然后再输出一些更深层次的品牌的理念，比如环保、艺术等。等于在传播后期做一个延续温度的环节。

Q：经过一系列的营销之后，请问你们有没有调查过现在南京消费者对玛雅海滩的态度和评价是怎样的呢？有没有建立起对玛雅海滩水公园这个品牌的忠诚度呢？或者调查过他们对其他一些竞品的忠诚度？

A：我们会在整个传播的全程前期，包括在开园的时候，都会有监测，会实时监测一些舆论，但是因为我是做策划，监测的工作是我们在媒介的同事那里做的，所以我没有具体的数据，只能说就是给南京玛雅海滩带来了一定的好评，包括我们微博的十几个话题，曝光量都很大，可以通过这些曝光，包括在大众点评这样的平台上面会看出大家对于南京玛雅海滩水公园先产生认知，然后产生了一些好感，还有好评上的一些累积。

Q：你们调查消费者会重复购买门票吗？就是他们的回购率如何？

A：这个其实当时不是我们考虑范围之内的很重要的事情，因为重复购买这个已经偏向于销售，在购买上面公关的话不会考虑这件事情。我们公关的话，首先要把这个品牌的认知建立起来，把品牌打出去之后，自然而然大家就会到你这里来。所以当时不会很着重地去想这个事情。我们负责把前面的事情做好。但是到后面，南京欢乐谷开园的时候，水公园总共只开了七、八两个月，所以复购不是一个很重要环节，因为总共也只有两个月，我们主要是想要吸引一些新的用户过来，我们当时在陆公园是做了一票玩两次的这样一个方式，因为陆公园其实跟水公园有点像，它在刚开业的时候，它里面有一些项目是没有的，比如说大摆锤，需要到明年，也就是2021年才会开放，所以我们也会担心大家的实际体验达不到期待值，这样就会对后续的复购有影响，大家就会失望。所以当时就是想说我们让你买一张票，但是你可以选择，先在2020年来一次，然后在2021年再来一次，就是等于我们开园了，就直接过来玩，之后我们变得更好了，我们有更完善的项目了，就邀请你再过来体验一次更好的南京欢乐谷。

(三) 克服惊险，展现精彩与惊喜

Q：请问整体的营销策划在实施过程中有遇到什么困难吗？遇到困难是如何化解的呢？

A：其实困难挺多的，变动会让你感到焦虑，比如说在做超级玩家招募计划时，当时我们请了几十个网红KOL，一起到线下进行了一天的体验，园区还没有开放，就是想在开放之前，先在口碑平台(小红书、大众点评)积攒起一定的好评内容，然后在活动开始的前一天，客户那边突然和我们说有两个大型的设备还没有检修过，所以第二天想要取消这个活动，然后我们当时就很慌，因为那些KOL也不是很好

说话的人，而且那时候都已经晚上十点了，突然就说明天的活动要取消，这个首先是非常不合理的，其次会导致非常大的损失，那些KOL是需要赔偿金的，当时我们紧急和客户开会，首先是问清楚为什么必须要取消活动，他们一开始没有和我们说是因为两台设备需要检修，就直接跟我们说第二天取消了，我们跟客户了解的时候发现其实没有到必须要取消的地步，他们只是有两台最主要想要推广的设备(大喇叭和惊险的滑道)还没有检修过，所以我们劝客户，明天举办活动的时候把那两个设备关闭就行了，但是活动还照常进行。在之后的传播中我们会注意，比如说在那些KOL发东西的时候，如果拍到那些设备或者提到那些设备的话就让他全部删掉，尽量避免把那两台设备传播出去，最后还是照常在第二天做一个线下的体验。

Q：在从写策划案到实施的过程中有无什么印象深刻有趣的事情？

A：其实在执行的时候会一直遇到有一些惊喜，比如说到后期蓝鲸音乐节的时候，明星有一些自流量。那个时候我们不会再很花心思去打造话题或者考虑在什么渠道上传播，那时候已经稍微感到放松一些了。常常会有很惊喜的时候，比如说像那个孟美岐在那边拍了一些照片，整个放浪区都是满的，后来“小鬼”也去了，那天甚至出现了一点风险，因为那天其实有2万人，其实2万人也在50%限流的规定内，但是那天密密麻麻全是人，大家都不戴口罩，那个时候有惊喜，也有惊吓，很担心会有危机，现在想起来很有意思，其实当时很慌。

(四) 利用热度，精心挑选合作方

Q：我们了解到营销策划部分，与小黄鸭IP展开了合作，这个是原本就和南京玛雅海滩有合作，还是哲基公关为玛雅海滩选了一个这样的IP？

A：这个IP和南京欢乐谷是本来就有合作。南京是水公园先开，之后开欢乐谷，欢乐谷里有六个园区，其中有一个就是小黄鸭的园区，那个是全球第一个小黄鸭园区，所以这个IP是原本就有在合作，但是在水公园里面是没有任何小黄鸭的东西的，但是当时我们考虑到，既然已经跟他有合作，那其实现在就可以利用IP的热度为水公园进行导流，所以当时哲基算是给他们牵线，因为他们本来没有想要在为水公园做营销的时候就要把它利用起来。后来我们这边负责和小黄鸭那边洽谈，讲一下合作意愿，所以在水公园的时候就先将这个合作进行了预热。

Q：我们还注意到，当时有一个全程热像，策划与一些不同行业的品牌联合，通过各个品牌产生一个联动的效应，你们在选择这些品牌的时候会考虑什么呢？然后为了实现品牌流量的互相转化，会做一些什么样的策划？

A：首先我们在选择的时候是想要覆盖更多的行业的，比如说南京联通，然后有一些 APP，像电商苏宁易购等这种品牌，然后考虑的是首先这个品牌它本身要有一定的知名度。这样子的话，它才能算是带上南京马海滩水公园，不然变成我们带它们的话，其实对于我们的话就是成本会大于收益。然后第二个就是我们也会考虑这个品牌，它能给我们提供的渠道是什么。比如，当时在谈的时候，他们就会跟你说，我们可以在微博帮你们发什么，然后在公众号也可以发，比如说胡桃里，他们可以在线下的门店的屏幕上放我们的宣传片。我们会考虑这些渠道是不是有影响力，会看他们的微博上平时的一些数据。

这次策划其实主要是在视觉上，我们一共做了 9 张同一系列的海报，是针对不同品牌的海报，海报的主体就是我们南京欢乐谷。因为当时到那个时间节点蓝鲸音乐节已经开始了，所以这也算是蓝鲸音乐节的一个预热。南京是放在画面的最主要的这个位置；然后就是会配合各个品牌的特点元素，比如苏宁易购的特色元素就是那只狮子，哈啰单车的特色元素就是单车，给人们创造视觉上的一种冲击感；之后主要是在我们自己的发布平台进行宣传，就是双微。对于其他各个品牌，就是要将他们线上线下已经有的这些渠道全部去结合起来，然后还有一些活动，比如说像哈啰单车。我记得我们当时是做了一个推荐广告，用户点开哈啰单车的 APP 的时候，其实都是想要去某个地方，然后这个时候弹出一个推荐广告，会告诉用户说那个南京玛雅海滩水公园开业了，就是会对用户起到强调的这样一个作用。

（访谈人：曹力江、金春兰、齐臻熹、魏爱丽、张瀛心、千承焕）

第七章

海嘉明哲×波司登：
“为中国加油”，传递品牌家国情怀

2020年年初，新冠疫情暴发。一方面，国内抗疫一线面临医护防寒需求紧迫的困难；另一方面，受疫情影响，中国品牌减少出席世界秀场。

在这一背景下，波司登洞察社会需要及社会心理，展开了“为中国加油”——新冠疫情公益驰援及伦敦时装周推广项目，以3亿元羽绒服驰援一线，并成为首个亮相伦敦时装周的中国羽绒服品牌，引领全场为中国加油。

这一项目获得了官方媒体在内的媒体矩阵的支持及传播，收获了大量UGC二次传播，为品牌积攒了良好声誉；同时也在疫情期间切实温暖了一线医护工作者、提升了国人的信心。

第一节 案例复盘

波司登的家国情怀,疫情寒冬中“为中国加油”

一、羽绒服行业分析

(一) 羽绒服品类

1936 年,羽绒服诞生于美国,20 世纪 70 年代进入中国市场。起初因面料粗糙、缺乏质感、含绒率低、款式单调、颜色灰暗被称为“面包服”。随着生产工艺的改进,羽绒服由贴牌代工向自有品牌培育阶段发展。

2001～2011 年,主要企业群形成,行业进入跑马圈地式扩张阶段。

2012 年,国际快时尚品牌优衣库、Zara、H&M 以及四季化企业也纷纷开始进军羽绒服行业,凭借更为时尚的设计迅速抢占了年轻消费者心智。同时,电商的迅速崛起使得线下门店产品过剩,行业前期粗放盲目扩张的门店和开发的品类逐渐成为负担。加上 2013 年服装行业整体市场需求不足、暖冬影响、禽流感暴发原材料成本上涨等多重因素的内外夹击下,国产羽绒服企业普遍出现定位定价混乱、渠道粗

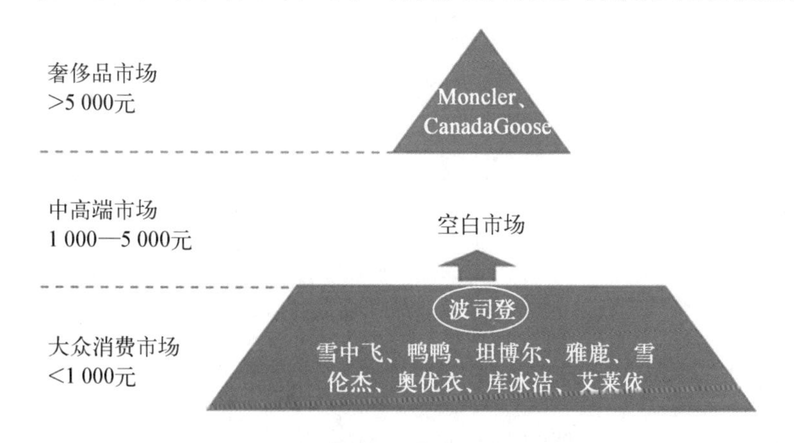

图 7-1 中国羽绒服行业竞争层级

资料来源:前瞻产业研究院整理。

放、库存高企、产品老旧等问题。行业全面调整，通过打折促销的方式清理渠道库存。

长期以来，“中国羽绒服行业的主战场集中在1 000元以下的价位段，竞争极其激烈”。[①] 2016年，欧美高端品牌，如Moncler、CanadaGoose逐渐在中国市场上走红，为国内羽绒服行业引入了时尚、高端的概念，重塑了行业认知。羽绒服突破防寒保暖的功能性，向时尚化、高端化、年轻化方向发展。“Moncler和CanadaGoose的进入大幅提升了羽绒服的售价，并且首次将羽绒服划入了奢侈品品类(零售价超过5 000元)，由此催生出价格段为1 000～5 000元的巨大市场空白”。[②]

近年来，我国居民消费水平上升，消费观念也随之发生了转变。羽绒服从生活必需品逐渐转向时尚单品，购买需求从功能性转向时尚性。我国羽绒服市场需求量不断扩大。调查数据显示，“近年来我国羽绒服行业市场规模以10%以上的速度增长，产品单价提升也为企业发展提供了充足的动力”。[③] 预计2020年，中国羽绒服市场规模将达到1 317亿元，同比增长8.9%。

(二) 竞品分析

表7-1 波司登羽绒服竞品分析

品　牌	艾莱依 Eral	雅鹿羽绒服	鸭鸭羽绒服
示意图			

① 前瞻产业研究院. 羽绒服行业竞争格局分析　新势力强势介入[EB/OL]. 腾讯网[2022-07-25]. https://new.qq.com/omn/20190911/20190911A0EKKU00.html.

② 前瞻产业研究院. 羽绒服行业竞争格局分析　新势力强势介入[EB/OL]. 腾讯网[2022-07-25]. https://new.qq.com/omn/20190911/20190911A0EKKU00.html.

③ 李佩娟. https://www.qianzhan.com/analyst/detail/220/190828-72d27179.html[EB/OL]. 前瞻经济学人[2022-07-25]. https://www.qianzhan.com/analyst/detail/220/190828-72d27179.html.

续　表

产品定位	自然、舒适、简约	“会呼吸的羽绒服”	发掘羽绒产品的纯净特质,采用先进的生产技术和完美的工艺
品牌理念	名牌的生命在于品质与文化	为消费者提供时尚、休闲、安全、健康、舒适的高品质羽绒制品	“舒适自由,质感生活”
优　势	开羽绒服时装化浪潮,时尚美观 质量好,性价比高	高科技与绿色环保理念 与美国杜邦公司形成战略性同盟 价格低	品牌历史与情怀 价格低 国家重点保护品牌
劣　势	价格较高 大众化产品少,受众范围小	品牌战略模糊,导致品牌空心化	对外宣传力度不足 国际化交叉

（三）疫情期间类似品牌传播对比

以疫情为切点,以公益话题为传播方式的不止波司登一家企业,此处以同为民族服装品牌的鄂尔多斯为例进行对比。

图7-2　波司登公益助力微博宣传

在疫情期间，鄂尔多斯集团捐赠防疫物资 2 000 万元，并投入到口罩生产中。同期，在鄂尔多斯新闻网、人民政协网等官方媒体发布稿件，并通过微博进行话题传播，在整个传播过程中，紧扣“鄂尔多斯温暖全世界”这一宣传口号。

相比波司登将产品属性和公益活动相结合的策略，鄂尔多斯本次还是以物资援助的传统公益模式为主，传播效果也不如前者显著。

二、波司登品牌分析

（一）品牌概况

波司登创始于 1976 年，专注于羽绒服的研发、设计、制作，畅销美国、法国、意大利等 72 个国家，消费人次超 2 亿。

在羽绒服行业，波司登可谓老牌龙头。1995 年，波司登首次登上羽绒服市场的头把交椅。到 2010 年，连续 16 年保持着行业第一名。2002 年，波司登被中国名牌战略推进委员会推举为“具有国际竞争力，向世界名牌进军”的 16 个中国名牌企业之一。2006 年，波司登被世界生产力科学联盟、中国生产力学会及世界生产力大会评选为全球市场的中国十大年度品牌之一。2007 年，波司登被品牌联盟评为中国 25 大品牌之一，并且是各行业中唯一连续两年获此奖项的服装品牌。波司登品牌在世界品牌价值实验室（World Brand Value Lab）编制的 2010 年度中国品牌 500 强排行榜中排名第 32 位，品牌价值达 331.34 亿元。[①]

国际化是近十几年来波司登品牌的一个底色。2002 年起，波司登先后在俄罗斯、美国、加拿大等国家设立分销点，2004 年开始确立品牌国际化战略。2009 年，在国际顾问机构 Reputation Institution 发表的《2009 全球企业声望调研》（Global Reputation Pulse 2009）中，波司登公司被评为“全球最具声望大企业”之一。

20 余年来，波司登蝉联国内羽绒服行业第一。然而，行业巨头的发展并非是一帆风顺的。创立以来，波司登大致经过了四个曲折发展阶段：20 世纪 90 年代前，从服装加工到注册品牌，开启品牌化发展；20 世纪 90 年代高速发展，推出多品牌，2007 年在港交所上市；2008 年后，受宏观经济影响，营收业绩下滑，采取跑马圈地式的扩渠道发展策略，开启四季化战略；2017 年后，受竞争加剧、消费升级等因素的影响，调整战略，从四季化运作模式回归，重新聚焦主业，重塑品牌形象。

---

① 波司登：逆市下的时尚舞者[J]. 商品与质量，2009(15)：15.

表 7－2　1999～2018 年中国羽绒服十大品牌变动情况

排名＼年份	1999～2007	2012	2013	2014	2015	2016	2017	2018
1	波司登	波司登	波司登	波司登	波司登	波司登	波司登	波司登
2	雪中飞	雪中飞	雪中飞	雪中飞	雪中飞	雪中飞	鸭鸭	雪中飞
3	鸭鸭	鸭鸭	鸭鸭	鸭鸭	鸭鸭	鸭鸭	雪中飞	鸭鸭
4	坦博尔	坦博尔	坦博尔	坦博尔	坦博尔	坦博尔	雅鹿	坦博尔
5	康博	雪伦	康博	雅鹿	雅鹿	雅鹿	雪伦	雅鹿
6	杰奥	杰奥	杰奥	杰奥	杰奥	杰奥	杰奥	雪伦
7	雪伦	康博	艾莱依	雪伦	康博	雪伦	坦博尔	杰奥
8	雅鹿	雅鹿	雅鹿	康博	雪伦	艾莱依	优衣库	优衣库
9	冰洁	冰洁	冰洁	冰洁	艾莱依	优衣库	冰洁	冰洁
10	艾莱依	大羽	大羽	艾莱依	冰洁	冰洁	大羽	艾莱依

资料来源：前瞻产业研究院整理。

（二）品牌诉求

在横向收缩、聚焦主业的战略背景下，近三年波司登将“全球热销的羽绒服专家”作为核心品牌诉求。这一理念又被拆分为“热销”和“专家”两个词，这成为波司登近三年内所有传播内容的聚焦点。

在受众选择上，波司登聚焦主流消费人群，打造高端品牌形象，而非一味地强调年轻化。波司登营销团队的负责人陈女士认为：“很多像我这种三四十岁的人的心态都是很年轻的，所以我们聚焦的是 20 岁以上、40 岁以内的主流消费力人群。”在每次传播活动执行前后，都有咨询公司对主流人群进行走访，了解消费者心中的品牌印象，并针对消费者进行内容设计、渠道选择、KOI 选择等。

（三）品牌传播

近年来，波司登从产品、营销、渠道等方面进行了全方位的品牌重塑。

在产品上，波司登迎合时尚化的新兴市场需求，邀请高缇耶、高田贤三等国际时装大师设计新品，发掘羽绒服“时尚单品”的功能，赢得了更多年轻消费者的认可与喜爱。

在营销上，波司登强调匠心文化，并通过IP合作等年轻化的营销方式与消费者沟通。除参与纽约时装周、成为唯一在主场走秀的中国品牌外，还推出了迪士尼、漫威等系列联名产品，引发消费者热议，刷新了消费者的品牌认知。

在渠道上，波司登洞察到渠道的便利性不足以满足年轻人的线下购物的需求，着手提升渠道质量，一方面，入驻更多主流商圈；另一方面，联合顶级设计师，重新设计高端化终端形象，为消费者提供更加丰富的购物体验。

一系列的品牌重塑操作取得了较为成功的效果，波司登会员整体年龄正在下沉至26～40岁的中坚力量。

三、核心策略与方法

（一）核心策略

1. 小故事，大情怀

在本次策划中，波司登在国内传播抗疫捐赠典型故事，在国外打造“为中国加油”时装周视频，海内外联动传播，而在这背后，主打的是爱国情怀，展现的是民族企业的家国担当，进而触发用户持续关注疫情，引发爱国共鸣。

2. 精渠道，广扩散

以官方微博+国家级抖音媒体为渠道原点。通过官方微博公布捐赠信息，征集扩散物资需求，在抖音上首发应援视频，引发行业及大众资讯媒体“自来水式”的扩散，将舆论高关注度转化为品牌社会影响。

3. 新思路，新范例

将产品属性与企业使命相结合，突破企业纯物资捐赠传统的公益形式，国内外并行打造典型故事和传播内容，激发了驰援共鸣和民族自信。同时利用日常核心媒体及央媒抖音官号，触及外围媒体和大众消费者，扩大事件的影响力，小投入大传播。

（二）营销方法

1. 以情动人：疫情需求与大众情感有效连结

波司登捐赠3亿元羽绒服驰援湖北疫区，切实解决抗疫需求，同时面向社会征集一线抗疫工作人员防寒物资需求，传播一线典型医护故事，营造抗疫共情氛围，引发爱国共鸣。

在“国内温暖驰援”阶段，波司登捐赠了15万件总价值高达3亿的高品质羽绒服，提出“为抗疫英雄们提供御寒保障”的口号，并通过官方渠道征集物资需求，传

图 7-3 波司登 3 亿元羽绒服驰援湖北疫区

播典型抗疫故事，这一口号的提出能够直击疫情中的用户心理，快速地提高用户的关注度、参与度。

2. 以外攻内：国际性事件辐射国内影响

波司登亮相伦敦时装周，在国际舞台代表中国时尚力量发声，海外媒体集体为中国加油，激发了用户的爱国情感和民族自信。

图 7-4 波司登羽绒服亮相伦敦时装周

波司登代表中国时尚力量登上伦敦时装周，用中国元素为祖国呐喊，全场国际友人齐喊“中国加油”。

波司登“为中国加油”项目总监陈芳玉回忆在伦敦时装周现场时，波司登要求所有参加走秀的模特、设计师、工作人员、媒体和所有的看秀人进入会场时在脸上印上中国国旗，并向到场的所有人赠送一面中国国旗。

与此同时，制作“中国加油”短视频，由央党级媒体在抖音上扩散，引发全国网友围观热议。

3. 以人圈粉：典型用户＋明星名人号召 引发全民“为中国加油”

通过获赠的抗疫一线医护人员，传播捐赠故事，伦敦时装周为中国加油，引发国际友人齐声高喊，以人物视角发声，内容感染力强，触达用户的情感心智，传递波司登温暖力量与精神。

除聚焦明星名人外，波司登也将视角聚焦到本次抗疫中的平凡人身上，以收集到的医护人员的故事直戳人心，并通过医护人员们的自发转发评论进一步扩大了传播范围。

图 7-5 新冠疫情期间一位微博用户的评论

4. 以产品带动品牌：打造品牌专业认知

紧密整合品牌信息，传递波司登羽绒服的专业属性与“温暖全世界”的品牌使命，同时借伦敦时装周展示品牌“时尚＋功能”的核心优势，巩固“羽绒服＝波司登”的品牌印记，抢占用户认知，有效促进转化。

四、媒介投放

媒介策略是波司登本次传播活动成功的关键。结合以往的执行经验、平台特点及疫情下的舆情监测，波司登决定将微博、抖音作为主要传播平台，通过央党级权威官媒确定舆论基调，结合日常维护媒体形成传播矩阵，使品牌传播模式多样化，并以媒体舆论的群众性激活大众口碑。

(一) 投放排期

- 2月4～10日　驰援抗疫一线

  2月4日　微博发布物资需求征集话题"波司登3亿元羽绒服驰援抗疫一线"

- 2月16～19日　伦敦时装周为中国加油

  2月16日　伦敦时装周

  2月17日　微博发布"波司登伦敦时装周喊中国加油"话题
  抖音发布"波司登伦敦时装周喊中国加油"话题

  2月18日　登上抖音热点榜第三名

- 3月20日　完成向438家医院、单位及组织，共15万件、总价值3亿元羽绒服的捐赠

(二) 平台选择

在居家隔离的背景下，微博成为人们获取疫情信息的重要媒介；微博和抖音自身具有的内容生动直观、话题性强的特点，也使其成为本次传播活动的优选平台。

1. 受众触达

微博作为一种广场式社交媒体，"在疫情中发挥了信息中枢的作用，集政令传达、疫情求助、社会监督、人文关怀、科普辟谣、社会维稳多功能为一体"，[①]汇集疫情最新动态，减少信息传递过程中信息不对称的风险。疫情期间，微博月独立设备数持续走高，成为人们获取疫情信息的重要渠道。

受疫情影响，抖音的用户数量明显增长，2020年1月份(包括抖音海外版本TikTok)下载量同比增长了46%，环比增长27%，达到1.04亿次。疫情期间，短视频行业媒体化趋势越来越明显，众多短视频平台都十分重视抗疫专题。微信、今日头条、抖音、快手等平台都相继上线了新型肺炎防治的相关内容。抖音、快手等短

① 荆学民，李圆. 激活社交媒体在重大公共事件中政治传播的正向功能[J]. 山西师大学报(社会科学版)，2021，48(02)：33-38.

视频平台的流量聚集效应,能够辐射更广泛的受众群体。

2. 生动直观

移动短视频突破了“文字+图片”的采编播方式,不但满足了用户碎片化的浏览需求。并且,移动短视频长度极短,适合人们在零碎时间内浏览,并且也由于视频极短,在内容上往往主题鲜明、开门见山,较之冗长的视频,更容易被网友接受、传播。

3. 话题性

微博作为广场式社交媒体,具有即时性、草根性、互动性等传播特点。微博的话题功能允许用户发起话题,通过搜索参与讨论,已成为微博平台中议程设置和讨论回复的主要形式。微博擅于话题性打造、用户参与讨论与分享的特点,使其成为本次传播的良好平台。

(三) 媒体选择

在媒体选择上,波司登创造性地联动了央视新闻、《中国日报》等官方媒体,将其作为传播原点,确定了温暖正能量的传播调性,并进一步联合生活资讯及时尚类媒体,触达更大范围的受众。

1. 权威定调

在疫情信息的发布过程中,官方媒体在当时对于受众而言最具权威性,作为曝光舆情疫情数据的核心媒体,许多感人事迹由官方媒体发出,起到了振奋人心的作用。由官方媒体的传播出发,最有利于确定后期舆情发展的正能量基调。

传播活动期间,央视新闻频道以视频形式报道了波司登援驰武汉事件,《人民日报》也为波司登的系列公益动作点赞。该项目既赢得了政府层面的关注,也获得了广大消费者的支持。

2. 媒体联络

在扩散阶段,波司登选择以新闻类、生活资讯类及时尚类媒体触达更大范围的受众,在这一过程中,获得了许多媒体的免费支持。这一方面离不开波司登长期积累的媒体资源、对媒体关系的日常维护;另一方面,也与疫情这一特殊节点与媒体沟通技巧密切相关。

波司登的两个公益行动,联合讲述了一个“大家联起手来,在疫情的背景下支援一线医护、帮助国人重建信心”的故事。在沟通过程中,“告诉媒体,我们是真心地想做这件事情，希望你能够支持我们"，表达了充分的热心与诚意。因此，许多媒体也愿意在特殊困难时期伸出援手，以免费推送的方式，彰显媒体责任，共同完成这一有益社会的温暖之举。

（四）传播策略

真诚沟通、淡化营销，是波司登在此次传播活动中采取的主要策略。

在疫情初期，公共管理一度陷于混乱，大量一线求助信息经由网友自发扩散传播，许多志愿团队自发联系一线医护，直接对接物资与需求。3 亿元羽绒服驰援一线的项目并不是一项简单的工作，需要仓储、运输、统计等多部门协同运作。在最初传播时，波司登就利用了这一巧妙方法，借助网友爱心转发信息，帮助项目高效启动。

确认捐赠15万件总价值3亿高品质羽绒服，送给包括湖北武汉在内的疫情较严重、气温较低的全国各大省市抗疫一线工作人员。这是我们能够为一线英雄们所尽的绵薄之力，也是波司登多年来公益之路的延续。波司登在战略升级两年持续逆势增长，要感谢广大消费者的信任和支持，因此我们更需要回馈社会和祖国。这次捐赠的羽绒服，我们已联系上部分需捐赠医院。**更欢迎奋战在疫情一线有需要的组织和单位，直接和我们沟通羽绒服捐赠需求。**

"波司登公益基金会"

邮箱：bsdf@bosideng.com

致敬一线英雄！

我们坚信，众志成城，共克时艰

疫情终将过去，胜利必会来临！

波司登公益基金会

2020年2月4日

波司登

2020-2-4 来自 专业版微博

恳请转发！#有保暖需求，速联系波司登，3亿羽绒服正发往抗疫一线#

目前，收到65家医院捐助需求，部分羽绒服已直达医护人员手中！我们也了解到，因倒春寒多个地区低至0℃以下，还有很多奋战在抗疫一线的白衣天使、警察、记者、志愿者等也非常需要保暖。我们想更快地将羽绒服直接送到他们手上。请了解情况、有需求的组织或者单位速与我们联系！

联系邮箱：bsdf@bosideng.com

图 7-6　2 月 4 日波司登官方微博发布物资需求征集信息，并恳请转发

2 月 4 日，波司登在官方微博发布征集信息，直接通过网络征集需求，并恳请转发。"哪里需要温暖，就到哪里去"的务实态度，让网友们看到了波司登品牌支援一线抗疫人员的诚意。

两条征集信息共引发约 1.7 万次转发，其中，淡化官方色彩和营销色彩、强调

图 7-7　2 月 6 日媒体自发帮助扩散需求征集信息

公益行动紧迫性的文案，引起了更多的共鸣与扩散，共 1.5 万条转发来自这条微博。随后，媒体“自来水式”地扩散捐赠信息，进一步吸引了网友的关注与转发。

疫情牵动着所有人的心。项目负责人认为，波司登本次项目的“传播效果这么好，算是天时地利人和的一个结果”。在媒介策略上，波司登抓住了受众关注一线、万众一心、共克时艰的心理，针对特殊时期制定特殊传播策略，既为公益活动和品牌争取了大量免费曝光，又有助于公益行动在短时间内高效落地；既有传播，又有实效，成功打造了典型的抗疫故事，为受众留下了深刻的品牌印象。

五、效果评估

在量化数据上，波司登 2 月 4 日微博热度环比上涨 11 290%，微信热度环比上涨 72%；2 月 18 日，#波司登伦敦时装周喊中国加油#以自然流量登上抖音热点榜第三，热度达 1 069.3 万；2 月 19 日，波司登百度资讯指数达到峰值 2 116 458，远超同期的竞争品牌海澜之家（43 724）、加拿大鹅（754）。在传播过程中，全网阅读及互动量超 7 188 万，品牌全网总曝光量超 9.6 亿，正面舆论占比 99%。传播活动为波司登赢得了巨量的品牌曝光和好评。

在质化效果上，以波司登 3 亿元羽绒服驰援抗疫一线为例，权威官媒、时尚、娱乐、商业等领域超百家媒体组成品牌同盟矩阵，内容时效性强、文字感染力强，受到社会各阶层的广泛关注。在媒体层面，波司登获得央视《新闻联播》的点赞，在《人民日报》等众多主流媒体报道中露出，以高公益价值获得多平台官方资源免费传播，有效刺激公益曝光；在大众层面，获得伊能静、黑科技大咖说等名人及 KOL 的自发传播，一线医护工作者自发拍照点赞，并收获大量优质 UGC，形成二次传播，有效提升了品牌美誉度。

总体而言,这是一个“以小博大”,小成本、大传播的成功项目。波司登顺应新冠疫情期间的社会心态,既取得了低成本的良好曝光效果,提升了品牌形象认知,又将公益、产品、品牌三者紧密结合,传递了波司登羽绒服的专业属性与“温暖全世界”品牌使命,展现了品牌“时尚+功能”的核心优势,在羽绒服品类中进一步抢占用户认知,符合“全球热销羽绒服专家”的长期传播方向。

第二节　案例分析

公益驰援暖人心，使命筑牢品牌关系

一、4R 营销理论简介

市场营销领域有多位学者提出了同名的 4R 营销理论。一种是艾略特·艾登伯格在 2001 年在其《4R 营销：颠覆 4P 的营销新论》一书中提出，其 4R 指的是关系（Relationship）、节省（Retrenchment）、关联（Relevancy）、报酬（Rewards）。[①] 而另一种则是由“整合营销之父”唐·舒尔茨（Don. E. Schultz）在 4C 营销理论的基础上提出的，主要内容为关联（Relevancy）、反应（Reaction）、关系（Relationship）、回报（Reward）四大要素。[②] 后者的影响力更为广泛，因此本文以后一种 4R 营销理论，作为主要的分析框架。

（一）理论内容

1. 关联（Relevancy）：紧密联系顾客

在唐·舒尔茨的理论中企业与客户的关系被提到核心的位置。他认为，企业与顾客是一个密不可分的命运共同体。因此在企业生产活动的过程中，建立、发展并维护好与顾客之间的长期关系是企业经营的核心内容。为了达到这一目的，企业要通过某些有效的方式在业务、需求等方面与顾客建立关联。企业与客户之间形成一种互助、互求、互需的关系。当企业的营销活动能够真正把顾客与企业联系在一起，顾客的忠诚度得到了提高，顾客的流失也会减少。企业就能够赢得长期而稳定的市场。

2. 反应（Reaction）：提高对市场的反应速度

企业和顾客的关系是相互影响的。在市场中，对经营者来说最难实现的，不在

---

① ［美］艾略特·艾登伯格. 4R 营销：颠覆 4P 的营销新论［M］. 文武等译. 北京：企业管理出版社，2003.

② ［美］唐·E. 舒尔茨. 重塑消费者——品牌关系［M］. 北京：机械工业出版社，2015.

于如何制定和实施计划，而在于如何从顾客群体的角度出发换位思考，及时地倾听顾客的意见，企业应该从推测性商业模式转移成为高度回应需求的商业模式。在这一过程中，企业对市场的反应速度至关重要，企业应及时地倾听顾客的希望、渴望和需求，并及时做出反应来满足顾客的需求。

3. 关系(Relationship)：重视与顾客的互动关系

在市场的变革中，企业与客户的关系发生了本质性变化。抢占市场的关键是通过营销活动与顾客建立长期而稳固的关系。舒尔茨在书中提到了相应产生的5个转向："从一次性交易转向强调建立长期友好合作关系；从着眼于短期利益转向重视长期利益；从顾客被动适应企业单一销售转向顾客主动参与到生产过程中来；从相互的利益冲突转向共同的和谐发展；从管理营销组合转向管理企业与顾客的互动关系。"[①]关系乃是重中之重，企业要加强与顾客的沟通与互动，以建立并巩固长期的良好关系。

4. 回报(Reward)：回报是营销的源泉

任何交易与合作关系的巩固和发展，究其本质是经济利益问题。一定的合理回报既是正确处理营销活动中各种矛盾的出发点，也是营销的落脚点。企业要满足客户需求，为客户提供价值，真正目的在于并进而获得相应的收益。一方面，回报是维持市场关系的必要条件；另一方面，追求回报促进了营销的发展。营销的最终价值在于其是否给企业带来短期或长期的收入。

(二) 理论特点

1. 以竞争为导向

随着市场的成熟与竞争的日益白热化，4R营销理论关注的重点是企业与顾客建立互动与双赢的关系。这也正是这一理论与之前学者的4C理论的区别之处。企业在积极地满足顾客的需求之外，更应主动地创造需求，用通过关联、关系、反应等形式建立与企业的客户群体建立起独特的纽带，从而在市场中占据不可替代的地位，形成自身的优势。

2. 强调关系营销

相较于先前的营销理论，4R营销理论强调和顾客的关系，提出了如何建立关系、长期拥有客户、保证长期利益的具体操作方式，贯穿其中始终不变的是对关系

---

① [美]唐·E.舒尔茨.重塑消费者——品牌关系[M].机械工业出版社，2015.

营销的看重。当然，这一理论也并不是适用于所有企业的万能营销理论，例如与顾客建立关联、关系，需要实力基础或某些特殊条件，这也是企业巩固其特殊地位的不二法门。但总体来说，4R 营销理论为企业如何维护和顾客的关系，建立良好的品牌形象提供了很好的思路。

二、波司登“为中国加油”推广项目的 4R 理论分析

在波司登“为中国加油”——新冠疫情公益驰援及伦敦时装周推广项目中，波司登通过在疫情期间向医护人员捐赠物资和代表中国时尚力量参加伦敦时装周两大策略，在一定程度上满足了社会需要。从效果上看，这一项目突出体现了企业的社会责任感和爱国情怀，极大地提高了大众对波司登品牌的好感，提升了品牌的美誉度，进而提升了消费者对品牌的忠诚度，有力维护了企业和顾客的关系。因此，这一项目案例符合以关系营销为重点的 4R 营销理论。

接下来，本文将用 4R 营销理论，深入分析波司登“为中国加油”案例中所体现的关联、反应、关系、回报四大要素。

（一）关联：擅长塑造关联性

在当下中国羽绒服市场竞争十分激烈，在无论是外国还是本土品牌都想要抢占国内一线羽绒服品牌地位的形势下，如何才能有效地加强消费者和产品之间的关联性是每个羽绒服品牌都在思考的问题。

在波司登“为中国加油”这一项目中，波司登的营销团队敏锐地将公共事件和品牌进行关联，具体体现为将公益捐助物资和策划时装秀这两个活动关联在一起，最终实现了对大众和品牌之间关联的加强。可以说，通过“三个关联”，波司登有效地提高了品牌形象及在中国乃至国际羽绒服市场的品牌地位。

首先，出于强烈的社会责任感和敏锐的公关意识，波司登在疫情期间成功抓住时机，通过“为中国加油”——新冠疫情公益驰援及伦敦时装周推广项目，在公共事件和品牌之间塑造了关联。

在新冠暴发疫情的初期，由于正值春节假期加上严峻的疫情形势，各大线上店铺和线下商场都几乎处于休业状态，羽绒服品牌也缺少宣传的良机。在这一宣传空白期，波司登并未从商业角度为品牌做营销，而是从公益角度，抓住了疫情暴发这一公共事件，为中国加油鼓劲，实现了传播范围广、负面评价少的良好效果。

其次，在项目的具体落实上，波司登独辟蹊径，通过“为中国加油”这一共同主

题，将公益捐助物资和策划时装秀两类看似毫不相关的活动结合在一起，并分别从两个方面为大众提供了抚慰。

一是物质层面。突如其来的新冠疫情使得全国上下迅速陷入警备状态，不仅以口罩为代表的医疗物资极其短缺，而且紧急驰援武汉的一线医护人员所需要的大量生活物资也十分紧缺。尤其是当时正处于严寒冬季，医院的供暖设施却出于防疫需求不能开启，线下或线上的服装店铺也通通关闭，医护人员无法购置足够的保暖衣物。了解到这一情况后，波司登并没有利用这一需求向医护人员出售产品，而是直接无偿捐赠了价值 3 亿的羽绒服，从物质层面上满足了医护人员的保暖需求。

二是精神层面。当时来势汹汹的新冠疫情、迅速增长的感染人数以及紧急封锁的诸多城市，让很多人都背负着沉重的心理压力，中国各处都弥漫着恐慌和悲伤的情绪。在此情形下，波司登登上了伦敦时装秀舞台，模特脸上的小红旗和手中鲜艳的国旗，成为疫情期间的一抹亮色，极大地鼓舞了人们的精神，增强了大家的民族自信心。

正如项目策划负责人陈女士所说："把这两个项目结合在一起的目的就是想让国人乃至全世界都知道，中国就算正在经历着疫情的考验，但是中国是不会放弃的。波司登在帮助国人渡过难关的同时，也要让世界都能感受到来自中国的正能量。"通过"为中国加油"这一共同主题，波司登将公益和时尚两种战略很好地相连接，一方面给医疗团队带来了物质帮助；另一方面为大众带来了精神鼓舞，获得了很好的社会效果。

因此，从品牌层面而言，通过这一系列关联的建立，波司登成功地在消费者心中打造了一个富有社会责任感和担当的品牌形象，提高了消费者对波司登羽绒服的好感和认可。此外，这一项目的传播效果十分卓越，增强了波司登在国内乃至国际的品牌知名度，使得一提到中国羽绒服，大家都能更快地想到"波司登"这一品牌，进而有效地加强了消费者和波司登羽绒服之间的联系。

（二）反应：及时做出反应

由于企业身处于市场大环境下，其经营状况自然就与市场情况密切相关。因此，一家成功的企业应当懂得及时关注市场的变化，准确把握核心问题并予以迅速应对，如此方能在市场竞争中处于不败之地。

在新冠疫情暴发后，面对疫情所带来的武汉一线医护人员缺乏保暖物资和中国品牌纷纷缺席伦敦时装周的两个情况，波司登都及时做出了反应，并落实在了具体的项目中。

1. 公益驰援项目

当得知为了避免病毒传播，武汉医院不能开空调，一线的医护人员保暖物资供应不足，但却无处购买的情况后，波司登武汉区的领导层没有犹豫和观望，而是迅速做出反应，经过讨论后，一致决定要为有需求的医护人员捐赠羽绒服。在探讨应该向医护人员捐赠多少羽绒服合适时，波司登创始人高德康极有魄力地表示，国难当头，既然波司登有生产价值 3 亿元羽绒服的规模，那就为医护人员捐赠 3 亿元的羽绒服。

确定了项目目标后，波司登便立马联系了海嘉明哲策划公司，开始着手筹备向医护人员捐赠羽绒服的行动。在面临武汉封城、外来人员难以进入的情况下，波司登也当机立断，迅速地联系当地政府提出了运送捐赠物资的请求，为运送羽绒服的车队申请到了通行证，将羽绒服及时地送到医护人员手中。最终，波司登在一个多月的时间内完成了向 438 家医院、单位及组织，共 15 万件、总价值 3 亿元羽绒服的捐赠。这一项目的顺利完成不仅体现了波司登强烈的社会责任感，也体现了企业领导人和其公关团队迅速的反应和强大的执行能力。

2. 伦敦时装周推广项目

面对中国品牌纷纷缺席伦敦时装周的情况，波司登并未随大流地退出时装周，而是将时装秀和结合中国抗疫情况的“为中国加油”主题相结合，代表中国时尚力量出席伦敦。这一举动及时地把握了市场机会，无论是在品牌策略还是品牌理念上都实现了极佳效果，不可不谓是一次成功的随机应变。

在品牌策略上，波司登抓住了 2020 年伦敦时装周大量品牌搁浅的时机，利用“别人退我们进”的战略战术，代表中国的时尚品牌出席国际时装秀，有效提高了波司登的品牌曝光度和国际知名度。从品牌理念上，当新冠疫情在中国暴发后，几乎全世界的目光都聚焦于中国，在这时，波司登作为中国品牌走出国门，顶着鲜艳的中国国旗站在国际舞台上，让全世界都看到了中国抗疫的斗志以及中国品牌的顽强毅力，在体现了中国精神的同时，也呈现了波司登具有成为中国服装品牌领头者的气魄与担当，展现了波司登的品牌理念。

总体而言，“为中国加油”项目是波司登对疫情期间所产生的特殊情况及时、迅速做出反应的产物，体现了波司登敏锐的反应能力和强大的执行能力，真正做到了急社会之所急，团结一心抗击疫情，并因此获得了人们的广泛关注和赞誉，取得了良好的品牌效果。

（三）关系：维护与公众的关系

在当下的市场环境中，企业与顾客的关系业已发生了本质性变化。抢占市场的关键已转变为与顾客建立长期而稳固的关系，这里所说的“顾客”不仅指的是品牌现有的消费者群体，还有市场上潜在的消费者用户。为了在维护现有顾客对品牌的忠诚度的同时，为品牌吸引到更多的顾客，企业不仅要实施积极的营销措施，提高顾客的忠诚度和品牌知名度，而且还需要通过一定的公关策略来赢得大众对品牌的好感，将更多的潜在消费者转化为实际顾客。

在“为中国加油”这一项目中，波司登便是通过实施公益活动和正确的媒体宣传，大大提高了品牌的知名度和美誉度，进而有效地维护了品牌与公众的关系。

在武汉的一位医护人员联系了波司登领导层，并向其告知抗疫一线的医护人员在保暖方面上所处的困窘境况后，波司登领导层立即做出决定，无私地向四十多家医院及单位捐赠了价值3亿的羽绒服。这一行为不仅为医护人员们带来了身体上的温暖，也让他们在精神上获得了诸多慰藉，让医护人员感受到他们并非在独自和疫情战斗，还有许多的社会力量为他们提供支持和帮助。因此，在收到羽绒服后，很多医护人员都自发地穿上并拍照上传到社交媒体上，对波司登品牌表示真挚感谢。来自受援助的医护人员的自发感谢不仅为波司登树立了具有社会责任感的企业形象，也更有效地提升了大众对波司登这一品牌的好感。

此外，在中国乃至国际很多品牌都缺席伦敦时装周的情形下，波司登不畏疫情期间的重重艰难，毅然出发，最终用一场独特的“为中国加油”主题时装秀登上了国际舞台。这在体现品牌担当的同时，也在国际社会中留下了波司登是中国羽绒服行业的领头品牌的印象，极大提高了品牌知名度，有利于为波司登吸引更多顾客。

最后，在媒体宣传上，波司登也根据品牌的目标消费者定位，准确选择了合适的宣传媒体，实现了优秀的传播效果。由于波司登的目标消费者为20～40岁的年轻化主流人群，因此在媒体宣传时，波司登主要选择了抖音和微博这两大受众多为年轻人的传播平台，通过波司登的积极联系和平台的自发宣传，实现了良好的传播效果。

当然，归根结底，波司登“为中国加油”项目之所以最终能获得一边倒的正面评价、无负面评价的突出宣传效果，是因为这一项目本身就具有极强的公益性。正如策划负责人陈女士所说:“这个事情背后其实并没有很大的营销感觉或者营销目的,并没有说我要让大家知道我的衣服多好、品牌多好。它的最终目标其实就是大家联起手来,在疫情这一背景下去帮助一线的医生,帮助国人去重建信心,所以它的营销感并没有那么强。”

因此,总体来说,波司登“为中国加油”——新冠疫情公益驰援及伦敦时装周推广项目更应被称为公关项目而非营销策划案。通过这一项目,波司登成功地打造了具有高度社会责任感的良好形象,有效提高了品牌美誉度,进而建立并维护了波司登品牌和公众的良好关系。

(四) 回报:获得显著效益

企业一切营销活动的最终目的就是回报。一方面,回报是维持市场关系的必要条件;另一方面,追求回报是营销发展的动力,因此,营销的最终价值就在于其是否给企业带来短期或长期的收入。

在波司登“为中国加油”这一策划案的执行过程中,波司登为医护人员以及其他需要保暖物资的群众所捐赠了价值3亿元的羽绒服,时装秀团队克服万难,准时参加伦敦时装周等行为看似只出不进,没有带来任何金钱收益,然而,从长远的角度来看,这一项目实现了良好的传播效果,波司登品牌知名度和美誉度的提升能在日后为其带来巨大的收益。

从成本投入的角度看,向一线医护人员捐赠羽绒服的行动已耗费了巨大的金钱以及人力成本,价值3亿的羽绒服是怎样庞大的一个体量自不必多说,仅是协调各方的行动,让工作人员突破重重关卡并冒着暴露在高危环境下的风险将羽绒服交到医护人员手中,就已经是一项极为不易的工程。如约参加伦敦时装周也是如此,正如策划人陈女士所言,企业方参加伦敦时装周的钱和资源虽然都已经投入进去了,但是在疫情期间要如约参加则要面临重重困难。首先是疫情时期各地封锁,国人难以跨国流通;其次,企业也会面临着是否要宣传的难题,因为在这一年中任何人都无法预测疫情动向会是如何,品牌的销售情况、企业的运营情况又会如何。因此,为了参与时装周,波司登不仅投入了许多金钱与精力,也面临着很大的潜在风险。

在这样的情况下,波司登仍旧毅然决定捐赠羽绒服,不仅是出于强烈的社会责任感,也是因为波司登希望通过这一项目实现一定的品牌效益。在项目的执行过程中,波司登积极联系主流媒体对其进行宣传,并重点在微博、抖音等视频图像内容传播效果佳的平台进行投放，获得了良好的传播效果。此外，这一项目也打动了许多媒体，让不少党政媒体、生活媒体以及时尚媒体自发、自愿、免费地为波司登进行宣传。更有许多收到羽绒服捐赠物品的医护人员在个人社交平台上晒出身穿波司登羽绒服的照片，成为波司登的"自来水"，为其宣传。

因此，尽管波司登在项目实施上投入了巨大成本，但却凭借策划团队优秀的媒介选择能力以及项目中蕴含的动人情怀换取了许多免费的宣传资源，以低成本换取了良好的曝光效果，在宣传层面实现了"小成本，大传播"。

综上所述，"为中国加油"项目使得波司登不仅在国内乃至国际都获得了广泛认可，展现了中国羽绒服行业领头品牌应具有的责任与担当，而且有利于提升现有消费者对品牌的忠诚度和扩大品牌的消费群体。从短期来看，波司登获得了极高的热度，获得了显著的品牌效益；从长期来看，良好品牌形象的建立也有利于波司登获得持久且稳定的回报。

第三节　案例访谈

“要让世界都能感受到来自中国的正能量”

一、公司介绍

海嘉明哲成立于2016年，总部位于北京。业务板块包括公共关系管理、社交媒体、传统公关、娱乐营销、MCN运营、危机公关与预警等，服务内容覆盖营销传播的整个产业链。曾服务于包括OPPO、比亚迪、波司登、橙分期、京东、月月舒等多个品牌。

二、采访对象

陈芳玉，海嘉明哲部门总监。具有6年以上相关公关广告行业经历，曾服务过包括华润怡宝、波司登、小仙炖、百度、东风风神、欧派等品牌。

三、访谈记录

(一) 构思策划、初衷目标

Q：最初您是如何想出波司登“为中国加油”这个方案的呢？

A：武汉援驰这件事情的起点是武汉，因为那里是疫情最严重的。当时波司登武汉区域的一个老总接到了武汉某医院的一个医生的电话，说医院的医生在工作时，因为疫情的原因，工作环境需要保持低温状态，但是这个工作环境可能会导致医生的保暖出现问题。当时市面上的门店都关了，医院想给医生提供装备也没有地方买得到，快递也随着疫情停运了。无奈之下他就托朋友联系到了波司登武汉分公司的老总，老总觉得这是一个做好事的机会，随后就把这件事上报到了波司登的领导层。波司登的高总说武汉是这个情况，可能其他的城市都会有这个情况。因为2月还是冬末春初，还是一个春寒料峭的季节，国内大部分都是低温的天气。随后老总就跟领导们汇报，看看领导能不能批准去赠送物资或者有其他的方案。

最后大家的一致意见是要送，送的时候大家就会讨论到送多少钱合适，其中谈及的数字从300万～3 000万元不等。高总说现在国家遇到这么大的困难，一线的工作人员那么辛苦，这正是需要我们的时候，我们就以3个亿的盘子捐3个亿！所以说这是一个企业的气魄、领导人的气魄。武汉援驰这件事情该怎么去做也是创意的一个环节。我们从传播学的角度来讲叫创意，但对于他们品牌来讲的话，其实它就是一个动作，是怎样才能把这些衣服送到一线人员手里面去这样一个动作。

作为领导层，他们在考虑的时候肯定是以企业家这方面为主，考虑的是在整个运行环境下，波司登这个品牌、这个集团能帮助社会、帮助一线的工作人员、帮助国人做哪些事情。高总当时也召开了会议，一起谈论这件事情，大致就是我们应该怎么样去做才能把这个事做好，经过很长时间的探讨才想出了这个策划案。

Q：武汉援驰和伦敦时装周是两个完全不同的项目，您是出于什么样的考虑与策略将这两个项目衔接在一起的呢？

A：伦敦时装周这个项目是这样的，每一个企业会在前一年把下一年的传播规划做好，比如说像伦敦时装周这种在年初就要做的大项目，是要在年前就把资源作为质押，然后一切动作都要执行完，场地、费用这些都要提前规划好，才能保证第二年这个项目的顺利执行。

对于武汉援驰这个项目，因为我有一个同事的室友是北京地坛医院的一名护士，地坛医院是北京的核心抗疫的基地之一。她工作非常辛苦，白天要忙着护理病人，到了晚上还要照顾医院里的孩子，因为父母在春节没有回老家，或者父母患病住院，甚至还有死亡，孩子就没有人照顾。这些护士白天照顾完病人之后，晚上还要去照顾这些孩子。

他们的内心其实是很痛苦的，一方面他们会觉得自己离家人很远，并没有人关心他们；另一方面工作真的很辛苦。那波司登在产品属性上面就可以给他们送去温暖的呵护，保护他们的身体，同时在内心层面能够让他们感知到社会大众都在感谢他们、支持他们，让他们感受到自己做的一切都是值得的，都是有人关注和感谢他们的。

把这两个项目结合在一起的目的就是想让国人乃至全世界都知道，中国就算正在经历着疫情的考验，但也是不会放弃的，所有媒体、所有人都会为中国加油。而波司登在帮助国人渡过难关的同时，也要让世界都能感受到来自中国的正能量。

Q：在这个策划案落地之前，企业的初衷是什么样的呢？

A：企业的初衷并不是说一定要打造多高的品牌知名度，即使是从我们自己的传播层面考虑，也没有说一定要消费者感知到或者认同波司登是一个多好的品牌。其实最终目的只有一个，就是做好这件事情，然后帮助消费者以及国人去增强信心，帮助一线的人员，给他们送衣服，让他们更加保暖，让他们的工作更加顺利，这个就是企业的初衷，这也是我们在做这些项目的过程中觉得最骄傲的。我们是在做一件有责任感的事情，没有很大的传播目标、没有 KPI，这个项目就是 KPI，这就是企业的初衷。

Q：那这个策划案最终想要达成的目标或者是效果是怎样的？

A：其实做这个项目就相当于讲一个故事，我一直把它当作一个故事来跟团队复盘或者跟领导以及朋友们去讲。这个故事其实很简单，不管是客户、股份公司、客户的咨询公司、媒体、一些 KOL、设计师等。这些资源只是一起做了一件非常好的事情，这个事情背后其实并没有很大的营销感或者营销目的，也没有让大家知道衣服有多好，或者让大家知道波司登这个品牌有多好。它的最终目标就是大家联起手来，在疫情这个背景下去帮助一线的医生，帮助国人去重建信心，它的营销感并没有那么强。

（二）部门合作、化解困难

Q：当时全球都受到了疫情的影响，中国品牌也纷纷取消了国际时装周的行程，在这样的环境下，是什么样的契机让这个项目继续开展，并代表中国如期参加时装周？

A：从企业方来讲，参与伦敦时装周的钱和资源都已经投了，但是面临的一个很大问题就是：疫情期间我们很难出国。出去的话你要向上级报备，这个项目要不要宣传，要花多少钱去宣传。因为企业也会面临着总结一年的营收情况，也会考虑当中的成本问题，这一年任何人都无法预测疫情动向，还包括疫情会不会结束、会不会影响品牌的销售、企业的存活、企业的现金流等，这些都是品牌方要考虑的问题。这个时候我们就会考虑伦敦时装周还要不要参加，还值不值得参加。

企业方在做一个项目的时候，品牌重塑是一个方面，引流最终能转化为销售是最重要的目标。处在这样的一个环境下参加伦敦时装周，销售目标肯定难以实现，那还值不值得做？领导层也通过咨询公司和我们一起讨论出来了一个结果，就是一定要做。

为什么做？一个是在伦敦时装周，中国的很多品牌都会去参加，往年也会参加纽约时装周、米兰时装周。但是今年，几乎所有中国的品牌全部退出了，包括国际上很多品牌也都退出了。这个时候从品牌策略来讲，别人都退我们进，这是一个非常好的战略战术，从整个品牌效果以及国人的感知来讲，世界各地都把目光集中在中国的时候，我们作为中国服装品牌的代表性品牌之一，如果能走出国门，让世界的各个行业、世界各国的人看到我们中国依然有实力，依然有这样的品牌能够走出中国，和往常一样甚至是更胜于往常地站在国际舞台上，让世界看到中国就算是处于这样一个困境之下，也绝对不会退出世界的舞台，就是我们在伦敦时装周上秉承的品牌理念和目标。然后我们就秉承着这个目标去做了。

在项目实施过程中，确实在活动层面，比如场地、人员审批出国等方面会出现各种问题，但是最核心的目标是达成了的。在现场，我们要求所有参加走秀的模特、所有设计师、所有工作人员、所有媒体和所有观众，只要进入会场就要在脸上印上中国国旗，同时我们也会向到场的所有人赠送一面中国国旗。背景音乐方面，我们选定的是特别恢宏的音乐，在那个时刻可能对衣服的展示就不那么重要了。所有人的聚焦点都在国旗上，现场的所有媒体都在欢呼。在设计师的引领下，所有人都会看到中国品牌，了解到中国并没有"沦陷"，中国依然很强大，中国品牌依然很强大，这是现场的一个氛围。

在后续把它制作成视频的时候，人们就会在抖音上看到有很多关于伦敦时装周的视频剪辑片段，其中包括那些国际上的时尚达人对于中国现状的看法以及对中国的支持。

Q：项目大概执行了多久？有多少部门参与其中呢？

A：整个项目大概执行了3个月，总共有超过3亿的衣服捐赠给一线工作者，并且是精准送达到他们的手里。在这个工作过程中涉及了拣货人员，也就是波司登仓库的人员、运输人员、统计人员、医院的洽谈人员等，这个项目牵动了每一个环节，可以说是所有人一起来做一件帮助一线人员的事情。

从传播层面来讲，这是企业方面的动作，在这个过程当中，还有很多感人的故事。包括货运司机去送货的时候，一个人需要做到搬货、捡货、去医院、卸货、去跟医生交接。当时这些货运司机也可以说是一线的工作人员，他们也是冒着非常大的风险去和医院交接。那时候医生根本没有那么好的防护服，可能卸完货都不能回家，必须回家的话也要把自己隔离到一个卧室里面。所以说他们也是一线人员，他们也是奉献了自己、奉献了家庭的这样一个人群。所以波司登真的在倾尽全力去做这件事情。

Q：您刚才说到是在这个过程中也有很多的困难，能可以分享一个印象比较深的例子吗？

A：在筹备过程中，从企业方来讲，捐赠就会涉及运输，运输就会涉及当时武汉封城的各个城市，如何进到这个城市里面，毕竟这个项目是一个企业动作，不是政府动作，这会涉及很多的政策方向的问题。

波司登第一时间联系到政府，希望政府为我们打开关卡，给我们发放通行证。但是整个企业只有一张通行证，最大的困难就是如何说服自己的员工去做这件事情。但这个困难在解决的过程当中也是很轻松的，当你推进的时候，政府支持员工主动，再加上媒体的支持困难就会迎刃而解。这个过程就会让你感受到大家都在尽力去做这件事情，真的团结了所有的力量一起努力。整个项目的目的是好的，所有人都是善良的，所有人都在努力地为一线人员做一件事。

（三）媒体助力、赠送温暖

Q：在疫情期间，当时集中宣传的平台都有哪些？

A：整个素材传播平台层面聚焦的就是微博和抖音，找什么样的媒体去扩散也是非常关键的。因为所有的传播从项目管理层面和客户的需求来讲，一定要是小成本大传播，所以要把成本控制到最低，尽量达到最大的传播量。

我们也会根据当时的传播情况来观测舆情，除了这些党政媒体之外，我们也会联动一些社会资讯类新闻或社会资讯类平台去形成一个媒体举证来帮协助扩散，更大范围地接触到我们的受众消费者，让更多人看到我们对国人情绪的安抚或者对国人信心的振奋。整个传播过程完成之后的情况跟预期是一样的，基本是没有负面的。所有人都在说“中国加油”“波司登牛”，说“以后我们只去波司登买衣服”等振奋人心的话语。我们在做这件事情的时候并没有叫卖，也没有说波司登的品质有多好，什么事都没有做，就连在项目的产品宣传中也没有讲过这些内容，但是实际上波司登对消费者心中留下的烙印是非常之深的，而且会永远留在那，证明它就是一个非常好的品牌。

Q：官媒关于波司登“为中国加油”的报道是自发的还是你们主动和官媒联系寻求宣传的？

A：其实这个项目是有上百万的免费资源的，这些免费资源也是我们和媒体讨论的一个目标。我们会告诉媒体，我们是真心地想做这件事情，希望能够支持我们，我们要去支持一线人员，去给国人增加信心。通过这个项目我们也看到了很多的媒体的责任感和支持。

媒体也给了我们免费推送，包括新浪微博的开屏广告是免费赠送的，包括时尚界的一线媒体，大牌时尚杂志媒体都是免费为我们制作海报去宣传的。包括中国时尚界的一线人物苏芒、夏伯渝、"乘风破浪的姐姐"里的伊能静都是为我们免费宣传的。很多明星、很多媒体都是积极主动地去帮助波司登一起去做这件事情，并没有花费太多费用。这个项目的成本其实不是很高，但是我不太方便透露给你。项目的全程就是一个逻辑，就是我们联合了所有人员、企业内部、媒体、公关公司、一切社会资源去送温暖，哪里需要温暖，我们就到哪里去这样的一个核心逻辑。

Q：那当时是如何和官方媒体进行对接，来一起讲好这个故事的？

A：官方媒体有央视新闻、《中国日报》，这些官方媒体对于受众来讲最具权威性，并且是曝光舆情疫情数据的核心媒体。这也是时尚行业，尤其是服装行业在传播层面上的一个非常大的创新动作。疫情期间能联系到的这些官方媒体几乎都联动上了，包括一些央视资源、《人民日报》等。这个数据调研工作确实很庞大，这是我入行这么多年来唯一一次见到服装行业和这么多的党政媒体真正去落地执行的一个项目。我们会把我们的伦敦时装周的素材发给这些媒体，很多媒体都为我们免费转发在抖音上面，发到微博上面。大家的目标是一致的，都是希望让国人看到我们中国在国际上得到了国人和外国人的支持，也让外国人看到了中国很强大，中国并没有被打倒，中国依然是非常有实力的。我们整个项目通过外国的环境传达给国人，让大家一定要加油去抵抗疫情，在未来我们还要一起携手走向国际这样一个大的情怀。

Q：您觉得波司登"为中国加油"这个项目的传播效果这么好的原因是什么呢？

A：其实武汉援驰和伦敦时装这两个项目都是在疫情期间进行的，时间点很特殊，波司登项目的传播效果这么好，其实也算是天时地利人和的一个结果，这里面蕴含着传播学的逻辑和它成功的必然性，它是有很多因素的。所以我们在自己复盘的过程中也一再地和团队以及客户去强调，不能把所有的项目成果都按照这样一个预期去做，毕竟它是在一个大的舆论环境之下形成的效果。这个项目的成功，一方面是通过团队的努力，另一方面是依靠客户的支持。

(四) 超出预期、完美收官

Q：您觉得项目最终的完成结果和最初规划的有出入吗？

A：项目执行前我们担心过一些舆情层面的问题，因为在传播层面上一定要考虑到舆情，会担心一些网络喷子、键盘侠可能会说波司登作秀，波司登只是在清货等一些乱七八糟的言语。实际上在大环境下，在和国人一起面临这么大挑战的时候，大家是真的很团结，在整个项目执行过程中完全零负面，没有任何曲解，没有任何的抨击或者是攻击，大家是完全支持点赞的。这是在我这几年做的所有项目执行工作中，哪怕是安全公益项目中都从来没有出现的情况。

所有从舆情、网络环境，包括整个项目执行效果来看的话，是120%成功的。从整体的传播效果来看，企业方也是非常满意的。两个项目的传播效果最闪光的地方比如说像中央电视台的新闻频道，报道了波司登的武汉援驰的事件以及视频，比如说《人民日报》也发布了对于波司登为中国加油这一系列动作的好评等。所以说为中国加油整个动作已经赢取了政府层面的关注和广大消费者的支持，尤其是获得拿到波司登羽绒服的这些一线人员的感恩，所以从整个项目来讲也是非常之成功的。

Q：所以说您对这个项目的最后成果是完全满意的对吗？

A：我不仅是对我们的传播效果满意，还对整个品牌方、媒体、受众以及我自己都是非常满意的。整体的效果远超于我们的预期。

当波司登把衣服送到他们手里的时候，护士姐姐就联系我的同事，然后转告我说我们今天收到了波司登的衣服，真的非常感谢整个团队。医院的团队医疗工作者对波司登都是非常感激的。这个时候我会把这个事情分享给我们的客户和公司。所有人得到这个消息的时候都是非常感动、非常骄傲的。同时在微博层面，有很多医生接到衣服之后都会穿上波司登拍摄。这真的不是品牌动作，因为当时品牌联系不到那么多医生，穿着波司登的衣服去拍照真的是发自内心地想告诉大家，我们感谢波司登，同时也看到了大家对我们的支持，我们感受到了温暖。

(五) 公司特色、营销策略

Q：就这个项目来说的话，您认为能体现出贵公司哪些方面的特色呢？

A：第一个是服务意识。在疫情期间，所有人都在居家办公。其实我们大家都在吐槽，年前都吐槽阿里、腾讯是“996”，其实在那一星期里我们所有人都是“007”，基本上全天24小时待命、24小时服务，这个时候就体现出了我们公司的服务理念,就是服务性。

这个项目中更大地激发了我们的骄傲感和责任感,全程去跟进、服务,不管是媒体服务,还是对客户的服务。所以在整体项目中,我们的服务意识是非常强的,这也是客户最满意的。

其实这个项目是很紧急的,不仅有一家公关公司在服务波司登这个品牌,在往年他们都会有四五家公关公司提供服务,但是他们在执行这两个项目的时候,没有通过竞标而是直接找到了我们。这个也是基于我们在前两年的服务过程中,让他们最放心的就是我们的服务品质以及服务意识,我们的服务效果得到了客户非常大的认可,所以在最重要的项目上会第一时间找到我们来做执行。从公司层面来讲,公司的特色就是我们的服务理念和服务的品质。

服务意识是一方面,执行力是另一方面,我们可以将客户的需求最大限度地去落地,尤其像媒体关系这一部分。像为中国加油这个项目中有很多媒体都是免费支持的,其实媒体免费支持,一方面是因为这个项目的特殊性、疫情的特殊性;另一方面也体现出我们对于媒体的日常维护,包括我们长期以来对于波司登媒体关系维护的工作,长期以来积累下来的媒体脉络以及媒体关系,也包括我们和媒体沟通过程中的技巧,这也体现了我们公司在媒体资源层面的一大优势。

Q:您觉得企业责任是什么?产品和企业责任之间又有什么样的联系呢?

A:从我的从业经历来看:

第一,企业的责任就是你要生产出有益于大众的产品,产品必须是优质的。像波司登在羽绒服行业中已经算是领头品牌,那必须要保证它的产品是高品质的,是能为国人去解决保暖问题的;同时,它要做到相较于国际品牌是毫不逊色的,这样它才可以成为中国领导品牌。你能够走出国门和国际品牌进行较量,这是一个中国品牌在产品层面能够达到的水平。

第二,是责任感。责任感就是刚才提到的,对于社会的反馈以及消费者对你的支持、政府机关和政府单位对你的支持,包括各大社会资源、运输人力等,所有的社会资源集合起来才能够成就你的品牌实力。要将你的品牌实力反馈给当初支持你的这些社会资源,包括员工、消费者、政府力量等,这就是你的社会品牌责任感。

我们经常会提到品牌社会责任感,像波司登做了很多承担社会责任的事情,但真正能够让大家深切知道的是疫情时期的这个项目,实际上还有很多类似的事情,波司登就是一个默默做好事的企业。而高总(高德康)也是一个非常有责任心和魄力的一个企业家。

高总起家很辛苦，他的发家道路、致富道路，他的整个企业振兴的道路是很曲折的，其中村民对他的支持非常重要。因此在波司登刚刚上市、刚刚有盈利的时候，他就为村民建立了一个别墅区，村民可以以非常低廉的价格购买这里的房子，基本上算是半赠送。他反哺自己的老乡，包括他给贫困地区送衣服，为一线服务人员送衣服，做了很多这样类似的好事，但他并没有宣传出去，这就是品牌、企业的社会责任感，他并没有说一定要把它作为一个品牌资产包装出来，作为一个品牌营销的砝码。他真的是主动而且默默地承担了这一份企业的责任和企业的使命，这一次是全国人都经历了、看到了波司登为中国加油的这个动作，但可能还有很多国人并不知道的默默在做的事情。

Q：因为您刚刚说到了传播的角度，那品牌如何利用媒介来展现企业的责任与态度，然后传播正能量和中国的声音呢？

A：它就通过捐赠、走向国际，这两个动作来体现。你刚才提到了媒介，一个是微博，一个是抖音，我们是根据过往的执行经验，也包括对当时疫情环境下的一些舆情监测去分析哪些平台能够第一时间让受众抓住我们这个点，包括品牌响应传输的理念、品牌的责任心，也包括在哪些平台传达能够更形象、更生动、更直观。

得出结论就是：微博和抖音是最直观的渠道，也就是通过视频和图片。但是像微博和抖音都需要购买广告位，才能上热搜榜。实际上在伦敦时装周，我们的广告投放没有和抖音官方合作，并且我们在伦敦时装周执行过程中也没有买任何的热搜榜，只是一夜之间就冲到了抖音的热搜榜的第三位。没有购买任何的广告，完全是靠党政媒体的转发，靠新闻资讯类媒体转发、生活类媒体转发，依靠自然流量冲进了前三位。所以这个传播效果印证了我们当时的舆情评估媒体选择，同时也印证了我们一系列的媒体选择都是对的，是能够让受众触达到的。

Q：在互联网的时代下，您认为品牌应该如何营销才能把品牌效应发挥到最大的程度？

A：首先你要想好目标是什么，你想达到的品牌效果是什么，你传输给消费者的品牌理念是什么，包括你的收入、你的受众喜欢的媒体、你的受众关注的事情等一系列都是什么。我们说所有的传播有两个方面是必须要执行的：

第一，就是以目标为导向，你清楚地了解你要说什么，然后聚焦于这个目标去做，而不是基于天马行空的想法，这就是公关公司，包括广告公司在执行的过程中，在提案过程中都会遇到的一个问题，就是为了吸引客户的眼球，为了吸引消费者的眼球，会想很多吸睛的事情，包括在互联网环境下各种庞杂、搏出位的创意，但真正作用于品牌的创意到底有多少？其实我们仔细回想发现并不多，但是从波司登这个项目来讲，第一个方法就是目标聚焦，所有都要聚焦企业方的目标，明晰品牌理念的目标是什么。波司登当时想传达给受众的是热销全球的羽绒服专家，我们把这个理念拆分为两个词，就是"热销"和"专家"。我在服务波司登这将近三年的时间，所有的传播内容只聚焦这两个词，我们要营造出来一种热销氛围，我们要给消费者构建出一种"我们是羽绒服专家"的这样一个身份。实际证明这两年也确实达到了这个效果，大家在近些年也感受到波司登开始成为热销品牌了。波司登是一个专业做羽绒服的品牌。如果你感知到了，就会明确地理解"聚焦"和"专家"这两个关键词，没有其他乱七八糟的创意和那些搏出位的宣传，就不会令人反感。我们只讲专业的内容以及方案，这就是一种聚焦方法。

第二，就是我们要清楚地知道消费者是谁，我们要做的是消费者喜欢看的、愿意看的、主动来看的内容。我们也要清楚地知道消费者会主动浏览的渠道有哪些、哪些内容让消费者感到幸福和快乐。所以在消费者层面我们要达成这三个内容。首先像波司登它主要聚焦的是主流消费人群，主流消费人群并没有一再地强调年轻化。我们打造的是高端品牌，并不是一定要强调年轻化，但是年轻化这个点并不只是针对年轻人群体的。因为现在有很多像我这种三四十岁的人的心态都是很年轻的，所以我们聚焦的是年轻化人群，像 20 岁以上 40 岁以内的主流消费力人群，我们在执行之前就会对这些主流人群进行走访，主要想了解他们对于波司登的品牌以往的印象是什么。经过这两年营销之后，大家对于波司登品牌印象又是什么、感观是什么，包括在做人员调查的时候，公司也会找一些科普类的平台和数据机构去做调研。主要是调研这些人群喜欢看什么综艺或者电视剧等。通过这些数据能得到一些严谨的结论，然后再从创意层面进行全方位的聚焦，看看究竟是什么样的创意能够吸引到这些主流人群，到最后决定做什么样的内容。

而在内容层面，既然我们的目标聚焦的是"热销""专家"，那我们应该如何去结合受众人群喜欢看的内容，去围绕这两个关键词去做内容传达和创意传达，这就是我们最核心的方法论：一个是聚焦目标中"专家""热销"这两个关键词；一个是去了解你的消费者，针对消费者做内容的铺垫，包括渠道的选择、KOI 的选择。

Q：您刚才也提到了创意，那公司是在整合营销方面是一直以创意为核心的吗？

A：其实对于波司登这个项目，它所有的内容都是小创意大传播。“创意”这个词是这两年我们做波司登项目，还有其他项目的时候都会思考的一个问题。这个创意有没有那么重要，或者说那么地具有决定性，其实也是需要大家一起去思考和实践的。创意它是一个吸引点，不是一个核心，它只是一个元素，一个所有项目执行成功的因素。我们会把创意的点提炼出来，通过微博、微信、小红书、抖音各个平台对这个创意进行解读。我们擅长的除了创意之外，还有对于这个创意、对于这个品牌的多维的解读。

一个创意的点很小，它能够触及的用户非常少，可能这个创意只是聚焦于一个综艺，也可能只是聚焦于一个电视剧。我们需要做的是把创意的点和“热销”和“专家”两个关键词进行结合，去解读和传达给不同类型的客户。例如我们前一阵刚做了一个南极科考队的项目，它的创意核心就是南极科考队的合作，那是真的有这么多人关心南极科考队吗？其实并不是，我们最擅长的是在这个创意之下，提炼核心关键词，针对不同的用户，利用不同的渠道去深度地解读创意背后能够让受众接收到的品牌信息以及品牌理念。它是一个体系，它不是创业的一个点，不是简单的创意能力，我们擅长的是在发挥创意能力之后，对品牌进行理解和解读，更多地从内容层面进行剖析和整合。

（访谈人：赖华姣、刘诗绮、李元熙、马雪迎、谢艺卉）

第八章

一叶子×《冰糖炖雪梨》：内容+电商，全局营销实现“品效销”立体效果闭环

在直播电商时代，什么样的营销才能在最大程度上激活品牌声量与销量？上美集团旗下的植物科技护肤品牌一叶子独家冠名优酷甜宠大剧《冰糖炖雪梨》，通过明星＋网红主播双IP加持、内容场＋电商场双向打通、大剧营销＋淘宝直播组合打法，将人、货、场打通，首创品效销三位一体的新营销，颠覆了媒介投放传统模式，实现品牌产品从曝光、“种草”到转化的全链路闭环。

第一节 案例复盘

“人、货、场”三位一体的国货美妆创意营销

一、行业分析

(一)“颜值经济”崛起,我国美妆护肤市场前景广阔

近五年国内美妆护肤市场持续增长,2019 年零售总额逼近 3 000 亿元,2018 年消费市场份额更是位居全球第二位,国内美妆护肤品市场需求潜力巨大,这得益于国内经济高质量发展及国民消费需求升级,推动“颜值经济”崛起。

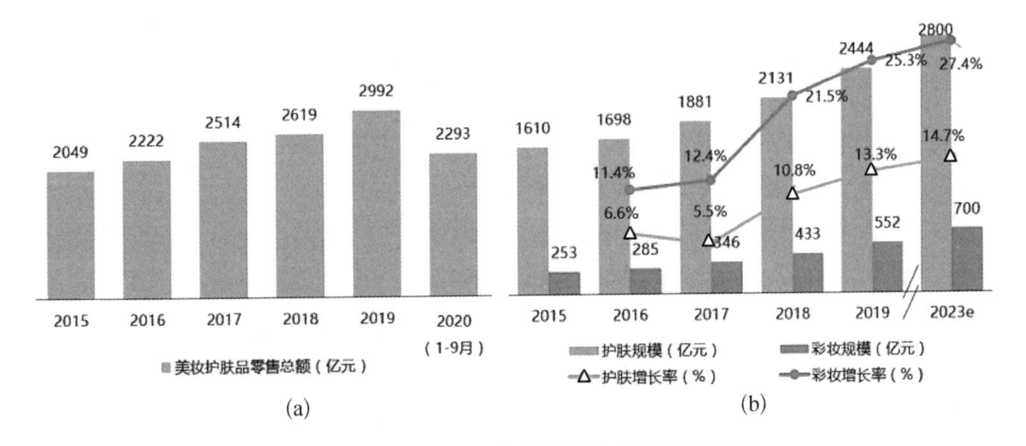

图 8-1 2015～2020 年中国美妆护肤市场概况

(a) 2015～2020 年中国美妆护肤品零售总额 (b) 2015～2023 年中国美妆护肤市场规模及增长率

资料来源:艾瑞咨询。

(二) 国货护肤品牌发力大众市场

目前在中国美妆护肤市场中,高端市场被头部国际大牌所垄断,中端市场和大众化市场的竞争较为激烈。其中,以欧莱雅、OLAY 等为代表的国际品牌在中端市场的认知度高于国内品牌,因此许多经典国货以及新锐国货品牌主要在 50～200 元档的大众市场角力,比如主打医美概念的护肤品牌润百颜、薇诺娜,以及主

打成分的护肤品牌 HFP，在近几年都成为了国货护肤品赛道上的黑马。

（三）“Z 世代”成为护肤主力军

伴随着“Z 世代”的崛起，中国的美妆护肤市场也逐渐展现出年轻化趋势。与其他年龄段相比，“Z 世代”的“悦己”方面无疑走在潮流前端，他们的美容护肤意识更强，是颜值经济的忠实拥趸者。此外，“Z 世代”的消费能力强，敢赚钱也敢花钱，是极其关键的新消费人群。

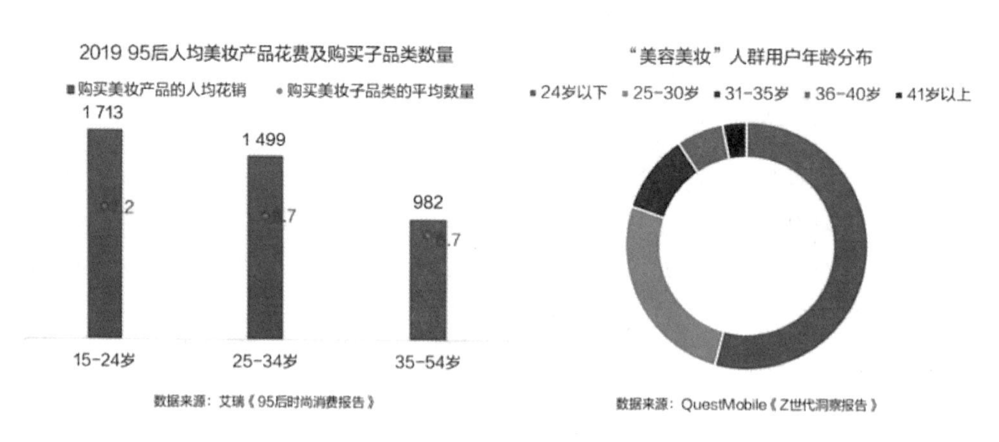

图 8-2 “Z 世代”成为护肤主力军

资料来源：CBNData。

（四）细分面膜赛道

1. “刚需性”护肤带来品类提升空间

2019 年，我国面膜产品的市场渗透率为 51%，日本和韩国面膜产品的市场渗透率约为 60%～70%。① 我国面膜产品的渗透率仍有一定的提升空间。随着人们生活水平的日益提高，无论男女都越来越重视皮肤的保养，护肤从“可选”变为“颜值经济”下的“刚性需求”。而在日常的护肤中，面膜产品位居前列。其中面贴膜具有携带方便，使用简单快捷，又可长期保存的特点，成为最受消费者欢迎的面膜种类。②

目前我国面膜市场上的品牌主要有两大类：一类是全系列的化妆品品牌，如国际品牌 OLAY 玉兰油等，以及本土品牌佰草集、百雀羚等；另一类是专业面膜品

① 赵永杰. 2019 年～2020 年中国化妆品行业发展概况[J]. 日用化学品科学，2020，43(06)：59-62+64.

② 杨煦，张月，左文静，等. 我国面膜市场调研及发展现状研究[J]. 纺织导报，2019(06)：100-103.

牌，如美即、我的美丽日记等。

2. “Z世代”的面膜消费能力渐长

从线上美妆护肤细分品类消费来看，身为“护肤高手”的“Z世代”在面膜消费上不容小觑。“Z世代”的线上面膜品类消费额已经超越了90后，成为第一大“金主”。近年来，“Z世代”人均消费面膜消费速度呈较高速增长，逐渐与85后消费水平拉近。

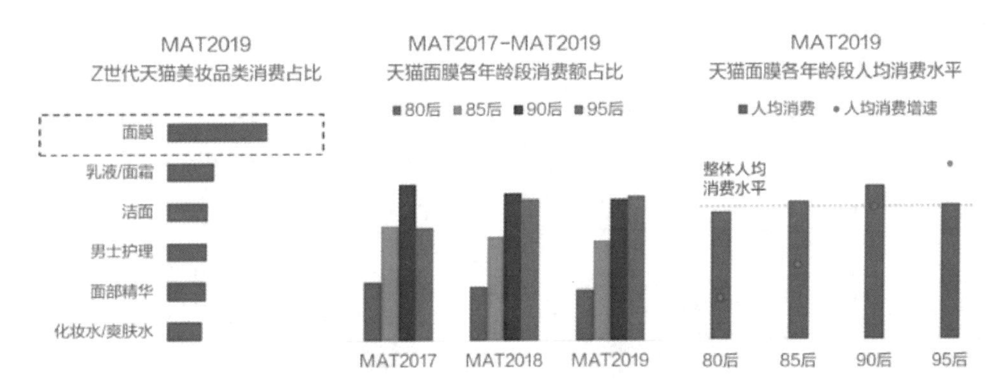

图8-3　“Z世代”的面膜消费能力渐长

资料来源：CBNData。

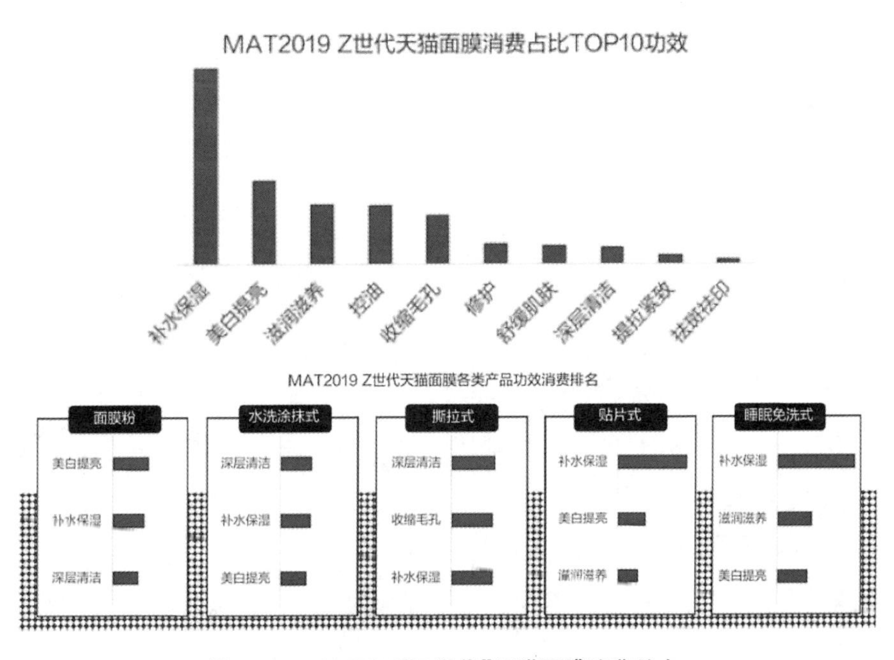

图8-4　MAT2019“Z世代”天猫面膜消费特点

资料来源：CBNData。

此外，“Z世代”在面膜消费上还呈现以下特点：一是“偶像经济”拉动面膜消费，明星和偶像们的代言、推荐，或是同款的营销，都能激发“Z世代”追星族人群的追随效仿。二是功能诉求细分，补水保湿类面膜仍占消费主流。数据显示，尽管抗氧化、美白、祛痘、抗皱类面膜的增长势头不容小觑，但在贴片式面膜的消费上，“Z世代”最偏好的功能仍然是补水保湿。

二、品牌分析

一叶子在2020年开展了360度全方位营销，加深和年轻用户的互动和交流。在代言人选择方面除了延续品牌的“鲜肉”代言人的策略之外，更注重代言人的新鲜年轻实力的基因。同时将代言人的粉丝群体纳入目标消费群体，产生粉丝经济效益，以更好地传递品牌年轻、正能量的文化理念。

图8-5 一叶子产品线

发展计划与目标：不断紧跟年轻用户，创新思维，在日新月异的市场环境中找到增长的第二曲线，成为品牌年轻化营销的新锐标杆。

品牌使命：联合全球植物学家探索自然的生命智慧，让美丽更环保。

品牌定位：植物科技护肤品牌

slogan：一叶子，新鲜更有效

品牌调性：新鲜有趣、新潮科技、自然有力

目标用户：18～35岁年轻女性，爱美精致、独立个性、爱尝鲜，注重仪式感。

品牌支撑点：联合全球植物学家臻选自然植物、一叶子分子马达技术，多个步骤的体验使效果更明显。

营销投放案例：

娱乐营销助力品牌声名大振，代表营销案例：植入影视剧《三生三世十里桃花》；

首创台网联动新模式，综艺内容联动品牌大促，品效双收，代表营销案例《天天向上》×一叶子6・18专场；

开启全域营销，打通电商全链路，斩获多个独家专享，令广告投入拥有高变现能力，代表营销案例：一叶子×《这就是街舞》、一叶子×《明日之子》；

创新“品效销合一”投放模型，打通内容场＋电商场，明星＋头部主播，实现全链路的营销闭环，代表营销案例有《冰糖炖雪梨》×张新成×网红主播。

总的来说，一叶子的品牌传播模式是通过大媒介投放＋内容“种草”并行，针对“Z世代”触媒习惯，借势热门IP，制造热点话题，在扩大自身品牌知名度与认知度的同时，让营销投放利益最大化。

一叶子品牌共有面膜和护肤两条产品线：

面膜系列分别有樱花面膜（美白）、黄金面膜（抗初老）、充电面膜（针对熬夜重现肌肤光彩）、小v脸面膜（紧致柔润）、绿巨人面膜（拯救油痘肌）、桃子面膜（保湿补水）、鲜嫩水光面膜系列。

护肤品则包括破壁玫瑰精华（提亮肤色）、熬夜精华（维护修复熬夜肌肤）、橄榄嫩芽鲜补水系列、雪耳保湿系列、鲜清颜系列（大麻叶祛痘系列）。

三、竞品分析

（一）国内竞品

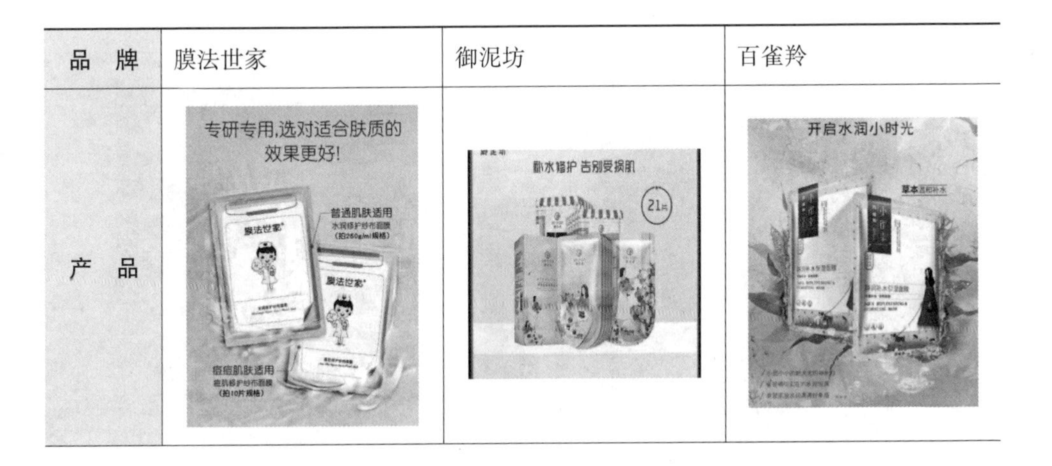

品　牌	膜法世家	御泥坊	百雀羚
产　品			

价　格	9.9～13.9元/片	5.2～6.5元/片	4.9/片
特　点	根据人体不同部位的肌肤特性开发出涵盖几乎所有膜护理品类	针对东方女性的肤质特点,从传世医典中汲取精髓,以宫廷技艺融合现代技术,主打补水修护	自然护肤多重保湿补水

品　牌	美即	森田
产　品	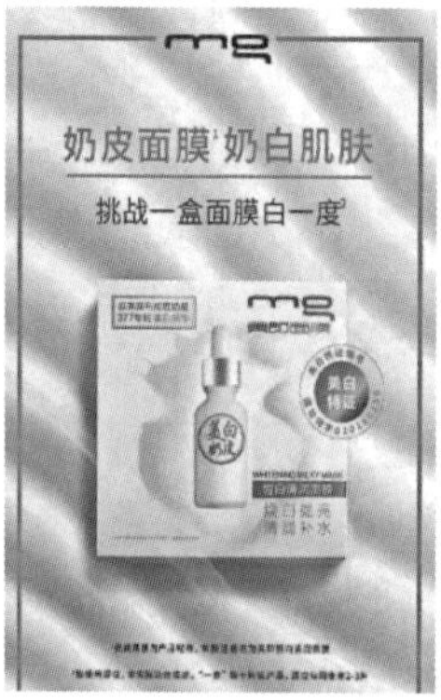	
价　格	11.9元/片	3.95～11.4元/片
特　点	加减法两种面膜主打美白	主推湿补水

图8-6　一叶子国内竞品分析

(二) 国外竞品

品　牌	OLAY	自然堂
产　品	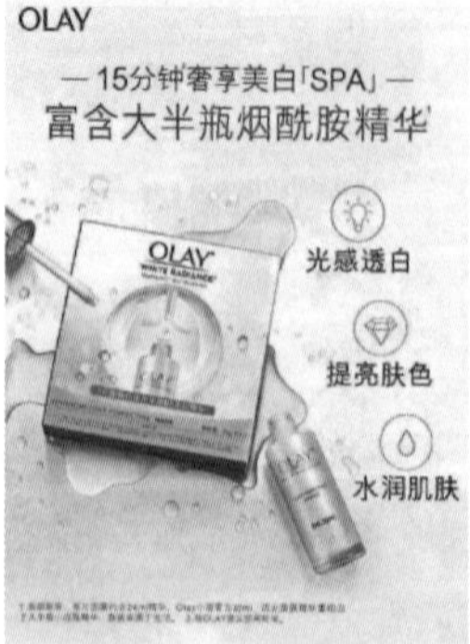	

价　格	18元/片	5.6～8.9元/片
特　点	专为亚洲女性设计 美白保湿	主推补水保湿
品　牌	巴黎欧莱雅	美迪惠尔
产　品		
价　格	24元/片	8.9元/片
特　点	主推玻尿酸补水保湿抗初老功效	一片解决肌肤饥渴，保湿补水

图8－7　一叶子国外竞品分析

四、营销创意概念与宣发执行

（一）营销创意概念

一叶子在此次冠名活动中的最大亮点，体现在它将人、货、场打通，形成全链路营销闭环，并颠覆了媒介投放传统模式，首创品、效、销三位一体的新营销上。在接下来的分析中，将“人”“货”“场”三个重要元素拆解开来，讨论一叶子如何借势《冰糖炖雪梨》完成品牌爆发。

1. 人

在“人”的方面，一叶子采用了明星＋网红主播双IP矩阵。其中，一叶子品牌代言人、《冰糖炖雪梨》男主角张新成作为双IP矩阵中的核心，与品牌进行深度绑定，将代言人的粉丝资产沉淀为品牌的用户资产；而头部网红则通过自身的网红属性以及直播平台，帮助品牌迅速扩大声量，提高知名度，实现品牌在更大范围内的拉新。

（1）明星代言人。一叶子在确定明星代言人之前，会根据一套系统化的评估模型来确定代言人的合适人选，品牌契合度、媒体热度、发展计划、商业价值、舆论风控以及性价比是这套系统化评估模型中六个重要的考虑维度。

根据我们对上美集团副总裁刘明的访谈，可以得知一叶子与张新成展开合作的原因：一是张新成的粉丝人群与一叶子品牌目标的人群画像高度契合，能帮助品牌迅速抢占并巩固年轻市场份额。二是张新成的形象阳光健康，舆论口碑良好，兼顾了一叶子新鲜元气的品牌原型特征。三是张新成的商业价值及市场热度发展走势向上，品牌方判定他具有比较大的黑马潜力。

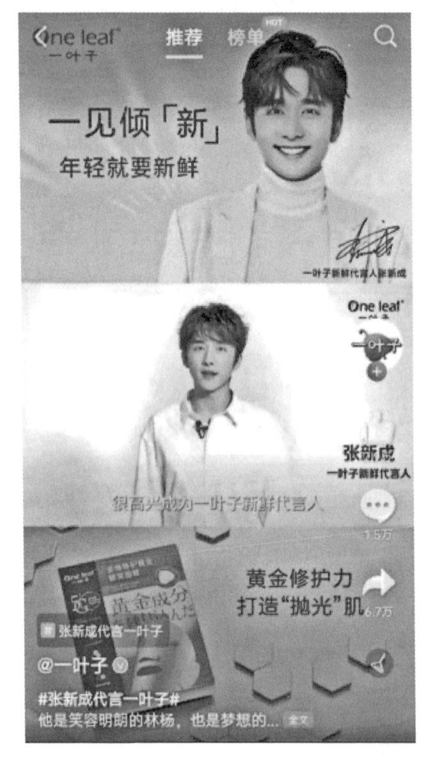

图 8－8　张新成成为一叶子代言人官宣

图 8－9　一叶子×张新成宣传海报

（2）网红主播。在《冰糖炖雪梨》收官当日，一叶子携手剧中男主角张新成进入淘系头部主播的直播间，打造了一场话题度高、转化率高的现象级直播。在主播人选的确定上，一叶子确定网络头部主播的背后也有一番讲究：

首先，该网红主播与《冰糖炖雪梨》有着名字上的渊源，两个 IP 具有天然契合性，使这场直播在预热期间就自带话题度，颇具看点。

其次，该网红主播直播间的粉丝画像与一叶子的品牌人群画像吻合度较高。阿里数据显示，该主播的年龄层主要集中在20～30岁，性别以女性为主，精致爱美、爱尝鲜、追剧追明星、看直播是她们的标签，这与一叶子希望面向的18～30岁年轻女性消费者具有很强的适配性。

因此，一叶子与张新成进入网红主播直播间，除了调动粉丝热情，促成粉丝资产的转化外，还能帮助品牌在更广的人群范围内提高声量与曝光度，实现品牌的拉新。

2. 货

一叶子锁定黄金面膜这一产品，单一产品以及品牌名称实现从大剧内容到直播带货的全程贯穿，塑造并强化了一叶子＝面膜、一叶子＝面膜在人群心智中的认知。

根据对上美集团副总裁刘明的访谈可以得知，在针对年轻群体层面上，一叶子未来五年内会进行品牌、产品和传播三大层面的全方位升级。其中，面膜品类将是一叶子持续发力与深耕的一个重要方向。

借助冠名《冰糖炖雪梨》的全链路整合营销，一叶子提升在更多年轻消费者心中一叶子与护肤品和面膜的强关联度，并通过高强度的信息传递，完成了对消费者在一叶子面膜“植物科技”“新鲜护肤”方面的认知教育。

图8-10　一叶子×《冰糖炖雪梨》宣传海报

3. 场

在场域选择上，一叶子则实现了内容场＋电商场的双向打通。

针对内容场，一叶子注重全渠道战略，不仅充分绑定优酷大剧营销进行品牌大曝光，还联抖音官方，邀请张新成在抖音发起了一场品牌&代言人传播活动；

针对电商场，一叶子除了推出常规的粉丝向礼盒外，还充分利用淘宝直播带货的流量与热度，邀请代言人进入网红直播间，提升产品在大剧外的成交率。

（1）内容场：

① 大剧营销。一叶子在《冰糖炖雪梨》中的植入有以下特点：一是多元形式：一叶子在剧中运用了独家冠名、明星头条、中插 mini 剧场多种方式，通过与热剧高光资源进行深度绑定，借势剧播平台优酷，实现品牌和产品的高曝光。二是自然植入：相较于传统广告的强行露出，一叶子采用了“融入式”的植入方式。一叶子在《冰糖炖雪梨》中的植入都是和剧集内容相关的，能够做到让观众不出戏，使观众在不知不觉中接受产品和品牌的信息。三是绑定人设：一叶子绑定了张新成在《冰糖炖雪梨》中饰演的男主角“冰神”黎冰语，这是一个人设好，故事线吸引人，容易引发热议的角色。一叶子选择这样的角色来为品牌产品背书，能够强势引爆热度，提高品牌产品是声量。

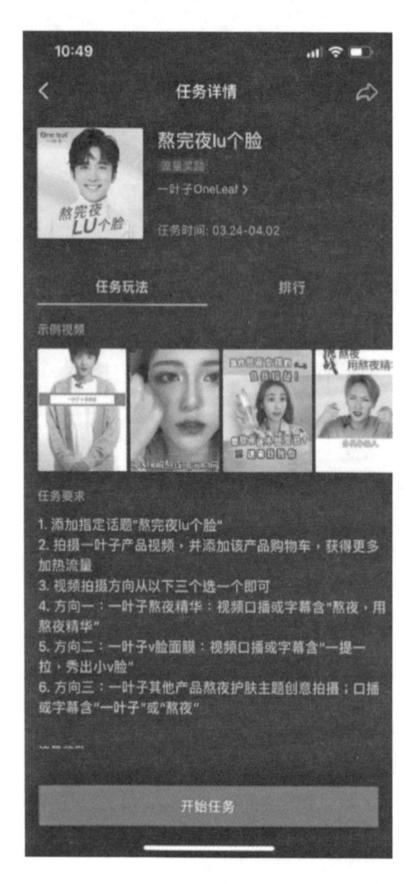

图 8-11 抖音“熬完夜 lu 个脸”挑战赛

② 抖音挑战赛。一叶子在新代言人张新成官宣之际，联动抖音官方，携手张新成共同发起 #熬完夜 lu 个脸# 的挑战赛，用户只需要在话题活动页面点击参与品牌任务，并按照指定任务要求进行拍摄及发布，就能够参与到活动中来。

在“熬完夜 lu 个脸”挑战赛中，一叶子与许多 KOL 与 KOC 进行合作，邀请他们为一叶子旗下的一款熬夜精华产品定制“安利向”短视频，用更加场景化的方式，帮助消费者们完成“种草”。

根据抖音的官方数据，#熬完夜 lu 个脸# 这一话题的曝光量达 4.1 亿，官方视频播放量 2.3 万，总互动 2 235，吸引了大量 UGC 内容的创作。

（2）电商场。一叶子在《冰糖炖雪梨》剧播期间，就已经开始策划这场一叶子×张新成×网红主播的直播。直播的日期被定在《冰糖炖雪梨》大结局当天，在关注度最高点彻底引爆声量，完成内容端向电商变现端的导流。

至于为什么选择用直播带货的方式，而不选择上美旗下其他品牌冠名电视剧时采用的其他营销方式，上美集团的刘明副总裁说，这是由不同电视剧的调性所决定的，上美集团需要针对不同调性的剧进行定制化营销，注重大剧的受众群体与品牌的契合度，和用户做好情感联结。

比如，上美集团旗下的品牌韩束冠名《安家》时，就结合《安家》出品了一系列态度海报，着力点在于品牌价值观和态度的传递，输出“边敷面膜边看剧”的生活方式。这能够在精神层面与消费者达成共鸣，实现有效沟通。而面向粉丝的甜宠剧《冰糖炖雪梨》，上美集团采取的策略，就是使一叶子深度绑定剧中男主，即一叶子的代言人张新成。一切以用户为中心去做营销，注重与用户的共情共鸣才有可能实现爆款营销。

在形式上，一叶子对明星 IP 的运用也更加灵活，不拘泥于常规的代言人带货方式。在直播当天，张新成并不只是简单地在直播间展示产品的特点功效。网络主播作为主持人，会问张新成的一些粉丝们感兴趣的问题，还邀请张新成在直播间内为粉丝唱歌，打造一个轻松愉悦的直播氛围。这种带有综艺节目属性的电商直播，极大地调动了粉丝的积极性，粉丝们一边和张新成互动，一边自然“种草”、愉快下单。

此外，由于这种综艺性强的内容具有较强的可看性，因此，品牌和代言人在直播结束后依然可以凭借这些高可看性的内容，被粉丝和自媒体搬运到各个平台上，完成免费的二次传播，助力品牌持续曝光。粉丝也会增加对品牌主的好感，促进代言人粉丝资产向品牌资产的转化和沉淀。

图 8－12　张新成直播战报

(二) 营销方法

1. 预热期(2020 年 3 月 19—26 日)

在预热期阶段，一叶子主要采用电视剧内生广告与微博渠道持续投放的方式，将《冰糖炖雪梨》的观众以及张新成的粉丝引流到一叶子官方微博渠道，为后续爆发期活动做好流量积累。

以下为一叶子在预热期利用剧内和剧外资源进行宣传的方式。

（1）《冰糖炖雪梨》内生广告：

图 8－13　Mini 小剧场产品露出

① Mini 小剧场(剧中混剪)。出于对保证受众剧集观感的连续性和沉浸感的考量，采用“混剪时刻”的广告形式，将正片内容进行二次剪辑，加入一叶子的产品信息，从而保证该时期品牌应有的营销传播价值。

② 明星头条播报。采用剧中角色演绎的方式，将代言人与产品宣传相结合，避免广告植入跳脱“出戏”的尴尬，充分利用代言人资源，提升一叶子产品的曝光度。

图 8－14　明星头条播报产品露出

③ 超级角标。在电视剧播放的过程中，会在视频右下角间断插入含有一叶子黄金面膜产品和直播间信息的角标浮窗，提示观众一叶子的产品信息以及直播间时间，提升产品的曝光度，同时将观众引流到直播间。

④ 超级暂停。电视剧在暂停时中间广告显示的是一叶子黄金面膜和网络主播直播间的信息，提升产品曝光度同时为直播间引流。

（2）一叶子微博：2020 年 3 月 19 日《冰糖炖雪梨》开播后，在 3 月 22 日、23 日，一叶子分别发布了两条代言人预告微博，主要采用剪影、电视剧人物角色关键

图 8－15　电视剧播放过程中超级角标产品露出

图 8－16　剧集超级暂停产品宣传露出

词以及语音的形式，激发受众的好奇心，并且通过转发、评论、抽奖等方式提高用户参与率，使话题热度飙升。

3 月 24 日，一叶子微博正式官宣代言人为张新成。

3 月 25 日，一叶子微博转发了《冰糖炖雪梨》官方发布的混剪视频，配文“今天，也是露出姨母笑的一天冰糖 cp 锁了，钥匙我吞了”；3 月 26 日发布“冷冷的空气中弥漫着恋爱的酸臭味，反正单身狗本叮了，是没眼看了，敷起我的面膜反手就是一句再见”微博，以幽默诙谐的方式融入粉丝群体，提升用户好感度。

3 月 26 日，一叶子微博还发起了“冰神追妻套路”话题互动，累计 14 208 次转发、566 条评论、2 219 次点赞，达成剧情与粉丝的高效双互动。

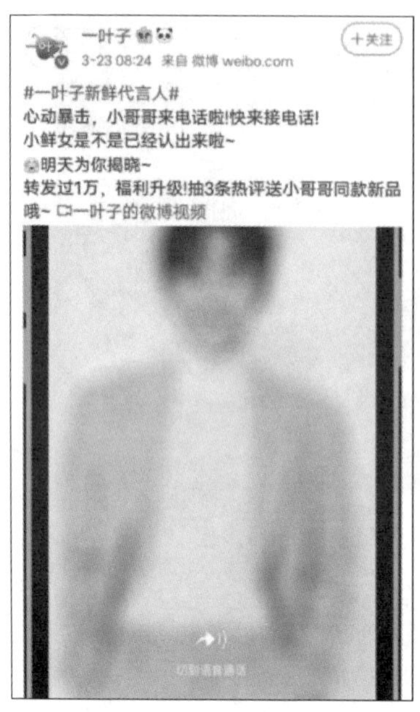

图 8－17　一叶子官博预告新鲜代言人

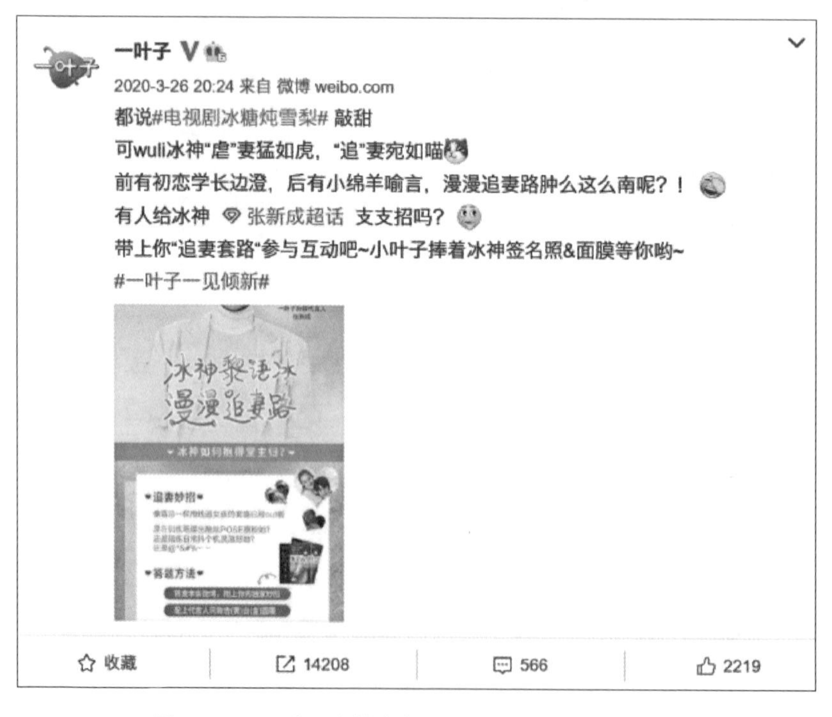

图 8－18　一叶子官博发起"冰神追妻套路"互动话题

2. 爆发期(3 月 27 日～4 月 9 日)

在爆发期阶段，一叶子则将更多精力投入抖音和小红书平台，结合剧播进度持续进行营销传播，将预热期积累的微博用户导流到另外两大流量平台，再次提升曝光度与话题度。

(1) 微博。3 月 27 日发布抖音活动的相关微博，将微博用户引流到抖音平台。

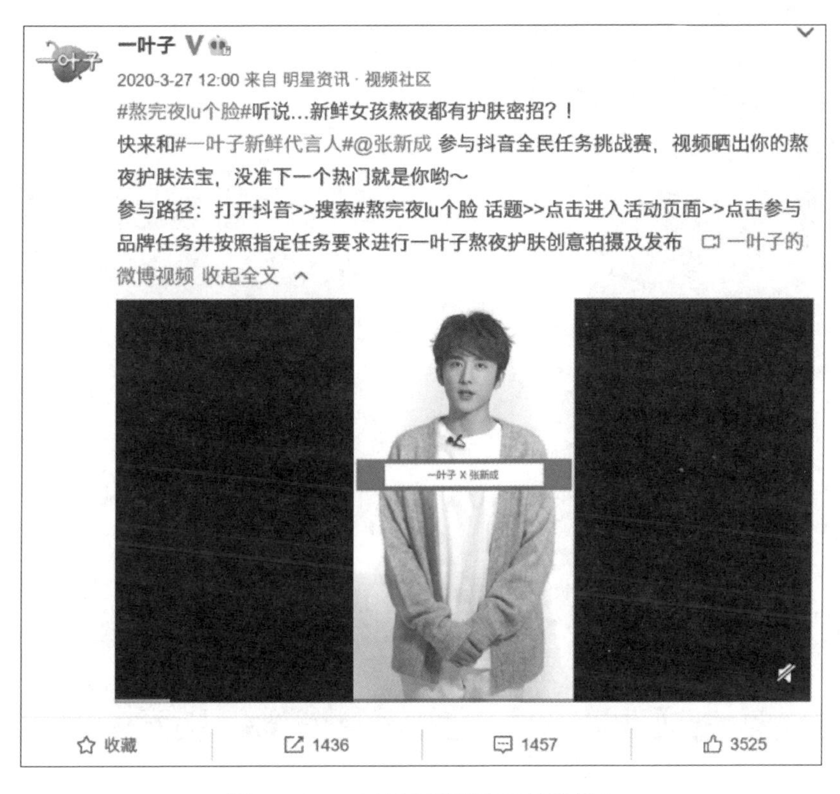

图 8-19　一叶子官博引流至抖音平台

(2) 抖音：3 月 27 日，一叶子在抖音平台发布一叶子×张新成抖音全民任务挑战赛＃熬完夜 lu 个脸＃这一话题，让抖音用户视频晒出熬夜护肤法宝。

在活动期间，一叶子以内容共创的形式与年轻人“抖”在一起，掀起层层声浪，不断产生 UGC“自来水”。构建 KOL 投放矩阵，达人“张什什”发布“熬夜上瘾？对抗熬夜的精华来啦～”视频，获赞 5.3 万，达人“小鹿就酱”发布“熬夜垮掉的糙脸还有救吗？双手奉上我的护肤指南～”，主题视频获赞 4.1 万，达人“Uni 颖儿”发布“熬夜一时爽，一直熬夜一直爽！”视频，获赞 8.9 万，达人“白衣未央”发布“人生最

图 8-20 “熬完夜 lu 个脸”抖音挑战赛画面

图 8-21 抖音 KOL 投放矩阵

好的作品就是自己，无人欣赏，也要独自芬芳！”主题视频，获赞 14.7 万，达人“波比酱 Poppy”发布“你闺蜜舍不得告诉你的熬夜小心机～”视频，获赞 6.5 万，达人“吴一斤斤”发布“是不是在相亲时会遇到各种奇奇怪怪的事??”视频，获赞 6.6 万。

抖音挑战赛活动的平均点赞量超过 6.2 万，大量用户自带话题创造 UGC 内容，最终话题阅读量达到 4.1 亿。

(3) 小红书。3 月 30 日，一叶子在小红书上直播首秀，发放产品优惠、张新成亲笔签名照、张新成亲笔签名产品等福利。

图 8 - 22　一叶子小红书官方账号直播宣传

超多抽奖福利狂撒直播间！
1. 与情报局连线抽奖：抽 10 位获得新品大麻精华 30ml 正装＋张新成亲笔签名照
2. 企业号直播抽奖：抽 10 位获得张新成同款黄金面膜 5 片装，更有张新成亲笔签名产品当场送！！
✔抽奖机制：直播间会设定不同任务的抽奖，小叶子们需要在直播间参与，等待开奖，凭中奖截图联系一叶子领取。
✔奖品领取时间：抽中奖品的用户需在 2020 年 4 月 3 日 13：00 前联系一叶子企业号领取（奖品会在 7 个工作日寄出，逾期视为放弃兑奖机会）
.
如何进入直播间：
1. 关注 @一叶子 One leaf 官方品牌号
2. 晚上 19:00 准时点击头像
3. 成功进入直播间
.
小鲜女们！！准备好迎接一叶子的红包雨了吗？这么多心动爆品！！快来看哦！！
赶紧关注 @一叶子 One leaf 今晚 19:00，不见不散！！

清新有营养的一叶子来啦！今晚一叶子将带着冰神同款爆品来到直播间～并连线小红书 @美妆情报局！一起给大家送福利哦～
.
⭕直播时间：3 月 30 日晚 19:00-20：30
❗锁定 @一叶子 One leaf & @美妆情报局 直播间！！
.
直播超低价剧透！
1. 绿巨人面膜、黄金面膜、熬夜精华 3 款爆品买一送一！
另有直播专享 20 元券！每款到手价 99 元 2 份！
黄金面膜女保湿补水抗糖抗初老提拉紧致黄金箔蜂窝面膜正品
绿巨人抗痘补水保湿大麻叶精华面膜
烟酰胺光感水润熬夜精华液提亮肤色
2. 小 V 脸面膜直播秒杀价 79 元！
塑颜紧致安瓶面膜尊享装

图 8 - 23　一叶子小红书直播活动福利详情

4 月 7 日，在小红书追加直播抽奖活动，在直播中抽送面膜以及张新成新品签名，持续引爆热度。

3、一叶子黄金面膜 日常价 119 元，直播专享价 99 元。
直播间立减 20，再送一盒桃子面膜！！
♡黄金面膜女保湿补水抗糖抗初老提拉紧致黄金箔蜂窝面膜正品
2、一叶子小 v 脸提拉紧致面膜＊7+安瓶＊7 日常价 99 元，直播专享价 79 元。
直播间立减 20，第二件再减 20
♡塑颜紧致安瓶面膜尊享装
.
▲直播粉丝福利：
1.与福利社连线抽奖：抽 10 位粉丝送出桃子面膜 10 份！！
2.企业号自播抽奖：抽 10 位获得小 v 脸面膜正装+抽 1 位获得张新成亲笔签名！！
抽奖机制：首先关注一叶子企业号，直播间会设置不同任务的抽奖，小叶子们需要在直播间参与，等待开奖

图 8-24　一叶子小红书追加直播抽奖活动

3. 收割期(4 月 10 日)

在前期充分预热与引爆后，最终利用各个平台和渠道获得流量，促成转化。

在 4 月 10 日《冰糖炖雪梨》收官当天，张新成化身好物推荐官，“空降”同名网红主播的直播间，为粉丝带来产品福利。采用明星×网红主播双 IP 的形式，极具噱头和新鲜感，吸引了大批用户涌入直播间。在直播间内，主播与明星之间形成良好互动，例如网络主播邀请张新成唱歌，向张新成提问粉丝感兴趣的问题，使粉丝能够在与明星互动的同时购物，使用户在“全民追剧”的氛围中，自然“种草”，愉快下单。

当晚直播间内产品上架秒空，补货 6 次，首场直播一叶子黄金面膜销量超 30 万盒，刷新该网红主播直播间单款面膜销售记录，观看突破千万。①

① 公关界的 007. 请收下王牌玩家一叶子这份价值数千万的成功经验分享[EB/OL]. 搜狐网[2022-07-25]. https://www.sohu.com/a/405171641_228864.

五、效果评估

在数字化信息化的大环境中，一叶子抓住“全局营销”的概念通过全链闭环颠覆了媒介投放传统模式，创新了直播—卖货玩法。在这个数字营销时代，一叶子“品效销三合一”的营销方式所达到的效果是非常成功。一叶子对于消费者对未来趋势的敏锐洞察，以及整合营销传播手段，在专业领域中也备受肯定。

(一) KPI

伴随着新社交媒体时代的不断变化，品牌也需要不断地创新调整营销思路与方法。直播带货就是一种新的营销战术。但这种渠道的投放实则是一把双刃剑，在大幅度折扣的直播带货的趋势之下，很多案例都会出现短期销售增量明显，但长期下来会对品牌造成伤害的情况。因此一叶子在直播带货渠道上创新了一套属于自己的打法。

除了充分利用淘宝带货发挥 IP 影响力外，一叶子还选择了外围热度层层扩散的方法，通过大剧冠名＋代言人官宣、线下曝光、拿下多种营销大奖、与剧方优酷合作，联动阿里大生态多场景环绕式营销方式扩散的热度取得了惊人的成功。其中营销案例盘点的露出总阅读量就达 10 万多，淘宝站内的广告等总曝光量就达 28.9 亿。

同时，在抖音上的＃熬完夜 lu 个脸＃的挑战赛本就具有话题热度，持续引导创造者的参加，再加上好的创意内容与广泛的传播渠道迅速为品牌提升了话题声量。

2020 年，一叶子通过“张新成×网络主播”的电商直播方式不仅使其在销售当日销量超 30 万盒、上架秒空、观看突破千万，也为其品牌的后续资源做出了贡献，为一叶子带来了超 99.75％的新客覆盖，彻底点燃了热度。

(二) 所获奖项

2020 年，一叶子的营销方式不仅得到了充分的品牌传播，打造出了爆款营销收获了大量消费者，从专业的角度来看，2020 年一叶子的营销案例也成功斩获了诸多具有极高含金量的营销大奖。其中，得到了广告从业者们的认可也证明了上美集团一叶子营销案例的价值。在第九届中国财经峰会上美集团旗下品牌一叶子与韩束载誉而归，双双捧回“2020(行业)影响力品牌”大奖。

在第九届 ADMEN 国家大奖颁奖典礼上，一叶子获得“品牌年轻化案例”的国际大奖；在2020年中国国际广告节上一叶子也是凭借“一叶子×张新成×冰糖粉炖雪梨”的案例荣膺年度数字营销案例奖。不仅如此，在2020金旗奖的颁奖典礼上，一叶子更是从863件案例作品中脱颖而出，拔得头筹，拿下“金旗奖全场大奖”，这再一次肯定了一叶子在品牌年轻化、创新性营销方面的成果。

第二节 案例分析

“新零售”情景和“流数据”驱动满足用户需求

2016年10月“阿里云杭州会议”召开，马云首次提出的“新零售”这一概念在电子商务领域不断得到丰富和发展。如果说马云所称的“新零售”主要意味着线上线下的联动营销，[①]那么2020年以后，随着直播带货销售模式的兴起，“新零售”似乎将逐渐进入“虚拟在场”阶段。一叶子冠名《冰糖炖雪梨》并引流淘宝直播，就是生动体现之一：以目标消费者的需求为导向，根据平台属性深入话题沟通，合理地在平台间“导流”，进行全链路整合营销。

一、“流数据”驱动的4C理论分析框架

虽然网络全链路营销尚未成型，但是它的主要抓手是不变的：一方面是抓住消费者多层次需求的发掘与满足(4C营销理论)；另一方面则是驱动线各种流数据(streaming data)在不同平台间进行流动，形成购买转化。前者关乎产品、服务的出发点与营销策略制定，而后者则是前者的潜力评估与效果转化。一叶子案例的特殊性在于，似乎把以上两者结合起来了：第一阶段以顾客的需求为出发点，建立有关目标顾客的数据库，从而指导代言人与冠名剧集的合理选择，实现前期市场调研的顾客数据向剧集播放的数据转化；第二阶段则是监测剧集播放期间所产生的流数据，随后选择合适的时间点导流电商直播，实现购买转化。

(一) 4C理论与顾客细分需求

由罗伯特·劳特朋(Robert Lauterborn)在20世纪90年代所提出的4C理论本质上是对科特勒的4P理论的批判性继承，而非单纯的取代关系；两者主要的差

---

① Wang, Y. Research on the Effect of 4C + 2S to Customer Perceived Value in Scene Marketing of Clothing Industry in China. Open Journal of Business and Management, 2020: 8(2), 628-638.

别在于思考问题的出发点不同，但基本框架仍然保持一致。

经典的4P理论主要从企业自身的操作方便性和效益达成来考量产品(product)、定价(price)、渠道(place)和宣传(promotion)策略，传播活动往往是单向的，消费者是被动接受的。而4C理论的思考问题的出发点则是顾客的需求：一是通过调研发掘顾客需求(customer)，并作为产品开发或者传播活动要满足的目标；①二是成本(cost)，除了考虑企业的盈利需求之外，还要照顾到消费者的"心理预期价格"(psychological price)以及为此付出的时间、精神等成本；②三是便利性(convenience)，制定分销策略、选择渠道要以方便顾客的购买为标准；四是沟通(communication)，在提供各种销售信息的同时，积极地和顾客进行双向沟通、了解顾客的想法，以建立良好的企业形象。③

鉴于4C理论以消费者需求为导向的出发点，我们需要重点对第一个变量——顾客需求，进行分类讨论。虽然不同的案例会呈现不同的关照重点，但是近年来许多的研究共同认为，功能价值、服务价值、社交价值和情感价值四个维度更为重要；④具体来看，服务价值和情感价值对女大学生有着更大影响。⑤ "一叶子"黄金面膜的目标顾客是18～30岁的年轻人，并且张新成《冰糖炖雪梨》的大部分粉丝是年轻女性，在这个意义上讲，除了面膜产品本身的功能价值，我们还需要重点关照年轻人在情感和产品服务上的诉求。总而言之，在4C理论的框架下，我们需要分别在顾客的"功能诉求""情感诉求"和"服务诉求"三个维度展开分析。

---

① Wang, J. Research on Brand Marketing Strategy Based on New Media. Productivity Research, 2020(1), 120 - 124.

② Guo, Z. H. Research on the Marketing Strategy of Internet Food Brands Based on 4C Marketing Theory — Taking "Three Squirrels" as an Example. Modern Commercial Industry, 2020(41): 56 - 57.

③ Guo, B. D. Discussion on the Innovation of Network Marketing Mode in the E-Commerce Environment. Modernization of Shopping Malls, 2019(12): 37 - 38.

④ Mentioned by Deng, F. Research on the Composition of CPV under the Mode of Online Shopping. Commercial Economics Research, 2015(30): 66 - 67. Huang, J., He, T. H. Research on CPV. Influencing Factors of Female College Students' Clothing. Silk, 2016(5): 33 - 38. Lu, Y. X. The Influence of Clothing Store Image on CPV and Purchase Intention. Woolen Textile Technology, 2016(10), 74 - 79. Wang, Y. Research on the Effect of 4C + 2S to Customer Perceived Value in Scene Marketing of Clothing Industry in China. Open Journal of Business and Management, 2020: 8(2), 628 - 638.

⑤ Huang, J., He, T. H. Research on CPV Influencing Factors of Female College Students' Clothing. Silk, 2016(5), 33 - 38.

（二）流数据驱动：维度、流动性与扩张性

在最近一项有关服装营销的实证研究中，Wang，Y. 首先对 4C 理论做出了拓展，加入了“2S”——环境（surroundings）和流数据（streaming data），研究结果显示流数据对顾客需求的满足有显著影响；Wang 认为，通过分析移动数据来精准满足消费者需求、推动情感联结建立是非常重要的。[①] 但是 Wang 的讨论重点更多地在数据的具体内容层面上，而没有考量数据的跨平台“流动性”。在本案例的全链路整合营销中，不仅仅要考量数据的具体内容和维度，更重要的是考虑数据在不同平台间的流动与扩张。基于此，我们在本案例中对流数据的定义，不仅包括数据的内容，而且还包含它跨平台的兼容性或扩张性。表 8－1 概括了流数据驱动的 4C 理论分析框架。

表 8－1　流数据驱动的 4C 整合营销

<table>
<tr><td rowspan="5">流数据
（streaming data）
1. 调研和评估的指标；
2. 跨平台流动性与扩张性</td><td rowspan="2">顾客需求（customer）</td><td>功能诉求</td><td>情感诉求</td><td>服务诉求</td></tr>
<tr><td rowspan="4">产品属性</td><td colspan="2">目标顾客的生活方式与痛/痒点</td></tr>
<tr><td>满足需求的成本（cost）</td><td colspan="2" rowspan="3">互联网平台属性与使用平台的方式</td></tr>
<tr><td>满足需求的便利性（convenience）</td></tr>
<tr><td>沟通（communication）</td></tr>
</table>

表 8－1 反映了 4C 理论的四个变量在流数据的驱动下，如何更精准地满足顾客需求，降低满足需求的顾客成本，提升便利性，以及实现与顾客的巧妙沟通。在本案例中，一叶子的整合营销经验可以归纳为“三个阶段、两次转化”。三个阶段分别是：① 目标顾客历史数据与调研；② 挑选品牌代言人或冠名剧集、分析剧集开播期间的互动数据；③ 电商直播购买转化的效果评估。两次转化则主要关照相邻两阶段的数据之间的匹配程度和扩展潜力。第一次转化是从阶段 A 到阶段 B，主要考察代言人和剧集的粉丝是否与前期市场调研所瞄准的顾客需求相匹配，甚至

① Wang，Y. Research on the Effect of 4C ＋ 2S to Customer Perceived Value in Scene Marketing of Clothing Industry in China. Open Journal of Business and Management，2020：8(2)，628－638.

扩展目标顾客群;第二次转化从阶段 B 到阶段 C,主要关照如何把剧集的曝光最大限度引流到直播购买,甚至扩张预期的购买总额。

(注:下文分析中,标“ * ”之处表示对上美集团刘明女士观点的直接引用)

二、一叶子冠名《冰糖炖雪梨》全局营销案例分析

(一) 流数据的第一次转化:精准满足目标顾客需求

在洞察顾客需求阶段,涉及一叶子对目标顾客历史数据的长期积累与分析。一叶子为每个用户贴上地域、行为、喜好等不同标签,综合研究用户的购买习惯、搜索习惯、触媒习惯等;并且“结合大数据去反哺整个产品的定制,把每个用户沉淀到品牌的私域流量池”* 。

基于多面向的数据积累,一叶子首先将目标顾客锁定为 18～35 岁的年轻人——他们“爱美、个性独立、爱尝鲜、追崇饭圈文化,刷剧、看直播也是他们的日常”* 。具体而言,一叶子尤其关注 18～30 岁年轻女性,她们也是成长于互联网一代的 90 后、95 后。年轻人的对产品功能的诉求、多层次的情感诉求,以及使用媒介平台的服务诉求都成为一叶子在本案例中的关注核心。为了满足“挑剔成分党”的功能诉求,上美集团投入亿级研发费用,依托位于日本及上海的研究中心,在前沿成分、配方创新及技术革新技术上不断突破。比如以“植物效能＋科技背书”为品牌支撑点,利用“高保鲜技术为差异化优势”* ,首先在产品属性上做到精致、独特。

只有优质的产品功能属性不足以占领目标顾客的心智。在一叶子冠名《冰糖炖雪梨》的案例中更值得注意的是他们对年轻人情感诉求的精准把握。这种精准把握,本质上就是对前期调研的目标顾客需求数据、冠名剧集的观众数据进行的转化或匹配,首先要考察如何合理选择代言人和剧集,以求与品牌目标顾客及需求相匹配。因此,在对张新成进行匹配性评估时,一叶子把代言人和品牌的契合度(“新鲜”“年轻”“奋斗”)作为首要考虑因素;其次是张新成未来的资源情况、现阶段媒体表现,以及商业价值;最后是艺人的舆论口碑——综合考察这些要素都是为了确保代言人或者剧集背后的粉丝与品牌目标顾客高度契合,并且代言人未来的发展动能可以有效帮助企业扩展目标顾客的规模,增强品牌黏性。这是推动数据从前期市场调研(阶段 A),精准流向剧集 IP 绑定(阶段 B)的第一次转化。

第一次转化的结果使一叶子品牌与《冰糖炖雪梨》的年轻女性观众建立起强大

的情感纽带，“内容剧集往往自带IP，自带粉丝，忠诚度高……剧粉也‘真情实感’”*。更为重要的是，像《冰糖炖雪梨》这样能满足年轻人对青春奋斗、甜蜜爱情向往的内容剧集“能常看常新，讨论热度也会维持较久，易于沉淀粉丝”*，这意味年轻人对甜宠剧的喜爱也可能长久地投射到捆绑出现的产品上面。

1. 降低满足需求的顾客成本

本案例中涉及的传播活动主要在互联网平台上进行，因此分析满足需求的便利性和成本，都离不开对平台属性和营销模式的判断与解读。从满足顾客需求的成本角度看，“直播带货”“电商＋直播”这种营销模式给消费者带来一定程度的价格优惠，尤其是带货主播为了吸引更多的顾客果断下单，会进行大幅度的降价促销，这为购买黄金面膜的顾客提供了符合心理预期的价格。

除此之外，合理的成本预期，其实是寻找顾客付出成本和企业付出成本之间的平衡点，既要符合目标客户的心理价格，又要保证企业的盈利需求，“以大幅度折扣为基础的直播带货，利于在短期内的销量增长……但也要留出饥饿感：频繁的直播，就像在吸大麻，短期有甜头，长期就卖不动了”。由此可见，一叶子和上美集团在顾客成本的问题上力求双向平衡：在保证降低顾客成本的同时，也确保了企业的长期利益。

2. 增强满足需求的顾客便利性

涉及顾客的便利性，我们主要看时间成本。一叶子的官方微博对《冰糖炖雪梨》剧情的讨论、张新成在抖音发起的挑战赛，以及淘宝直播卖货全部在线上进行，目标顾客只需要为自己喜欢的张新成和《冰糖炖雪梨》付出刷手机的时间成本，就可以满足情感诉求。同时，在雪梨直播前的预热期，剧集内的角标预告“锁定淘宝直播，张新成空降网络直播间”，这能够便捷地把看剧的粉丝引流直播间——边看网络主播直播、边听张新成唱歌，就可以方便地完成下单购买，满足购买服务诉求。综合前述关于成本的分析，我们可以合理推断：因为直播带货的关系，目标顾客付出的金钱成本在心理感知上相对较低，加之一叶子在直播预热期细心的投放，顾客所感知到的时间成本极小，这最终增强了顾客满足需求的便利性。

（二）流数据的第二次转化：巧妙“沟通”与引流

互联网营销沟通必然是双向的。一叶子在微博平台上不断地与剧集粉丝讨论剧情、回复评论，以加强品牌与剧集粉丝之间的情感联结。在剧播期间，一叶子携手张新成积极地与抖音官方合作，发起“熬完夜lu个脸”的挑战赛，用“现金池”鼓励创作者持续输出内容，维持话题热度。最终“熬完夜 lu 个脸”话题曝光量达 4.1 亿，官方视频播放量达 2.3 万，总互动 2 235——这些剧播期间的互动数据都会成为判断顾客痛点和痒点、选择购买转化时机的重要依据。

基于微博和抖音上丰富的互动数据，一叶子把阶段 B 所产生的巨大曝光数据引流淘宝直播间(阶段 C)，形成“流数据”的第二次转化。第二次转化的主要目标是最大限度地把曝光数据转化为购买行为，并且通过跨平台的方式提升购买增量。具体而言，一叶子不仅巧妙地把剧集曝光数据导向直播间购买行为，并且也借助网络主播直播为品牌增加了网购新客。在《冰糖炖雪梨》的大结局当天展开直播购买转化，一叶子敏锐地抓住了顾客情感诉求的高潮时机，通过剧集里的内生广告迅速引流——从而“在剧集关注度的最高点，彻底引爆销量”*。另外，淘宝直播平台上“网络主播×张新成”活动也不仅仅是简单的带货行为——张新成在直播间通过唱歌、回答粉丝的问题等方式与观众积极互动。所以直播间的氛围很活跃，成为“电商直播综艺化”的一次成功尝试，使得明星与带货主播自然地融合在一起，让顾客愉快“种草”、下单。

购买转化效果非凡，“(黄金面膜)上架秒空，补货 6 次，首场直播销量超 30 万盒……当晚观看突破千万”*。比起单纯的数据流动，对于一叶子来说更为长远的利好在于：本次导流所获得的良好成绩促使一叶子与网络主播达成了“战略年框合作”，这直接“为一叶子旗舰店带来超 99.75%新客覆盖”*。由此可见，数据不仅可以跨平台流动、共生，还可以在不同平台间扩张，形成滚雪球效应。

综上所述，一叶子在本案例中环环相扣的三个阶段与两次转化，顺利串联了前期调研数据、中期代言人和剧集的契合度数据，以及后期购买转化与扩张的效果数据。如果说数据本身的维度和内容是互联网跨平台营销的“血肉”，那么相关数据的流动性和扩张性就是跨平台营销的“筋骨”。不同阶段、不同类型数据的整合、转化，甚至扩张，体现的是互联网整合营销的全局观。

第三节　案例访谈

“不仅要考虑品牌声量和形象，还要把销售落在实处”

一、公司介绍

上美集团是中国知名的化妆品企业，主营业务包括护肤、面膜、母婴、彩妆、洗护等品类的生产及销售。上美集团在化妆品和母婴双赛道均已成功推出多个家喻户晓的品牌，如韩束、一叶子、红色小象等。

二、采访对象

刘明(Melinda)，上海上美化妆品股份有限公司副总裁，知名明星合伙人，主持人。2017 年和著名影星章子怡合伙创立民族母婴品牌——漂漂羽毛 Pretty Feather，并出任公司 CEO。创业之前，曾担任香港 CHTV 卫视电视台当家新闻主播、主持人。2012 年加入知名媒体搜狐，2015 年参与互联网创业，加入跨境母婴独角兽企业蜜芽。

三、访谈记录

(一) 品牌特征与收益的考虑

Q：通过什么来确定明星代言人，又为何选定张新成为代言人？

A：我们在确定明星代言人之前，会有一套系统化的评估模型，从六大维度进行考量：品牌契合度、媒体热度、发展计划、商业价值、舆论风控、性价比。首先，看艺人和品牌的契合度，主要看艺人形象及大众印象是否与我们品牌的定位相吻合，影响人群是否与品牌相匹配；其次，看其未来的资源情况、现阶段媒体表现，以及商业价值，包含剧集、综艺、电影及各领域的发展曝光计划，结合当前媒体热度走势及商业价值的数据支撑，由此可以判断出艺人未来的走势和发展潜力；最后，要综合考量艺人的舆论口碑，做好风控预测。

选定张新成的原因：一是粉丝人群与品牌人群画像须高度契合，助力品牌迅速抢占并巩固年轻市场份额。二是形象阳光健康，舆论口碑良好，兼顾了一叶子新鲜元气的品牌原型特征。三是商业价值及市场热度发展需走势向上，具有黑马潜力。

Q：你们最早是什么时候开始策划冠名《冰糖炖雪梨》这部剧的？为何选择这部剧？

A：冠名《冰糖炖雪梨》是在官宣张新成为一叶子新鲜代言人之后。代言人官宣+代言人剧集冠名，能够与粉丝深度对话。定大剧投放模型，定爆款数据标准，找到黑马，用更小的成本，帮助品牌获得更大的收益。

在对剧的选择上，上美集团内部创立了一套资源评估模型，包含十大维度，如制作班底、演员阵容、原著基础等。同时，我们定义了一套爆款标准，以数据来反哺投放模型。

Q：冠名电视剧其实是一个比较有时间性的方式，在剧播结束之后可能由《冰糖炖雪梨》电视剧带来的热度会逐渐下降，那么你们会采用什么方式来维护好由冠名电视剧给品牌带来的这部分流量呢？

A：我们深知，电视剧流量不等于品牌流量，明星粉丝不等于品牌粉丝，知名度不等于好感度。在一波营销活动结束后，品牌会将一部分新粉丝纳入“池子”中，我们要做的是继续以各种各样的方式触达他们，让他们成为品牌粉丝。

具体做法是：从品牌、产品、渠道全方位传递出新鲜有趣、新潮科技、自然有力的品牌调性。在用户的每个触点，我们都会去做研究，不管是品牌营销的内容、重点、产品的社交化娱乐化属性，还是温度营销，我们都希望让用户产生共情共鸣，因为喜欢品牌而成为品牌的忠实粉丝，而不仅仅是普通的购买者，他们是品牌的长期追随者。

（二）充分提高品牌传播声量

Q：《冰糖炖雪梨》营销案的创新玩法具体是什么？

A：我们这次合作最大亮点是将人、货、场打通，形成了全链路的营销闭环，首创品效销三位一体的新营销，颠覆了媒介投放传统模式，创新了直播单一卖货的玩法。首先，明星+网红主播双 IP 加持，签约张新成为一叶子品牌代言人，借力网络主播的当红人气，实现 1+1>2 的势能；其次，内容场+电商场的双向打通，绑定优酷大剧营销进行品牌大曝光，借力粉丝经济打造产品冰神专享礼盒，上线电商新品实现爆款销售；最后，大剧营销+淘宝直播组合打法，将剧中男主“冰神”邀请张新成进入网红主播的直播间，充分利用淘宝直播带货发挥 IP 的影响力，提升黄金面膜在大剧外的成交率。

Q：我们发现，品牌都不是通过常规的剧情内容植入方式“露出”的，而是借助剧播平台的一些弹出插件，以及额外录制“明星播报”“mini剧场”等方式，进行品牌信息的传播。因此，我们比较好奇，为什么上美集团在冠名中采取的都是这样的方式？

A：高光资源：绑定热剧高光资源实现高曝光，我们在《冰糖炖雪梨》中运用了独家冠名、明星头条、中插mini剧场多种方式。

自然植入：一叶子在《冰糖炖雪梨》中的植入都是和剧集内容相关的，让观众不出戏，合理的剧情融入能让人们在不经意间加深对于产品的印象。相较于传统广告的强行“露出”，“融入式”更容易使观众在不知不觉中接受产品和品牌信息，记忆更加持久，所激发的购物欲望更加强烈。用深度创作的内容，去提高品牌的传播声量，引导潜在用户对产品、品牌的认知。

绑定角色：我们选择了《冰糖炖雪梨》的男主角张新成、《三十而已》的女主角童瑶、《清平乐》的女主角江疏影、《安家》的男主角王自健等明星来做口播，他们都饰演了人设好，故事线吸引人，容易引发热议的角色，选择他们来对品牌产品背书，能够强势引爆热度，如童瑶在《三十而已》的片头口播“年龄不过是数字，标签不过是偏见，现在不过三十而已”，抓住“年龄”这个剧中核心议题，加深和观众的情感联结。

Q：剧播期间，张新成在抖音发起了“熬完夜lu个脸”的挑战赛，吸引了用户参与。这个活动大致是怎么策划的？

A：一叶子在官宣新代言人张新成之际，联动抖音官方，购买全民任务挑战赛资源包，并发起的一场品牌&代言人传播活动。主要为以下步骤：一是一叶子品牌方发起话题，按照挑战赛官方给到的需求制作并提供相关素材，然后抖音官方根据主题制定品牌任务及商业话题页面，创作者只需按任务要求输出内容，就有机会获得奖励；二是任务为现金模式，现金池消耗完毕，任务结束；三是用户参与路径——打开抖音，搜索“熬完夜lu个脸”话题，点击进入活动页面，点击参与品牌任务并按照指定任务要求进行拍摄及发布；四是任务还有独立的固定入口，位于我的Tab—创作者服务中心—全民任务，该入口仅优质创作者可见。

Q：这场挑战赛热度如何？你们认为在抖音上办好一场参与率高、传播度广的活动（挑战赛）需要具备哪些要素？如何能吸引更多用户参与互动？

A：“熬完夜lu个脸”这一话题的曝光量达4.1亿，官方视频播放量达2.3万，总互动2 235。

具备的要素：一是品牌费用投入（购买官方资源包消耗＋一定的KOL/KOC

传播投入＋信息流、抖加及热推等进行活动推广)；二是明星流量加持。受创作者喜爱的明星，会为话题和品牌带来更多的流量和曝光；三是好的创意内容＋广泛的传播渠道。从话题的创意、优质素材的制作，再到活动开始前各渠道的宣传都很重要；四是维持话题热度，持续引导创作者参与。例如品牌抖音账号、品牌双微、微淘、品牌号等持续引导，在前期可发动品牌内部工作人员一同参与活动，迅速提升话题声量。

Q：是否采用了其余方式扩散这次营销案的热度？

A：采用了外围热度，层层扩散的方式：一是大剧冠名＋代言人官宣，各大媒体持续发声。二是线下曝光：全国150城高铁候车、29城地铁公交、7城机场大屏核心曝光。三是拿下ADMEN国际大奖、金旗奖等营销大奖，在营销案例盘点中露出，总阅读量达10万。四是与剧方优酷合作，外围联动阿里大生态多场景环绕式营销，比如淘宝站内广告等，总曝光量达28.9亿。

Q：《冰糖炖雪梨》剧播后，一叶子先后在多个平台上展开了相关的活动，比如首先在微博上进行宣发以及开展“冰糖炖雪梨”话题讨论，然后在抖音开展了“熬完夜lu个脸”挑战赛，接着开展小红书直播抽送张新成签名产品的活动。可以看到，这些活动的安排是有一定时间先后顺序的，因此我们想问，一叶子在各大平台的活动开展是按照什么依据进行排期和策划的呢？

A：这套组合拳包括从曝光、种草、收割，对应的用户心理，是了解、认知、熟悉、喜爱的过程。

此次案例中步骤顺序是：首先，一叶子签约年轻实力派鲜肉张新成为品牌新鲜代言人，并投放至张新成主演的优酷年度甜剧《冰糖炖雪梨》，绑定剧内外海量营销资源进行品牌和明星产品大曝光；其次，内容场＋电商场的双向打通，借力粉丝经济打造产品冰神专享礼盒，上线电商新品实现爆款销售；最后，利用大剧营销＋淘宝直播组合打法，借力网络主播的当红人气，邀请剧中男主角“冰神”张新成进入网红主播直播间。

(三) 利用电商实现爆款营销

Q：上美集团在大剧营销上，似乎都特别注重在整部剧收官之后进行一次规模比较大的营销活动。为什么在一叶子冠名《冰糖炖雪梨》上，选择的是绑定张新成进入同名网红直播间的方式？

A：我们会针对具有不同调性的剧实行定制化营销，注重大剧的受众群体与品牌的契合度，和用户做好情感联结。如韩束的目标用户是崇尚科学护肤，时尚、独立、自信的女性，《三十而已》所传递出的无惧年龄、撕掉标签、打破偏见的态度，与韩束目标用户所追求的女性三十而‘丽’、独立自信的理念不谋而合。比如韩束冠名《安家》的时候，就结合了《安家》出品了一系列态度海报，着力点在于品牌价值观和态度的传递，输出“边敷面膜边看剧”的生活方式。能在精神层面与消费者达成共鸣，实现有效沟通。粉丝向的甜宠剧《冰糖炖雪梨》深度绑定剧中男主角——一叶子的代言人张新成。一切以用户为中心去做营销，注重与用户的共情共鸣，才有可能实现爆款营销。

Q：你们最早是什么时候开始策划网络主播带货的？

A：从播出中开始策划，直播的日期就是《冰糖炖雪梨》大结局的当天，在剧关注度的最高点彻底引爆销量。

Q：在直播前的预热期，你们如何选择投放渠道和传播方式，进行更好的曝光？

A：剧集内角标预告“锁定淘宝直播，张新成空降直播间”，将看剧的粉丝直接引流直播间；多方媒体官宣，包括主播本人、品牌号、明星大粉等。

Q：可以看出“网络主播×张新成”活动不仅仅是简单的带货行为。你们是如何自然不尴尬地将产品调性和张新成的特点融入直播间的？

A：这个营销案立足于张新成和网络主播两个 IP 的天然契合点，自带话题度。直播当天，张新成不是简单地在直播间展示产品的特点功效，网络主播还会问张新成一些粉丝们感兴趣的问题，邀请他为粉丝唱歌。整个直播间的氛围很好，像综艺节目和电商直播结合起来的感觉，整个直播间的可看性强了，粉丝们自然“种草”，愉快下单。下播后粉丝也会自发地继续传播直播片段，余热久久不退。

Q：“电商＋网红带货”能够把产品的购买效果以相对清晰的方式量化出来。网红主播直播带货的效果如何？除了销售额，还有哪些方面的成绩？

A：上架秒空，补货 6 次，首场直播一叶子黄金面膜销量超 30 万盒，刷新网络直播间单款面膜销售纪录，当晚观看突破千万。[1] 在良好的合作成绩下，一叶子与该同名网红主播达成了战略年框合作，这是为品牌带来的后续高光资源，还为一叶

① 公关界的 007. 请收下王牌玩家一叶子这份价值数千万的成功经验分享[EB/OL]. 搜狐网[2022-07-25]. https://www.sohu.com/a/405171641_228864.

子旗舰店带来了超 99.75%新客覆盖率。整个营销案也在收割期彻底引爆热度，加强品牌与剧粉、明星粉丝的联结，“一叶子”“黄金面膜”“张新成”“《冰糖炖雪梨》”这些关键词在人们脑海里形成连锁记忆。

(四) 营销方式的转变

Q：现在面膜行业的竞争其实是十分激烈的，请问您认为一叶子品牌的独特优势是什么呢？如何利用好这部分亮点和优势来策划活动，打造差异化优势呢？

A：优势是年轻、新鲜，始终和“Z 世代”年轻人玩在一起。无论是从品牌定位、产品研发、营销投放、明星代言人签约，都带给年轻人新鲜、敢尝鲜的感觉。

Q：一叶子在 2019 年之前冠名的内容 IP 大多是综艺节目，2020 年开始冠名内容剧集 IP，更在投放的基础上，创新性地打造出 IP 剧投放＋电商收割的营销方式，做出这种转变背后的思考是什么？

A：我们对用户喜好、营销环境的改变保持敏锐的洞察。我们会借助数字化信息化手段，全面研究用户的触媒习惯，搜索习惯等；配合洞察，在营销方面，我们做了策略切换，从大屏时代的大曝光，切换到流量时代的大收割，用“大媒介投放＋全域内容种草＋信息流投放＋直播＋私域”的立体式组合拳输出。同时，我们会时刻更新‘子弹’，为年轻人预备了社交媒体、大剧、综艺、热门 IP 等海量资源。伴随新社交媒体时代的不断进化，我们会不断创新优化，调整作战思路和方法。

多个报告显示，当下，追剧人群的规模正不断壮大，“全民追剧”已成热潮。2020 年，直播电商的“风”也很大，我们不仅要考虑品牌声量和形象，还要把销售落在实处。因此，我们始终抓住“全局营销”这个关键点，联合明星、主播、平台一起玩，打通人、货、场，实现品、效、销三位一体。

Q：通过内容剧集，是否能够使得品牌与消费者建立更强的情感纽带？冠名内容剧集 IP 与冠名综艺节目、真人秀有何不同？

A：内容剧集往往自带 IP，自带粉丝，忠诚度高。与消费者建立更强的情感纽带，质量上佳的剧集能常看常新，讨论热度也会维持较久，易于沉淀粉丝。

Q：我们注意到，上美官网把近十年的营销战略归纳为三个阶段：传统大屏曝光时代(2013～2015 年)、内容营销时代(2016～2019 年)和“品效销合一”时代(2020 年开始)。我们对新名词“品效销合一”特别感兴趣。您如何定义“品”“效”“销”三者的内涵与外延？这三个概念之间的关系是什么？

A：“品”是曝光，“效”是种草，“销”是收割，三个部分彼此相互关联又相互作用，形成一个良好的闭环，从而促进内容的推广与不断优化，进而提升产品销量。我们运用全局营销观，打通从内容到消费的营销路径，联动节目、艺人、IP 授权等元素，打通了消费闭环，产生直接的带货效果，品效销三合一。

Q：在“品效销”之后还应该做什么？将形成怎样闭环？

A：通过一系列数字化营销组合拳精准触达用户之后，如何把用户留下来是关键。用户是企业的核心资产，把用户沉淀到私域流量池，并给用户提供更好的专属服务。私域流量的核心其实是人，而运营每一个用户则是关键。除了好商品、利益点之外，更要给用户提供有温度的营销，最终回归到商业的本身，实现在固定周期内用户消费频次、复购率、客单价等关键指标的提升。

（五）年轻化的营销模式

Q：您如何看待“直播带货”“电商＋直播”这种营销模式？

A：直播带货可以被称为营销实践中里程碑式的创新。新技术为营销战术赋能，从而焕发出的蓬勃生机。但是直播带货一味以大幅度折扣为噱头赚吆喝，短期来看能够提供明显的销售增量，但是从长期来看，伤害的是品牌本身，甚至是整个品类。

希望大家冷静考虑以下问题，避免种种直播的“坑”。我们要去分析天猫站内的销售占比，如果日销上不去，直播占比特别大，要非常谨慎，可能生意已经不健康了。要留出饥饿感，频繁的直播天天促销，就像在吸大麻。短期有甜头，长期就卖不动了，很多品牌直播破价，价格甚至低于大促，在 6·18、“双 11”就割不动了。所以，直播要有策略有打法，不能为了直播而伤害品牌，学会做一定的取舍。

Q：针对年轻的群体，一叶子未来会有哪些市场动作？未来五年有什么营销规划？会继续贯彻“和年轻人在一起”的品牌传播策略吗？

A：针对年轻群体，一叶子未来五年会进行品牌、产品和传播三大层面的全方位升级。

在品牌层，一叶子持续深耕面膜品类，探索自然生命智慧，创新引入环保公益概念，打造全新植物科技护肤品牌。聚焦 18～30 岁年轻女性，以植物效能＋科技背书为品牌支撑点，以高保鲜技术为差异化优势，讲好品牌故事，统一品牌沟通语言。

在产品层，在洞察“Z 世代”护肤美妆消费偏好的基础上，持续扩张品类，占领细分市场。各大渠道错品发力,线上线下全面开花;加入 TMIC 新品加速器计划,依托阿里数据支持,升级护肤品线,打造面膜品类亿级爆品;联名动漫、艺术家、潮玩等多领域的知名 IP,深度绑定产品与营销,提升品牌调性,在击破小圈层的同时,实现品效合一。

在传播层,探索年轻化内容营销模式,完善新媒体投放矩阵,亿级投放助推品牌的持续曝光。以品牌升级为着力点,重塑品牌社交窗口,输出创意传播内容;代言人形象升级,以粉丝营销为核心,开启粉丝 3.0 时代;以圈层营销为重点,绑定 IP,逐个击破;社交平台全域“种草”,形成消费闭环;针对“Z 世代”的生活场景,进行全方位立体化组合媒介投放,抢占新客群的同时,扩大核心客群的覆盖范围与曝光,实现品牌影响力与美誉度的持续走高。

总的来说,一叶子在未来五年,始终秉承着年轻、新潮、有趣的品牌调性,通过产品与营销的双向发力,内容与投放的双重升级,深入挖掘“Z 世代”的喜好,真正和年轻人玩在一起,塑造消费者喜爱的面膜护肤品牌。

(六) 产品与品牌的平衡

Q:美妆行业这几年似乎进入了“概念+卖货”的快品牌时代,焦点都放在了增长与突破层面,对于打造长期品牌这块似乎没那么重视了,您怎么看待目前美妆行业的“品牌沉没”现象?

A:在产品和品牌塑造方面,我们的做法是深入挖掘用户的痛点需求,尤其关注成长于互联网一代的 90 后、95 后年轻“后浪”群体。投入亿级研发费用,依托日本及上海的上美全球双研究中心、百余名国际知名科研专家和工程师,输送前沿成分、创新配方及革新技术,做好每个产品,让产品的功效和成分满足挑剔的“成分党”。再结合大数据去反哺整个产品的定制,把每个用户沉淀到品牌的私域流量池,通过数字化营销去精准触达,并给用户提供更好的专属服务。

我们认为,品牌对于一个企业来讲是一件意义深远的事情,需要长时间的沉淀与积累,是企业的核心竞争壁垒,也决定了消费者忠诚度和品牌溢价能力。品牌始终是我们业务发展的立足点,我们会坚持做受消费者青睐的品牌,精心打磨出消费者信赖的产品,在新时代里坚持做更长久的具有价值及意义的品牌。

(访谈人:林衢、刘舒灵、吴习溱、钟韵怡、李瑞桓)

参考文献

[1] 杜国清,陈怡.品牌传播理论与实务[M].北京：中国传媒大学出版社,2018：153.
[2] 黄鹂,何西军.整合营销传播原理与实务[M].上海：复旦大学出版社,2012.
[3] 黄升民.技术、数据、智能潮驱动下的媒介进化[J].新闻与写作,2018(7)：41-45.
[4] 李华君.数字时代品牌传播概论[M].西安：西安交通大学出版社,2020：204.
[5] 商超余.品牌营销新论[M].北京：经济日报出版社,2017：158
[6] 吴金明.新经济时代的"4V"营销组合[J].中国工业经济,2001(06)：73.
[7] 武佳.新媒体环境下粉丝经济在品牌营销中的新思路[J].北方传媒研究,2019(06)：16-18+25.
[8] 新营销白皮书——互联网下半场营销变革与趋势研究[R].北京：中国传媒大学广告学院,国家广告研究院.2017.10.
[9] 袁伟伟."IP+商业"——内容营销的核心与突破解读[J].商业经济研究,2017(15)：48-50.
[10] 张津玮.SIPS模型视域下传媒机构文创产品营销路径探析[J].传媒,2020(23)：91-93.
[11] 周凯,徐理文.基于5T理论视角下的企业微博营销策略及应用分析——以欧莱雅的微博营销为个案研究[J].图书与情报,2012(05)：120-127.
[12] [美]艾略特·艾登伯格.4R营销：颠覆4P的营销新论[M].文武等译.北京：企业管理出版社,2003.
[13] [美]唐·舒尔茨.整合营销传播：创造企业价值的五大关键步骤[M].北京：清华大学出版社,2013.
[14] [美]唐·E.舒尔茨.重塑消费者——品牌关系[M].北京：机械工业出版社,2015.